张海轮 ⊙ 著

高职语文课程整合与教学改革研究

GAOZHI YUWEN KECHENG ZHENGHE YU JIAOXUE GAIGE YANJIU

西北工业大学出版社

【内容简介】本书共分八章，主要内容分别为：高职语文课程的定位、高职语文课程整合研究、高职语文课程教学现状、高职语文课程教学改革与实践、高职语文教师队伍的建设、改革高职语文教材建设、改革高职语文教学评价体系、高职语文教学的培养意义等。

本书适合作为语文教学从业者的参考书。

图书在版编目（CIP）数据

高职语文课程整合与教学改革研究 / 张海轮著．—西安：西北工业大学出版社，2016.4（2025.1 重印）

ISBN 978-7-5612-4804-1

Ⅰ.①高…　Ⅱ.①张…　Ⅲ.①大学语文课—教学研究—高等职业教育　Ⅳ.①H19

中国版本图书馆 CIP 数据核字（2016）第 093377 号

出版发行：西北工业大学出版社

通信地址：西安市友谊西路 127 号　　**邮编**：710072

电　　话：（029）88493844　88491757

网　　址：www.nwpup.com

印 刷 者：北京市彩虹印刷有限责任公司

开　　本：787 mm×1 092 mm　　1/16

印　　张：14.25

字　　数：353 千字

版　　次：2016 年 4 月第 1 版　　2025 年 1 月第 2 次印刷

定　　价：38.00 元

前 言

进入 21 世纪后，世界各国都关注着课程改革。中国的语文课程作为中华民族母语教育课程，不仅是学生学好其他课程的基础，更是学生全面发展和终身发展的基础。目前高职院校专业类学科越来越受重视的情况下，作为基础性学科的大学语文的地位受到了历史性的挑战，较多高职院校课程体系中没有语文课程，有些高职院校只是把语文当成补课性质的课程，即便是开设了语文课程的高职院校在教材内容、课程设置等方面也是较为混乱的。

在上述背景下，笔者撰写了本书。本书共分八章，前四章分别从高职语文课程的定位、高职语文课程整合、高职语文课程教学现状和高职语文课程教学改革与实践等方面，在理论和实践上进行了有益的探索。后四章从改革高职语文师资队伍建设、改革高职语文教材建设、改革高职语文教学评价体系、高职语文教学的培养意义进行阐述。

所思之处多有言不及义，请读者批评指正。

编 者

2016 年 2 月

目　录

第一章　高职语文课程的定位及目标

第一节　高职语文课程的定位

一、高职语文课程定位的现实必要性

高职语文以其深刻的内涵和丰富的包容性在高职教育中发挥着特殊的作用。但在目前高职院校专业类学科越来越受到重视的情况下，高职语文的地位受到了历史性的挑战。较多高职院校课程体系中没有语文课程。有些高职院校将语文开设成文学欣赏、演讲口才与实用写作等课程代替了语文课程。而开设语文的高职院校在课程数量、教法等方面也各不相同：有的院校开设成基础课，有的开设成公共课，有的开设成选修课。针对性这种状况，高职院校语文课程迫切需要进行清晰的定位。

（一）高职语文课程在高职教育体系中的现状

大学语文课是普通高校中面向文（汉语言文学专业除外）、理、工、农、财经、政法、外语、艺术、教育等各类专业开设的一门公共必修的素质教育课程。其正常开设在包括三年制高职院校在内的高等教育中都十分重要。但当今高职教育中语文教育的现状则不令人乐观，《高等职业教育的理论探索与教改实践》一书作为先进典范，列举了深圳职业技术学院、金陵职业大学、天津职业大学等 11 所高职院校的机械 CAD/CMA，现代公关与文秘等 13 个专业的教学计划，其中明确将中文语言文字的运用能力列入“人才素质”要求的专业有 3 个，作为必修课开设应用文写作（或叫文书应用写作）、应用与写作、财经应用文写作的专业有 9 个，作为必修课开设书法的专业有 1 个，作为必修课开设文学概论的专业有 1 个，作为选修课开设现当代名作欣赏、外国文学名作欣赏、古代文学名作欣赏的专业有 1 个，明确提出开设大学语文的专

业只有2个。这两个院校一是厦门鹭江职业大学服装艺术专业，把大学语文作为必修课程，并明确教学目的为本课程以文学理论为先导和基础，以分析和指导学生阅读文学作品为中心，通过教学弘扬民族文化，帮助学生增长文史知识，提高鉴赏和写作能力，培养学生高尚的品德情操，增强爱国主义思想和民族自豪感，开课54学时；二是太原大学计算机应用专业将大学语文列入选修课，开课30学时。可见语文课程在高职教育领域没有受到应有的重视。

不仅如此，在已开设了大学语文课程的高职院校里，这门课程也常会遭到各方面的质疑。特别是近年来，伴随着对英语四六级考试利弊的讨论，对大学语文的质疑也开始升温。作为高校基础公共课的大学语文，遭遇了前所未有的压力，面临着尴尬的境地。在所有开设大学语文的高校，这门课虽然也被设定为基础性的公共课，但不少人认为大学语文是高中三年语文教学的简单重复，不时有媒体发出以“大学人文”取代“大学语文”的呼吁，还有的认为高职学生在校时间短，不学也罢。也有人认为，既然高职院校的支点是培养实用型、技术型专业人才，那么，对于高职学生来说，最重要的是能否掌握专业技能和实用技术，而高职语文作为一门基础性课程，并不能直接转化为技能和技术。因此，这门课程是完全可以取消的。还有一种看法，认为高职教育结构庞杂，学科门类众多，并要用大块的时间进行技能训练，因此，在高职学生负担较重的情况下，高职语文不应该与其他专业学科或基础理论课程放在同等重要地位，而应主动让位，以免因小失大，如此等等。在许多高校大学语文课时正在被不断压缩，为各种专业课“让路”，被学校一再削减。

（二）高职语文课程遭遇艰难现状的原因

高职语文究竟怎么了？分析目前高职教育中语文的遭遇，造成大学语文地位的边缘化，除了有关学校自身的原因外，尚不能排除我国当前的教育体制的缺陷。

1. 对高职教育性质认识不足

自《中国教育改革和发展纲要》发表近十年来，我国的高等职业教育获得了极大的发展。在20世纪90年代末期，我国高等专科层次的大学教育已基本走上了培养技术应用性人才目标的高等职业的发展轨道，统称为“高职高专教育”。院校名称体现为“高等专科学校”和“职业技术学院”。由于高等职业技术教育在我国发展仅十余年，社会对其培养实用型人才的高等教育性质认识不足，多认为高等职业技术教育的针对性就是面对职业，让学生学一门专业，掌握一种或几种职业技术，并使之娴熟，毕业后能找到一个专业对口的工作，做一名合格的“职业人”，更有甚者，受计划经济传统思想的影响，认为高等职业技术教育培养的是“工人”，而只有培养“干部”的传统学科型本科教育才算高等教育。

2. 缺乏相对稳定和高水平的师资

大学语文的学科特点之一是基础性、综合性、非专业性。教育部关于大学语文“是普通高校中面向文（汉语言文学专业除外）、理、工、农、医、财经、政法、外语、艺术、教育等各类专业学生开设的一门素质教育课程”的界定，决定了大学语文主要针对的对象是非汉语言专业的学生，其目的在于普及，介绍一般性的知识，在从事汉语言文学专业研究的人看来，根本就无专业性可言，难以产生专业上的学术趣味和热情。因此，教授大学语文的教师自然也就失去了“研究方向”。由于大学语文在我国任何一所大学都不是一个独立的学科，而所有的大学几乎都在奔着科研成果的指标，如果一个教师老是教大学语文，在科研上是没有“位置”的，也就很难有什么积极性。所以，很少有人是愿意长期从事大学语文教学的。教授大学语文的教师无形中“矮了别人一头”，由此形成了恶性循环：不少优秀教师不愿承担大学语文的教学任务，许多学校只好指派刚参加工作的青年教师去上课，而“过渡”几年后，这批青年教师也迫不及待地纷纷“转岗”，其教学效果可想而知。

3. 目标或使命模糊不清

大学语文到底主要解决什么问题？能够解决什么问题？是强调工具性、提高读写水平，还是讲究人文性，把语文作为一种素养来培育？迄今为止也是众说纷纭，莫衷一是。一些资料表明，绝大多数高校开设大学语文的初衷：一是应付教育部的要求，二是为那些上了大学而语文基础又比较差的学生补课。特别是理科生，在应试教育的中学阶段可能比较偏科，读写能力欠缺，就想通过“大学语文”来解决这个问题。试想，中小学十二年欠下的账，靠区区一学期几十个学时来解决，岂不是天方夜谭？而在一些语文教师的心目中，语文教学的目的任务博大精深、虚无缥缈、难以捉摸：既有语文知识教学，又有语文能力培养，既有智力开发，又有思想品德情操教育，还有审美情趣和审美能力培养，其中任何一项都既无法确定数量范围，也无法确定质量标准。你能教多广就有多广，你能教多深就有多深，你能教多难就有多难。总之，无论你有多大本事，都无法穷尽任何一项目的任务的边底。因此，语文教学实际上等于无方向、无目的。大学语文没有具体的达标要求，加之和专业课没有什么切近的联系，学好、学坏似乎不要紧，学生也没有什么压力。由于对大学语文的目标任务定位不准，教师上课讲哪些内容，要达到什么样的教学目标自然也无章可循，教学质量和效果自然也值得怀疑。广大语文教师在

教学实践中要么凭自己的喜好和兴趣开展教学，要么参照普通高中语文课程标准开展教学。课程目标的模糊，极大地制约了高职语文教学的发展。因此，对大学语文的冷落似乎也在情理之中。

4. 教材及教学内容各自为战

时下，大学语文的各类教材也是五花八门，层出不穷。资料显示，目前流行的高职语文教材有二三十种，却没有一个较为权威的教学大纲。尤其是各高校教师自编的教材，有的课程设置偏重人文素质教育，有的则强调语言的工具性训练。而且，目前在大学语文教材中选用的文学作品，普遍存在着古代的多，现、当代的少；中国的多，外国的少。加之教师在讲授中又往往偏重于对范文的分析、理解、欣赏，忽视应用写作、口语表达等内容的教学，无形中限制了学生的视野。主要体现在以下两个方面：

一是现行高职语文教材的针对性不强。高职教育本身是一个新生事物，高职教材存在严重不足和不配套的情况，语文教材也不例外。不少学校选择专科自学考试公共课教材《大学语文》、上海市教委组编的《大学语文》、华东师范大学徐中玉教授主编的《大学语文》等作为教材，而忽略了这些教材本身的针对性和特点。教育部、部分省市教育主管部门着力编写的教材多是针对五年制高职的，没有针对高中后起点的高职学生的专门的语文教材。教材的缺乏和不配套客观上造成了高职语文教学内容的随意性。

二是教师确定高职语文教学内容的随意性太大。虽然各校使用的语文教材各异，但这些教材总体来讲篇目太多，内容庞杂。而语文课的教学时数有限，不可能将教材的篇目全部讲授，加之高职语文没有统一的教学大纲和考试要求，教学篇目的确定受教师兴趣、爱好和个人的教学资源影响较大。教学篇目外的内容，如听、说、写的能力训练取决于教师个体的主观认识。因此，不同学校或同一学校不同班级的教学内容差异很大。

5. 评价方式单一，缺乏整合

课堂教学是一个复杂的、动态的活动过程，采用单一的评价方法，无法对教学的本身价值做出客观性评价。当前，对于课堂教学评价方法存在两种倾向：一是重视定量评价，忽视定性评价。由于定性评价主要依靠评价者的认识、经验和主观判断，没有确定的指标体系，其评价结论容易受评价者自身因素的影响，因此认为定性评价是主观的，因而认定它也是不科学的。定量评价由于其统计分析科学、精确，具有较高的客观性和可靠性，因此认定其是科学的。其实，由于教学活动的复杂性，有些内容是难以量化甚至不能量化的，即使对于量化的结果，评价者仍需要根据实际情况做出解释。普通高中课程改革倡导“立足过程，促进发展”的课程评价，从传统的过分关注结果、面向“过去”的终结性评价已经转向注重过程，面向“未来”、重在发展的形成性评价。高职语文教学没有高考指挥棒的干扰，本应更注重教学的形成性评价。然而，当前的高职语文教学评价依然以传统的终结性评价为主，以试卷、分数评价学生的语文学习状况，忽略了学生的个性差异和学习过程，无形中降低了高职语文教学的效果。考核时把考试分数看得很重，忽视学生语文职业综合素质和综合能力，特别是创新能力的培养。考试重书面，轻口头。考试内容重知识、轻能力。“聪明”的学生会发现，原来教师在教学中强调的能力是不能应付考试的，还是死记硬背管用。学生的创造能力、合作能力、组织管理能力、获取信息能力、口头表达能力、社会活动能力等，则很难用传统的考试方法考出，而这正是素质教育中最为重要的培养目标。

（三）高职院校大学语文课程准确定位的意义

1. 汉语对世界的影响

根据联合国《2005 年世界主要语种、分布与应用力调查》，2005 年，汉语已经超过了德语，排在世界十大语言的第二位。如果说中国已经持续了 20 多年的英语热，表明了中国走向世界的坚定愿望，那么最近几年来兴起的世界性汉语热，则体现了一个正在崛起的中国开始显示对于世界的日益深入的影响力。语言是文化的载体，当一国的民族语言被作为外语普遍学习的时候，就在相当程度上反映着该国国际地位的真正提升和国际影响力的深化。

其实，20 世纪 70 年代曾经出现过一次汉语热。那时由于中美关系缓和，中国恢复联合国席位，世人以新的目光看到一个走向世界的中国，一股学习汉语的热潮首先在美国兴起，影响带动了整个西方世界的汉语热。但由于那时中国的经济影响力尚小，对外经济联系程度不深，那股汉语热没能持续。与那一波汉语热相比，当前的新一波汉语热之所以范围如此广泛、人数如此众多、势头如此强劲，就在于中国在经济全球化的时代背景下的快速崛起。当前世界性汉语热的基本的背景主要反映在以下几个方面：

中国的经济发展给世界带来了前所未有的商业机会与就业机会，或可称为“中国机会”。外国人学习汉语的原因多种多样，但对于大多数不辞辛苦、自觉自愿来学“天书”一般的中文的“老外”来说，功利性目的是其基本的动力，即学好汉语能给他们带来许多求职和就业的机会，或更多的商业机会。中国在世界经济与贸易领域中的联系网络已经深入而广泛、密切而频繁，为世界提供了前所未有的市场和无限的商业机会。来华投资以及来中国从事贸易的外国公司越来越多，这就需要大量懂得汉语和中国文化的人才。同时，在海外投资的中国企业也越来越多，这些海外中国企业也需要大量懂得汉语的“老外”。即使仅仅从大量中国人出国旅游这现象来说，目的国就需要大量懂汉语的导游、导购、翻译以及娱乐、餐饮等相关行业的服务人员。韩国的年轻人如今要在一些大公司谋职，即使已经从美国的大学拿到了博士学位，也还得过中文这一关。这一切都说明，学好汉语就意味着商机或就业机会。

中国经济的成功发展使世界对中国的未来有信心，对中国的前景怀有希望，或可称为“中国希望”。中国从 1978 年到 2005 年，经济保持了年均 9.6% 的持续高速增长，而且中国经济在未来相当长时期内的可持续高速发展的前景仍然被世界各国普遍看好。同时中国的经济发展也带动了各项制度的改革和创新，一个潜力无穷而且生机勃勃的中国，必然是一个让世人产生希望和遐想的国家。因此，学习汉语对于许多人来说，中国不仅意味着现在的机会，也意味着未来的机会。诚如法国总统希拉克所说，法国人未来选择学习汉语是一种极佳的选择。“中国希望”或“中国前景”无疑促使许许多多的人把学习汉语作为对未来的选择。一些国家之所以把汉语列入国民教育体系，主要原因也在于此。

中国的发展和日益崛起，带来了中华民族文化自信心的回归和海外华人、华侨民族认同感的强化，或可称为“中国认同”。海外华人、华侨由于特殊的历史原因，民族文化受到歧视与压抑，或对母国文化的认同被加以种种限制，在中国积贫积弱的年代，他们的文化自信心自然也比较弱。而如今，随着中国经济的发展、崛起和国际地位的大幅度提升，华人、华侨有了更多的民族自豪感，重新找回了中华民族的文化自信心，他们对中华文化的认同感重新强化，成为大多数华人、华侨让子女学习汉语的文化心理动因或精神动力。

在快速和成功发展的同时，中国给世界以新的形象，并展现出中国独特的文化魅力和发展模式，或可称为“中国形象”。近些年来，中国以积极开放的心态和负责任大国的形象走向世界，也迎接世界。在经济上与国际接轨，在政治上从“体制外”国家转变为国际规则与制度的合作者，在生活中有姚明在美国打球，在科学技术上有“神舟”飞船上天，所有这一切都使世界看到了一个良好的中国形象。中国发展还带动了“北京共识”取代“华盛顿共识”的讨论，“中国模式”成为世界上许多人的新希望和兴趣点，并促使一些人从中国的传统文化中寻找“成功因子”，如中国的儒家伦理与经济发展的关系、中国价值观的世界意义等。因此，中国成功而独特的经济发展模式、中国文化的复兴态势与中国积极开放地走向世界，共同塑造了一个实力增长而行为良好的“中国形象”。许多人学习汉语的兴趣，正是被这“中国形象”所激化。

最后，中国政府的推动也在一定程度上催化了海外的汉语热。或可称为“中国推力”。“汉语水平考试”的推广、“汉语桥工程”的实施、海外“孔子学院”的创办、中国派遣汉语教学人员出国直接执教或培训当地的汉语师资等等，这些措施都是经由中国政府批准和同意实施的，大体上反映了在当前的世界性汉语热中中国政府的作为。

汉语是我们的母语，教育部语言文字应用管理司的管员在接受专访时说：“语言是文化传承和文化发展的重要载体，在世界经济全球化的背景下，世界各国都非常重视自己的语言，一个国家的语言发展对民族的发展、文化的发展具有举足轻重、不可或缺的基础作用。中国也不例外。传播广泛的语言也是强国的标志。中国语言的发展，需要和中华民族在世界上的地位和作用相称。”中国的国际地位日益提高，捍卫母语，纯洁汉语，是全社会的共同责任。各级国家语言文字工作委员会和教育、科技学术部门责无旁贷，我们希望主管部门既要下大力鼓励汉语向外宣介和推广，同时也不能忘记对内进行国文的教学与管理。当代大学生是建设祖国的栋梁，学好母语，向世界传承中国文化，在世界的舞台上展示中国风采是他们的责任和使命。

2. 未来社会对劳动者的要求

随着知识经济的来到，知识、信息、智力日益成为核心要素资源，成为社会经济发展的关键因素。在全社会经济系统中的知识存量由缓慢变动而进入剧烈变动时期，人作为知识的创造者及不可分割的载体便有了更加重要的意义，人力资源贡献率开始明显高于非人力资源贡献率，从而人力资源的发掘方式出现了革命性的转变。随着全社会劳动者素质的普遍提高，劳动者在生产要素配置中的地位将日益上升。与此相适应，劳动耗费的平均补偿水平将趋于上升，人力资源投资与开发费用将不断增大。由于知识是人脑创造的产物，知识的本质是创新，因此发挥人才的积极性就成为这一阶段人本管理的核心，人的价值从来没有像今天得到这样高的荣誉与物质的承认。

1986年联合国教科文组织（UNESCO）在一份研究报告中展示了一组统计数字，表明不同文化程度的人，其提高劳动生产率的能力是不同的。平均统计结果为小学文化程度的劳动者可以使生产率提高43%，中学为108%，大学为300%。这充分表明了劳动生产率的提高与劳动者的素质、文化程度有明显的关系。正因为如此，日本经济企划厅2000年6月发表的亚洲经济年度报告《亚洲经济发展与IT革命》中指出：“有能力的、具备复杂知识和智力的人力资本对于实现新经济的持续繁荣是关键的。积累知识资本是经济增长的一个关键部分。”当然在这种劳动能力变化与社会生产发展的互动关系中，专业化分工在一定程度上造成了劳动者的劳动能力的片面发展，一些人成为体力劳动者，另一些人成为脑力劳动者，大多数人只具有某一方面的专门技能、经验和知识。但从总体上讲，劳动者的劳动能力是趋于不断提高的。而且，随着社会生产力的进一步发展，特别在以信息技术为核心的知识经济时代，随着技术融合、业务融合、产业融合的不断深化与扩大，对复合型人才的需求越来越强烈，将会把劳动能力的全面提高摆到议事日程上来。这是生产力发展和社会进步的客观要求，也是劳动能力变化的必然趋势。

大学语文课的重要性，就在于它对培养人才具有其他学科所无法取代的作用。全国大学语文研究会名誉会长徐中玉先生在10年前发表的《通才教育的基础》一文精辟地指出："实现通才教育都有公认的基础，即首先必须要求一个大学生对本国语言文学有相当广博的知识，能熟练地至少明白清楚地用本国文字进行表达的能力""如果连本国语文都不能运用得较好，怎么能谈得上是一个通才呢？"哈佛大学前任校长查尔斯·艾略特说："我认为有教养的青年男女唯一应该具有的必备素养，就是精确而优雅地使用本国的语言。"中国科学院院士杨雄里认为："科学上的造诣和语言文字功底有某种必然的联系，因为科学研究需要严密的逻辑思维，而思维是通过语言文字来进行的。语言文字修养的高低，直接影响到人的思维能力的强弱；科研成果需要运用准确生动的语言表达出来，一个连语言都不能很好运用的人是很难写好科学论文的。"

二、高职语文课程定位的基本依据和原则

（一）高职语文课程定位的基本依据

1. 从学科性质看

高职语文是一门处于特殊地位的学科。它既与普通高校的大学语文有所区别，更不能混淆于高中语文和职业高中语文。高职语文与普通大学语文相比，在层次上应相对降低，在科目设置和框架构建时可以适当突出它的实用性价值，弱化理性思辨内容，如强化读、写、说的功能，增加实践性材料等等；与高中语文相比，应更注重各知识点的联系，体现知识结构体系的完善，使得高职学生通过这一学科的学习，能在语言文字的操作中融会贯通、举一反三；与职业高中语文相比，虽然二者在学科结构和体例编排方面有相似之处，但由于学科的性质和含义不同，高职语文无疑应在内涵建设方面进行调整，应从深化对语文知识的理性认识、强化思维功能方面加深知识的深度与厚度。

因此，高职语文的学科性质有着较为明显的特殊属性。

2. 从教育对象看

高职学生主要来自中专、技校、职业高中和普通高中。一方面，与普通高校学生相比，他们对于知识的认识力、理解力、消化力要明显薄弱一些：不少学生语文能力欠缺，实用文体写作格式不清，用语不准确；课外阅读量不够，中外名著知之甚少；古汉语和现代汉语语法知识含糊不清；等等。另一方面，他们又用普通大学的标准来审视各门功课的教学，期望语文教师带来与原来所在学校不同的东西，期望能通过语文课的教学开阔视野，提高语文能力，实实在在地感受到语文在自身成才中的作用。特别是高职语文的教学对象为一年级新生，这些学生课余生活单调乏味，迫切希望丰富和发展自己，并在认识问题和分析问题方面又明显有自己的实力和优势。针对这样特殊的学生，高职语文在制订教学计划、确立教学方向、选择教学方法、编排教材时，就应该充分考虑学生对象的特殊性，准确把握学科的深浅度、有效化解各知识点的难易度，巧妙地编写出适合高职学生学习的语文教学内容。

3. 从人才培养目标看

从现实的状况看，世界各国的高等职业教育普遍是以技术型人才为培养目标的，如美国承担高等农业职业技术教育的机构，主要是二年制的社区学院和职业技术学院；在日本，主要是短期大学、高等专科学校和专修学校。从这些高职院校的专业设置可以清楚地看到，高等职业教育主要是培养具有一定理论水平，又有很强动手能力的高级技术型人才。所以，一般认为，高等职业教育就是进行技术型人才培养的高等教育形式，其核心目标就是高级技术型人才的培养。因此，掌握高级技术是高职人才培养质量的根本标准。

人才规格是培养目标的具体化，是组织教学的客观依据。人才培养规格应主要包括知识、能力、素质等三个要素。其中，高职人才的知识素质要素包括文化基础知识、现代科技知识、专业基础知识、专业知识和专业相关知识。文化基础知识和现代科技知识是高职人才必备的基本知识。专业基础知识是学习本专业所必须具备的基本知识，是专业学习的基础。专业知识是从事专业工作所应具备的专业理论知识。对于高职人才来说，拥有必备的文化基础知识和专业基础理论，不仅是胜任当前技术密集型岗位的需要，也是知识再生和迁移，进一步学习与提高以适应将来岗位变革的始发点。随着科学技术的进步和发展，不同领域的科技知识交叉、渗透和组合，使社会上出现了许多跨学科职业岗位，这就要求高职人才还必须具备与专业相关的多学科基本理论知识，以提高其“接口”能力。

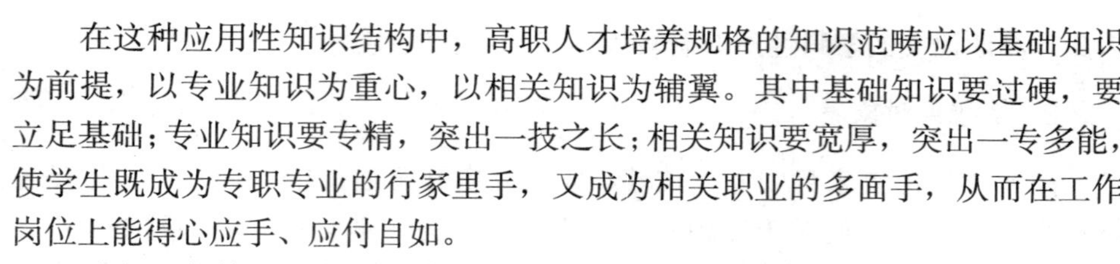

在这种应用性知识结构中，高职人才培养规格的知识范畴应以基础知识为前提，以专业知识为重心，以相关知识为辅翼。其中基础知识要过硬，要立足基础；专业知识要专精，突出一技之长；相关知识要宽厚，突出一专多能，使学生既成为专职专业的行家里手，又成为相关职业的多面手，从而在工作岗位上能得心应手、应付自如。

总之，高等职业技术教育人才规格中的能力结构应以实用为主，突出操作性、应用性的专业技能和实践技能；要以适应职业岗位为目标加强技能训练，注重实际能力培养，使学生具有获取知识、运用知识的实际能力，和与之相应的方法技巧，并在此基础上培养和提高学生的智能和创新能力，鼓励个性自由发展。

（二）高职语文课程定位的原则

从大的方面看，高职语文的定位应服从于高职院校的办学宗旨、办学方向及人才培养目标；从小的方面看，高职语文应充分体现自身学科的性质，强化自身的优势，力求形成自己的特色。高职语文在学科定位时，应注意以下几方面。

1. 提高学生综合素质的原则

高等职业教育属于职业教育，“职业性”理所当然成为其人才培养目标的内涵。职业是以有能力完成某一项具体工作来界定的，是个人在社会中所从事的作为主要生活来源的工作，是谋生的手段。因此，职业教育就是要教会学生掌握某种谋生手段。高职教育以职业岗位群的需要为依据制订教学计划，在进行职业能力分析的基础上，构建学生知识、能力、素质结构。职业知识和职业能力的提高，着眼于不断更新教学内容，调整课程结构，注重知识的横向拓展与结合，体现知识的先进性和应用性，培养学生掌握新设备、新技术的能力。因而，毕业生具有上手快、适应性强等特点。高职教育人才知识、能力的职业性，体现了它隶属于职业教育的本质属性。高等职业教育不应只注重学生的某项职业技术的培训，只学一门技术或一种职业技能，而应突破专业技术的限制，加强对学生综合素质的培养，这是信息时代对人才要求的变化，也为学生面向未来的工作与生活打下扎实的基础。

高等职业教育与任何其他形式教育一样，都追求人的全面发展，注重培养人才的自我适应、自我发展能力，从而实现人与社会的互动与协调进步。因此，高等职业技术教育的人才培养目标不应是单一的，“复合性”是其必然的要求，这也是提高学生综合素质的目标导向。从发展观点看，高职人才不仅要有所学专业的过硬知识和技术，还要有较广博的其他学科基础知识以及知识更新的能力，具有交叉学科和相关岗位的专业知识和技术。从社会实际需求看，高职人才一般是面向基层，面向生产、管理和服务第一线，这就必须做到一专多能，全方位发展，要求有较宽的职业知识和技术基础。从个人发展角度看，由于许多行业的系统越来越复杂，靠个人的力量应付工作中的变化显然不够。因此团队精神非常重要，要善于与人共事，善于组织协调，才能扩大个人发展的空间。高等职业技术教育就是要培养这种既拥有本岗位的业务能力以及其他一些学科的知识，又善于与各种层次的人打交道、有组织和领导能力、善于调动团队积极性的复合型人才，而不是只偏向某个单项的个人英雄。高职语文首先应体现人文特点，也就是通过语文教育，促进学生身心的健康发展，提高学生人格完善的自觉性，建立道德责任感和人生价值观。另外，高职语文还应具备科学性。如何用合理、有效的方法，实现高职语文功能的最大化，必须进行大胆探索，既要汲取传统语文教学的精髓，又要充分利用现代化教育媒体的优势，树立起“新语文”形象。

2. 适合专业需要，为专业服务的原则

职业技术学院的开设专业以理工类为主，而且很多系部的领导又是理工学科出身的，再加上教学理念缺乏更新，重点强调教人认识、掌握、发展外部物质世界，放弃了对学生进行“为何而生”的教育，仅仅致力于“何以为生”的本领，注重适应，忽视超越。因而不重视语文课程，有的理工系甚至根本就不开语文课程。在这种情况下，为了适合专业需要、为专业服务，可以结合不同专业开设不同的语文课程，如计算机工程系的学生在工作中除了操作计算机之外，日常的公文处理和写作也会是经常做的，那么就可以为他们开设应用文写作课程；经管系可以开设演讲与口才等课程；机电系和建筑系可以开设口语训练方面的课程；美术系和音乐系开设古典诗词欣赏、口才与交际课程；等等。

3. 适合社会客观需要的原则

联合国教科文组织 1997 年颁布的《国际教育标准分类法》中，B5 级“课程内容是面向实际的，分具体的职业，主要目的是让学生获得从事某个职业或行业或某类职业或行业所需的实际技能和知识，具备进入劳务或人才市场的资格能力”，这正是指的高等职业技术教育。这说明了职业技术教育是分层次贯穿于初中到大学的各个阶段，而高等职业技术教育是高等教育的一个重要类型，与普通高等教育一样有几个不同层次，按照不同职业岗位对技术人才要求的水平可以在专科、本科、硕士不同层次上培养“应用型技术人才”，这就确定了高等职业教育今后的发展方向。

高职教育是为生产、建设、管理、服务第一线培养高等技术应用性专门人才，这种人才要能实现“零距离上岗”，因此决定了高职教育要紧跟时代发展和社会需要，所开设的课程尤其是专业课程要对学生上岗具有实用性，使其通过专业课程学习能熟练地掌握一到两门专业技术，真正实现毕业后就能上岗，上岗后就能靠技能技术立身。技能技术的掌握对于高职学生将来迈进社会十分重要，这也是衡量高职教育成功与否的一个方面，但与此同时也要认识到高职教育更应重视学生综合能力的培养。美国劳工部一项研究预测，现在 20 岁的年轻人在今后一生的工作时间内，职业的转换将会达到 6~7 次之多。这种情况表明，一个人一辈子固定在一种职业或一个工作岗位上的时代即将消失，我国社会也发生着同样的变化。职业或岗位的变换并非无条件的，它要求变换职业或岗位的人能适应变化了的环境、变化了的工作，否则就有失业的危险。这就足以表明高职教育要能促进学生能力素质的持续发展，为学生的终身就业打下基础。随社会经济、科技和教育高速发展，大学教育从某种意义上已成为高层次的基础教育，既要“专”又要“泛”，要把专业学习和全面提高人文素质有机地结合起来。缺乏起码的人文社会科学知识，不仅会影响日常的文化交流，也会影响思维能力的发展，使人的思维方式机械呆板，缺乏发展的后劲，而本专业也不可能有大的发展。

具体表现在语文教学上，就是要把传授知识和培养人才相结合，以古今中外的文学艺术、美育思想来影响新一代的高职学生，使他们不但学有所长、学有所用，而且学有所思、学有所感，培养其美好的道德情操、审美观点和价值取向，培养他们的理念和能力。获得复合性知识结构，以专业性知识为核心，以工具性知识和相关性知识为两翼，形成完整的、均衡发展的、高度开放的知识结构体系。

三、高职语文课程定位的主要内容

语文学习的历史悠长，百年前废科举、兴学校的新旧文化斗争和中西文化冲突中，语文分科教育产生。从清末民初到新中国诞生，各类高等学堂都开设语文课，名为“国文”。1942 年全国大学一年级开设了必修课“大一国文”，这便是现代大学语文课程的前身。1952 年，我国实行院系调整，理、工、农、医、法、商等单科院校为了强调自己的专业性，不少学校砍掉了“大学语文”，希望专业技能教育得到加强。这门文理渗透，培养大学生人文精神，营造大学文化的基础课程因此中断了二十多年。1977 年高考恢复以后，面对学生素质普遍下降的现状，南京大学校长匡亚明重开“大学语文”的呼吁得到南京、上海一些高校的响应并发起成立了“全国大学语文研究会”，组编了大学语文教材，各类院校开设大学语文蔚然成风。大学语文一度成为我国高等教育中与政治理论、外语、体育相并列影响广泛的公共基础课。

20 世纪 90 年代，社会进入了多元化时代。全国一本《大学语文》教材已不能满足大学语文课程改革探索的需要，南京大学、复旦大学、上海大学等高校相继出版了自己的大学语文教材。思想启迪、道德熏陶、文学修养、审美陶冶、写作借鉴等，各版本各有所一长，各具特色。

20 世纪 90 年代以来，职业教育蓬勃发展，高等职业教育已经成为普通高等教育衍生出来的一个独立的教育类型。高职教育的独特性使得高职大学语文课程不能照搬普通研究型大学的定位，它的定位必须适应高职教育特点和规律。

高职大学语文课程定位研究当在高职教育研究和语文教育研究发展的双重背景中产生，我们试着从如下三组关系中寻找大学语文课程的清晰定位：①大学语文与高等职业教育课程；②大学语文与高职课程体系；③大学语文与民族文化传承。

（一）作为高职教育课程的大学语文——职业性

高等职业技术教育是以就业为导向的教育，培养的是高素质应用性人才一，其课程设置提出了与普通高等教育明显不同的要求。因此，各高职院校都积极着手对从普通高校继承而来的专业课程体系进行改革。高职课程必须以职业能力培养为重点，课程的开发与设计基于工作过程和工作任务，追求课程教学和职业岗位工作项目的同构性，充分体现职业性、实践性和开放性的要求。作为高职教育课程的大学语文同样面临着这一改革要求。大学语文要想在高职教育课程体系中占有一席之地，必须适应高职教育课程的要求，服务于高职教育的专业人才培养目标和专业相关技术领域职业岗位（群）的任职要求。

石伟平教授在评论当前高职院校教学改革和研究时指出“文化课程尤其是语文课程却始终难以定位和革新，成为制约整体课程改革的重要因素”。这里至少有两个启示：其一，文化课程是高职课程系统的重要组成部分。也就是说，高职的课程系统如果要作为一个完整的系统进行运作的话，是无法忽略现实存在的文化课程其存在价值和地位的。如果文化课程不进行改变，那么整个课程系统的发展必将受到制约，甚至无法正常运作完成教育使命。这就要求理顺文化课程与技能教育课程的关系。其二，文化课程尤其是语文课程的改革事关重大。语文课程是最重要的基础课程。作为文化课程最重要的组成部分，语文课程的重新定位意味着语文课程需要变革成为另一种形式、

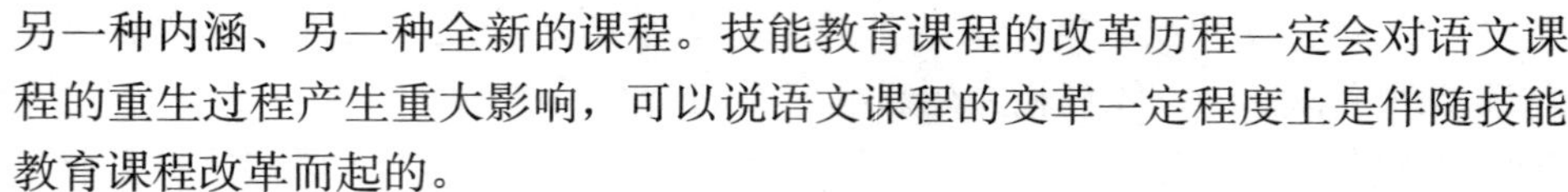
另一种内涵、另一种全新的课程。技能教育课程的改革历程一定会对语文课程的重生过程产生重大影响，可以说语文课程的变革一定程度上是伴随技能教育课程改革而起的。

石伟平教授的研究还标识了文化课程改革的基本思路，那就是“把普通文化课程内容与专业结合起来，强化它们为专业课程服务的功能”。如何把高职语文课程与专业结合起来，强化它为专业课程服务的功能，是高职语文教学改革的重要课题。高职语文服务职业教育目标必须从其工具性和人文性兼具的特点出发，扬其所长，在职业能力教育、人文精神的培养、民族文化的传承等方面发挥其特有的功能。

1. 应在内容上体现职业教育的要求

高职院校的大学语文课程通过对专业人士的感悟和专业事件的描述，开展职业能力和职业理想教育具有天然的优势，这方面有许多具有启迪作用的探索。

由谢海泉主编，高等教育出版社出版的艺术类专业《高职语文》，以就业为导向，密切语文课程与艺术专业的联系，选文包含画论、创作经验谈、艺术论文、艺术史及新兴艺术等，启发学生的艺术创造思维，丰富学生的艺术创造体验，激发学生的艺术创造灵感，与学生的艺术专业学习相辅相成，在学生艺术感觉、艺术观和艺术理想培养上发挥了重要作用，使语文课程内容选取上呈现出适应职业教育要求的全新面貌。例如，该教材选编了铁凝的《罗丹之约》和冯骥才的《傲徕峰的启示》，让学生感知调整观察角度的重要；选编吴冠中的《且说黄山》和赵丽宏《流水和高山》，以调动学生对自然以及文学和音乐的想象力；选编陈从周的《说园》和张抗抗的《诗意的触摸》，旨在培养学生对美的造型的感悟力；将张若虚的《春江花月夜》、余光中的《听听那冷雨》同宗白华先生论“意境”的名篇汇编在一起，目的是使学生对意境能有深切的体会。编苏轼和李清照的词作，要学生能“把诗情读出来”；选朱自清的“月朦胧，鸟朦胧，帘卷海棠红”，引导学生能“把画意说出来”；选编贝斗仁铭的谈话录，重在启发学生“把设计与意图讲明白”；单元结束时，要求学生能按照豪放或婉约的风格，对苏轼和李清！照戏曲人物海报设计作文字说明。该教材还像编杂志似地编了个具有“书中刊”性质的《博览》，用作家、艺术家的作品和文章传达他们各自独特的观察和感受，展现具体进行创造性表现的丰富的实践和经验积累，学生由此能得到比较全面的专业知识学习和能力培养。年轻的学子在学习艺术设计时，通过学语用文与艺术亲密接触，既能领略“艺之魅”，又会加深感受“文之美”“文之助”，丰富人文修养。

2. 应在教学方法上适应职业教育的要求

高职院校的大学语文课程不仅要在教材编排上要服务于专业培养目标的要求，在教法上同样也要适应职业教育的需要，在学生职业素养养成中发挥作用。

上海商学院乔刚教授的“融入专业元素”理论则是这方面探索的重要成果。以《大学语文》中的《郑伯克段于郡》为例，教学对象为商贸类专业的学生。乔刚教授把《郑伯克段于郡》的教学设计为：①本文写作材料的剪裁特点是什么？（写作、概括能力）；②本文主要人物的形象特征是什么？（与人打交道要善于观察各色人等）；③举例说明细节描写对人物形象刻画的作用。（细节决定成败）；④《左传》善于写战争，试归纳其写作特点。（概括、总结的能力）。所讲的四点与未来学生的岗位、学生的发展是有关系的，即作为商贸类的学生重点考虑的专业元素有：写作艺术、处事艺术、说话艺术，这就是“融入了专业元素”。教学中通过分析颖考叔与庄公的细节描写所体现出来的职场处事的态度和职场说话的艺术技巧，帮助学生树立职场意识，了解职场中为人处事的方法；又如课文《冯援客孟尝君》中通过对冯援求职过程和冯援（孟尝君）职场中成功秘诀的解读，结合现代社会，使学生了解职场成功的要素是什么，当遭遇工作环境中的诸多障碍与不如意时，如何进行职业适应和自我塑造……借助相应的教材内容，将职场文化、职场道德、职场写作、职场表达等内容融入语文教学中，帮助学生树立良好的职业素养。

3. 应在职业关键能力培养中发挥作用

职业关键能力到底是哪些能力，众说纷纭，各国都在积极研究。英国工业联盟、教育与就业部及资格与课程署认可六种核心技能：①交流的能力，②数字运用的能力，③运用信息技术的能力，④与人合作的能力，⑤提高自我学习和增进绩效的能力，⑥解决问题的能力。澳大利亚把关键能力称为“为工作、为教育、为生活的关键能力”，包括七种能力：①收集、分析、整理思想与信息的能力，②交流思想和分享信息的能力，③筹划和组织活动的能力，④与他人或团队合作的能力，⑤解决实际问题的能力，⑥运用数学概念和方法的能力，⑦运用技术手段的能力。

关键能力的表述和侧重各国都有不同，但上面的表述都集中于人与人的沟通合作，人对世界的理解和改造，也就是人运用符号处理人与自身、自然、社会交融合作的能力。语文能力都注重语言符号能力。符号运用的能力强弱能够左右关键能力培养，而语言符号的地位就在于人们通过对语言符号一的吸收，能把自己结合到特定的关系之中。语言符号的习得过程本身是一个人整体成长的过程，关键能力其实关乎个人的生存。因此，关键能力的培养是人才培养目标绝不可忽略的。如果旨在通过课程进行关键能力的培养，零落分散的专业课程显然难以胜任。以听、说、读、写等语言能力为主要培养目标的大学语文课程便具有无可替代的优势。

目前教学实践中，高职学生普遍存在文化基础相对薄弱，阅读理解能力、表达能力和应用写作能力较弱的实际情况，这必将阻碍他们未来职业的进一步发展。针对这一现状，高职语文教学要结合时代的特点，加强实践教学环节，将语文教学与当代文学、社会生活、新闻时事、热门话题等相结合，通过案例、课堂讨论、职场情景模拟训练（如求职、面试等）多种实践活动，锻炼听说读写能力，感受真实的职业环境，了解社会形势。同时积极延伸课堂空间，将语文教学从课内延伸到课外，如开设人文选修课，组织专题讲座、演讲比赛，举办征文活动等。总之，要让学生在实践中学语文，体会语文学科给学习、生活带来的收获和乐趣，使语文教学过程成为理沦和实践相结合的过程，成为知识转变为能力的过程，使学生在潜移默化中，提高阅读理解能力、写作能力、口语表达能力、应变能力和心理承受能力，无形中增强学生的职业核心能力。

（二）高职教育课程体系中的大学语文——人文性

1. 大学语文课程的人文性有着深厚的传统和积淀

徐中玉、齐森华在主编的《大学语文》教材（1996 年）在“编写说明”中明确提出了人文精神之于大学语文的根本属性，认为这是一门可以“起到文理渗透、文化与科技交融作用，培育大学生人文精神，营造大学里文化氛围的基础课程”。在罗列这门课程四个方面的作用时，首先提及的就是“增强人文精神的培育”。夏中义主编有《大学人文读本》三卷本，分别命名为“人与自我”“人与国家”和“人与世界”，旨在帮助当代大学生走向“精神成人”。温儒敏主编的《高等语文》文选范围涵盖文史哲和科技等领域，甚至还有《(九章算术）与《中国古代数学》等内容。夏中义主编的《大学新语文》和丁帆等主编《新编大学语文》以“仁爱，天地最美”“向往自由”“寻找良知”“文明：冲突与对话”等人文意识主题为板块。大学语文教材里囊括了古今中外的优秀文学作品，凝结了丰富的思想和文化内容，语文课堂要正确引导和帮助学生吸收智慧的结晶和精神的养分，树立正确的世界观、人生观、价值观，使学生成为一个情操高尚、身心协调发展、富有人文情怀的人。“语文就如同人文这条大河的一条支流，人文意识和人文情怀流淌于语文的河道上就会体现一种尊重语言、珍视语言、热爱语言的语文意识和语文情怀”。人文性的强调对职业院校学生的语文能力的提高也有重要的促进作用。

2. 高职院校的大学语文课程应继承发扬人文性传统

职业教育是以就业为导向的教育，突出的是职业能力的培养。而在教育实践中，一些高职院校对职业能力的认识上存在偏差，把职业能力仅仅理解为职业技能，忽视了其中包含的人文因素。体现在专业课程体系设置上，就是加大职业技能课程的比例，忽视甚至不设人文课程。这种急功近利的教育观念无视学生的主体性特征，把学生看成没有情感和价值取向的机械存在。工业化时代的到来确实需要培养有技能会操作高效率的应用性人才，但同时它又有使人工具化、异化的危险。单一的科技实用教育对人才的培养产生越来越大的负面影响。而且，在高职教育人才培养的实践中我们看到，一味的强化技能的训练，忽视学生情感、价值观的培养和人格的完善，其结果适得其反。一些高职学生厌学现象不能说没有这方面的诱因。因此，高职院校的大学语文课程作为一门人文课程，应该在高职教育课程体系中占有重要的地位。大学语文教学一方面要引导学生感受作者高尚的道德情操和深邃的思想，促成其健全人格的养成和优良品质的形成；另一方面更要关注学生的全面可持续发展，培养学生的职业素养，使所学的语文知识对其职业发展有所帮助。

（1）高职院校的语文课程应发挥对学生职业价值观、职业理想教育方面的作用。

上海某职业学院在开展“劳模育人机制”研究中发现，李斌、徐虎、包起帆等劳模之所以在职业生涯发展中登上顶峰，是与其对所从事职业价值观的高度认同和崇高的职业理想分不开的。李斌之所以成为掌握先进生产技术的知识型、专家型工人和技术应用专家，根本原因在于他技术成才的人才观和为社会奉献的使命观。徐虎因为有了“辛苦我一人，幸福千万家”的思想，才能热爱他的物业服务岗位，取得不平凡的成绩。包起帆在为国争光的理想驱动下，取得了一个又一个技术发明。我们在培养高素质技能型人才时，一定不能忘记职业价值观和职业理想的教育是高职学生热爱技术、技能成才的前提。这方面高职院校的大学语文课程有着不可替代的优势。优秀的文学作品中的主人公大都怀有强烈的历史使命感和社会责任感，他们追求的理想与目标，与他人、与集体甚至与整个人类社会的进步都紧紧相联系，他们把个体的有限生命融入无限的事业中。在文学欣赏过程中，学生不知不觉地从个

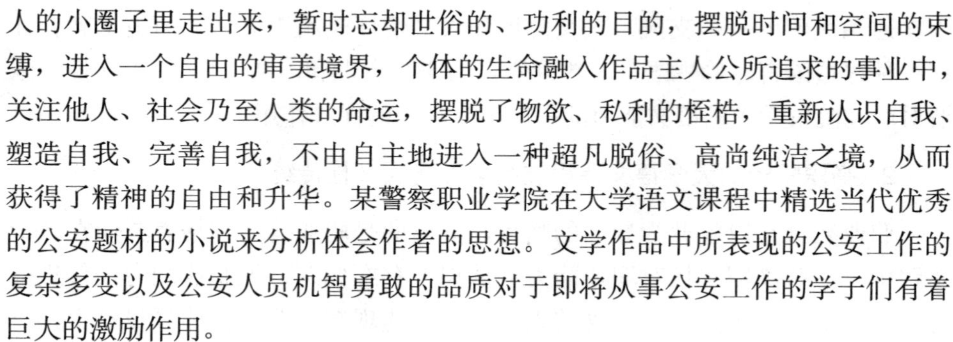

人的小圈子里走出来，暂时忘却世俗的、功利的目的，摆脱时间和空间的束缚，进入一个自由的审美境界，个体的生命融入作品主人公所追求的事业中，关注他人、社会乃至人类的命运，摆脱了物欲、私利的桎梏，重新认识自我、塑造自我、完善自我，不由自主地进入一种超凡脱俗、高尚纯洁之境，从而获得了精神的自由和升华。某警察职业学院在大学语文课程中精选当代优秀的公安题材的小说来分析体会作者的思想。文学作品中所表现的公安工作的复杂多变以及公安人员机智勇敢的品质对于即将从事公安工作的学子们有着巨大的激励作用。

（2）高职院校的大学语文课程应发挥对学生参与和谐社会关系建设方面的作用。

在现代职场中，分工协作是最常见的工作组织形式。与人合作的能力被有些教育家看作是职业核心能力之一。和谐社会关系对于一个职业人的职业发展至关重要。而和谐社会关系的内核就是人文精神，是对“人”的认识和尊重。高职院校的人文教育是培养高职学生与人合作的能力的必由之路。人的尊严和使命，人的权利和责任，人的理想和品格，人际关系的和谐与协调，人类共同发展的需要与追求，这些社会生活中的重大问题应成为高职学生经常关注的焦点。高职学生将这些思考同自己所学专业联系起来，才能助其扩大视野，树立长远目标，确立自己的人生追求和价值标准。在现代社会中，高职学生一方面应有某种技能专长，另一方面应是个擅长同周围的各种人打交道的工作者，两者齐备以获得职业生涯的持续发展。大学语文课程的内容往往是阅读和领会社会中各种人的思想感情、内心世界的学问。它对高职学生认识世界和人生，开展工作增强应变能力都有很大帮助。古人说“世事洞明皆学问”，相当值得借鉴。

（3）高职院校的大学语文课程应发挥对学生创新能力培养方面的作用。

文学作品源于生活，具体生动，往往在表现复杂变化的现象上独树一帜，而且感情充沛，极易深入人心。文学创作中的想象、灵感、幻想等活动，对高职学生能起到培养创新能力的作用。一个现代人，一方面，他要受到社会与知识分工的制约，但同时他又在不断地努力突破分工造成的限制，尽可能地扩展自己的知识结构，以求得自身学识、思维能力与性格的相对全面的发展。高职学生在校学习时间有限，将来的职业成长将要倚赖在校就读期间所积累养成的良好学习习惯和学习能力。语言能力的强大，一方面积聚作为一个工作者的生活底蕴，另一方面在职业成熟的过程中帮助塑造健全的人格。建筑学家杨钟健当年在北大读书时就发表了许多小说；植物学家蔡希陶一面在云南采集植物标本，一面写了许多有着浓厚的边地风情的小说；至于当年北大物理系的著名教授丁西林，他的一生就在物理学与戏剧创作两方而都取得了很高的成就。

（三）民族文化传承中的大学语文——母语性

1. 高职院校中唯一的母语教育课程

通过课堂教学和其他多种形式在大学生中有意识地开展传统文化教育，让学生了解“中国人为人的道德”（鲁迅），全面提高大学生的文化素质和道德修养是我国高等教育必须承担的重要任务之一。母语是民族文化的根基和纽带，是一个民族的精神家园，大学语文作为母语课程，有责任也有能力承担这一历史重任。在高职教育阶段，也唯有大学语文课程能够担负这个责任。因为语文教育的根本意义在于守护民族的精神家园。钟启泉教授撰文指出：我们要超越“语言工具说”走向“语言文化说”。海德格尔说：语言是存在的家。母语教育本身也就是一种文化的传承的活动，它对培养人们的民族情操、增强民族的凝聚力都具有重大的意义。西方古代“自由七艺”的前三项：文法、修辞、逻辑，恰是语文的内容：在古代中国，语文教育和语文学习更是求学者一生的追求。

高职院校开展母语教育，其实质是对本国人学习母语的权利地高度尊重和充分发挥，意在通过内涵丰富、资源深广的母语教材，吸取母语文化的精髓，逐渐成长为具有世界襟怀、全球视野的本土文化的传人。各国母语教育无不追求学生在母语中觉醒，在母语中感悟，在母语中生长并成人。这是全世界共同的、至高的价位追求，更可以说是全世界奉行的教育信仰。大学语文课程并不是是高职阶段教育中实现这个教育理想的唯一误程，但是大学语文课程是把这个教育理想作为专攻目标、唯一目标的专门课程。它的教育内容就是母语教育，而不是用母语进行的技术技能教育。

2. 高职院校的母语教育是民族文化传承的重要部分

母语教育旨在让学生立志于国语发展和国语文化创造。中国是个拥有伟大文化传统的国家，而文化的传承主要是通过人文教育实现的。中国的人文教育内容极为丰富，如果没有一个长期稳定的人文教育机制，中国的优秀文化传统要穿越几千年的外祸、内乱、分裂、暴政而流传于今，几乎是不可想

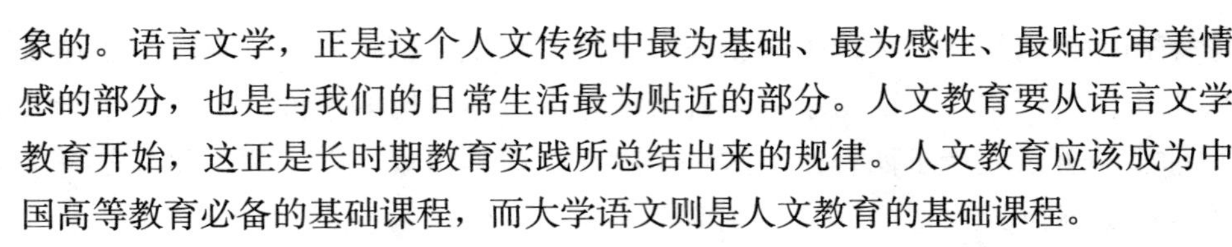

象的。语言文学，正是这个人文传统中最为基础、最为感性、最贴近审美情感的部分，也是与我们的日常生活最为贴近的部分。人文教育要从语言文学教育开始，这正是长时期教育实践所总结出来的规律。人文教育应该成为中国高等教育必备的基础课程，而大学语文则是人文教育的基础课程。

大学语文作为人文教育的基础课程，是由它的语言文学特征所决定的。一个民族的历史与感情容载于母语之中，容载于母语的文学形式之中，它以最感性、最易接受的形式传播人文教育，这是不言而喻的。大学语文相对于各门学科，它在传承文化方面最为突出也极为重要，它所传播、传授的文化具有极大的丰富性和广泛性。钱理群先生认为，大学语文的重心是文学教育，因此要用“大学文学”来置换“大学语文”也是有道理的。同时，我们也要意识到，语言与文学都有社会性的特点，是随着社会的发展而变化的，所以，我们通过语文所学习的，不仅仅是古代历史知识和民族感情，也对当下的社会发展与感情世界有切实的认识作用。

高职院校的大学语文课程除了语言技能的传授，还担负着使受教育者成为具有民族文化素养的人，塑造民族文化的心理认同和民族文化的传承者的功用，这一特点往往被人们所忽略。高职学生语文水准的不如人意，根源在于对自己的母语缺乏热爱之情和敬畏之心。高职院校的大学语文课程就承担着开展有效亲切的教育教学活动，培育学生自觉的语文观念和母语意识的历史使命。

总之，高职院校的大学语文课程，首先，应当承担其职业教育的任务，服务于职业教育的培养目标，在培养职业伦理、职业理想、职业素养上从学科特点出发发挥重要作用；其次，高职语文作为一门兼具人文性的课程，在弥补高职教育课程体系工具化不足上独具功能；再次，高职院校的大学语文是传承民族文化的重要载体，是传承民族文化的母语课程。

第二节　高职语文课程的目标

一、高职语文课程目标的生成来源

本书旨在以高等职业教育理论、课程教育理论、语文教育理论、主体性教育理论、发展性教育理论、人文素质教育理论、心理学等为理论指导，分析高职教育培养目标、语文课程本身的规律和特点、大学生语文能力现状及心理需求、社会发展的需求对高职语文课程目标的制约，合理构建一个以侧重职业能力提升的“高层次、语文能力培养、完善人格”为高职语文课程基本价值取向的、以“高层次语文能力”的培养为核心的通识教育目标。

探讨高职语文课程目标，其结果是建构一个目标。但是，研究目的却不仅仅是建构一个目标，比建构更为重要的是澄清目标构建过程中的一些问题。

确立高职语文课程目标首要探讨的问题就是课程目标的生成来源问题，它体现了课程目标的具体价值，是课程目标或课程开发的基点。探讨高职语文课程目标的生成来源问题，有几个方面的问题需要回答：一是依据什么来确立高职语文课程目标？二是它们在目标的生成来源中的地位及其相互之间的关系，或者说，高职语文课程目标开发应以什么为基本出发点？当确立了这一基本出发点以后，又如何处理好其与其他目标来源之间的关系呢？

课程教育理论普遍认为，课程目标是一定教育哲学思想的反映。课程目标确定的过程是一种运用分析、综合、判断、推理对各大要素进行选择的过程，它有一定的主观倾向性。张楚廷在《教学论概要》中把教学目的归为主观性要素，并指出：“作为主观性要素的教学目的，既受到人们对客观教学要素认识的影响，也直接受到人们对社会、对自然认识的影响，还受到人们对自身认识的影响。同时，对理想的追求也直接作用于教学目的的形成和确定。”后来，他在《课程与教学哲学》中也提到：“教学目标是应然性的，教学过程则是实然性的。”

据此可知，高职语文课程的目标是“应然性”，而非“实然性”的。

高职语文课程的目标是“应然性”的，这表明制约高职语文课程目标的因素是纷繁复杂的。不同社会、不同时代、不同专家、不同学校、不同学科、不同学生，对课程目标都有不同理解。他们会以不同方式作用于高职语文课程目标，如关于语文课程目标的确立依据就有多种说法。“三依据说”是指语文教学目的既受社会生产发展制约，又从总体教育目的派生，而学科的基本性质则起决定性的作用；“五依据说”是指确立语文教学目的的依据有“社会发展进步的需求”“教育方针法规的规定”“学生生理心理的特点”“语文学科自身的性质”“教育目标分类理论的应用”等五个要素；还有专家认为，语文学科教育目标体系的建构，仍然存在着赖以成立的客观依据。来自社会方面的客观依据主要是社会发展水平与教育总体目标，来自学科方面的客观依据主要是语文科学体系和语文学科体系，来自运作方面的客观依据主要是教育对象需求与教育活动特点。实际上它们也就是这一体系建构过程中难以逾越的制约条件。

这里面有一个把生成来源理解得多宽和多细的问题。解决这一问题的方法就是要弄明白到底哪些是最基本的制约因素？

课程理论研究表明："课程与教学目标的基本来源是学习者的需要、当代社会生活的需求、学科的发展。尽管不同的教育价值观对这三个来源的关系存在不同认识，尽管除这三个来源外还可能有其他来源，但这三个方面是课程与教学目标的基木来源，在这一点上，人们已取得共识。"高职语文课程目标是语文课程目标在高职教育中的具体表达，语文课程目标是课程目标在语文课程方面的具体表达。正如总体目标与分目标的关系一样，分目标表达的内容会比总目标更具体、更丰富，而在一些基本方面与总目标是一致的。所以，课程目标、语文课程目标、高职语文课程目标，它们在构成课程目标的基本生成来源方面是一致的。

（一）学生成长的直接驱动

教育是一种有目的、有计划的培养人的活动。人是教育的最基本的着眼点和出发点。无论在哪个教育阶段，无论是哪种教育类型，无论是哪种课程，满足人自身生存和发展的需要，促进人的自由、全面的发展都是教学活动的中心。高职语文课程教育也不例外。因此，学习者的需要是生成高职语文课程目标的基本来源。

"目标受到人我关系、物我关系的影响和作用，但它终究必是我我关系的结果。"即目标只有在学生的意志和意识作用过程中内化为学生自己的目标，才会成为学生事实上的目标。这里，除了环境的复杂因素产生的某些影响外，个体的直觉、兴趣、体验、意志、情感等多方面的学生的意识活动在目标形成中起了决定作用。因此，高职语文课程目标更应该将学生的需要纳入目标来源体系中。否则，目标徒设，唯有空名。

高职语文课程要关注学生的需要，意味着高职语文课程目标要关注处于高职教育这一类型、这一阶段的学生的需要。

学生的需要是相当复杂的。

首先，它是不断变化、不断生成、不断发展、不断提升的。

其次，它具有年龄阶段性和个体差异性。

第三，按照时间的流动来划分的话，它有现实生活的需要和未来生活的需要之分。

第四，学习者的大多数需要是本人能够主观地、清晰地意识到的，但也有些需要不能意识到或不能清晰地意识到，需要教师或其他人的帮助引导，才能上升为自觉需要。

第五，从学生自身的需要来看，学生在成长的过程中不仅有着增长知识、提高能力的需要，而且有发展情感、意志、态度、价值观的需要。所以，学生的需要的内容也是相当丰富的。比如泰勒认为，学生的需要可以分为以下几个方面：①健康；②直接的社会关系，包括家庭生活以及与亲朋好友的关系；③社会公民关系，包括在学校和社区的公民生活；④消费者方面的生活；⑤职业生活；⑥娱乐生活。马斯洛的经典需要理论则把需要划分为生理需要，安全需要，归属和爱的需要，自尊的需要，自我实现的需要。还有调查研究显示，“大学生的需要主要表现为获取知识和增强各种能力的需要，自尊的需要，爱和归属的需要，充分发挥自己作用的需要，全面发展的需要，享受的需要等。”

所以，高职语文课程目标关注学生的需要，并不意味着其课程目标要满足不同学生的各种各样的需要。

高职语文课程目标满足学生的需要是有条件的满足：

首先，不能违背语文课程本身的内在规律性。譬如，陷入工具训练误区，就会受到历史惩罚。

其次，处理并协调好学生的共同需要与个体发展的需要之间的关系。换言之，高职语文首要考虑的是满足大多数学生的共同需要，同时尽最大可能兼顾学生个性发展的需要。

另外，高职语文不能被动适应学生的需要安排课程目标和选择课程内容。高职语文课程还具有引导、促进学生进步发展的功能。如果仅仅定位于适应，则忽视了教育批判、引导的功能，教书育人的目的就很可能落空。

（二）语文课程范式的内在促成

语文课程本身是制约高职语文课程目标的基本来源，是“原生性来源”。因为如果没有语文课程的存在，现在我们就没有必要在这里大费口舌谈什么高职语文课程目标问题。

“从形式上看，课程表现为一种知识体系，课程研制的核心内容也就主要表现为对知识的选择与组织”。作为实质性规范的知识是任何形式课程的本源，没有知识的课程是不存在的。抛脱了知识，课程就成了无源之水、无本之木。从这种意义上讲，知识是课程的原生性来源。因此，语文知识的选择与组织应成为课程目标的基本来源之一。

现代课程论认为，知识具有两方面的功能：一方面的功能是“专门化的研究领域所必备的一种属性”，这是学科本身的特殊功能；另一方面的功能是将学科领域“作为一种工具，以满足个人生活需要和社会生活需要”的功能，这是学科的一般功能。前者指向学科知识本身的创新与建构，学科本身规律的探讨被放在首位；后者指向学科知识的运用，学科在课程体系中更多体现的是它的工具价值。

作为语文知识，同样具有语文课程本身的特殊功能和一般功能。

长期的实践表明，人们在制定语文课程目标时往往过于强调学科的特殊功能，纷纷论证本学科在智育、美育、德育中有着其他学科无可比拟的优势，往往把课程目标定位在把每一个学生都培养成语文学科领域的专家。而相比之下，却对学科的一般功能过于忽视，由此造成学科内容仅为培养少数社会精英而设，从而忽视了大部分人在日常社会生活中对该门学科知识的需要。

高职教育将语文纳入课程体系，很显然并不是为培养语文课程方面专门的人才（如作家、评论家、诗人、文字学研究者、语文教育者等。）

因此，根据语文课程来确定课程目标时，应尽力避免课程目标过于注重学科的特殊功能而忽视学科的一般功能的倾向。同样也应当避免另一种倾向：过于重视学科的一般功能将语文知识割裂开来而忽视学科本身内在规律与逻辑以及语文知识身上所负载的价值。从过去的丰富的语文实践活动结果来看，这种倾向是十分危险的。

根据语文课程来确定课程目标时，学科专家的建议不容忽视。这是因为学科专家对自己本学科领域的基本知识、结构体系、探究方式和发展趋势有着更为清楚的了解。所以可以为确定课程目标提供更为可靠、鲜活、完善的信息。在研究学科专家的建议时，我们应注意一些问题：首先是不能将学科专家的建议当作教育目标的唯一来源，而应当将这些建议与对学生的个人生活需要和社会生活需要研究结合起来作为目标来源。不同的学科专家虽然了解本学科的一般功能和特殊功能，但学科专家提出的建议经常是偏于专门化的，这是因为他们总是愿意（从情感上）把学生当作将来要在这个领域从事专门工作和研究的人，而不是将语文学科视为专才教育的一个组成部分。

（三）高职教育目标的本质牵制

高职语文不是基础语文，也不是大学语文，是指在高等职业技术教育这一特定教育类型中开设的语文课程。因此，高职教育的特点是制约高职语文课程目标的特殊因素。

与普通高等教育比较，高等职业教育不是专业教育。普通高等教育一般有一个”专业”或”研究方向”，它培养“通才”，强调宽基础，学科理论知识的相对完整性是其必然要求。高等职业教育就不同了，它以具体职业岗位为依据，以该岗位的“必需”“够用”理论知识为度来构建岗位能力，需要开设哪些课程，教授到什么深度，均由岗位能力决定。它强调的是岗位能力的培养，因而是窄口径的，要用什么就讲什么，要用多少就讲多少是其必然的选择。

与中等职业教育比较，高等职业教育不是技能性职业教育。技能型职业教育培养学生在某一特定岗位上的操作能力，一般不要求或粗略要求学生掌握相关的操作原理及理论知识。技术型职业教育是技能型职业教育的继续教育，接受技术型职业教育之前，一般应接受过技能型职业教育。技术型人才除具备特定岗位的操作能力外，还应当掌握相当的理论知识，有发展潜能和创新能力。

据此可知，高职教育培养的主要是适应特定行业、特定岗位的所谓“专业对口”“学用一致”的专门人才。从国外职业教育发展和国内职业教育发展特点来看，这种“专才教育”突出坚持“以市场为导向”设置专业，规划人才培养方案。这种把教育作为外在的社会发展工具，把人作为工具来培养的状态，反映了课程目标上过强的功利主义的价值取向。与“职业”“行业”“岗位”“实用”“应用”等字眼关系疏远的课程很难进入课程体系。如 1999 年底教育部在《关于制订高职高专教育专业教学计划的原则意见》中突出强调的仍是“职业”“技术”教育。虽然提出坚持德、智、体、美诸方面全面发展的原则，但从结果看专业课比例更为突出。

高职语文课程是一门不能直接转化为“现实的生产力”的普通课程，在设置课程目标时如果不以高职教育的培养目标为出发点，那么将难于进入高等职业教育课程体系、难于进入语文课程的实施过程，更难于进入学生的大脑和生活视野。所以，高职语文课程目标将高职教育的培养目标确定为目标来源，这是一种现实的抉择。

（四）社会发展需要的外围制约

学生作为个体，最终要成为一个社会人而融入到特定的社会，学校教育的一个主要任务就是使学生逐渐社会化。确定课程目标时理所当然地应将社会发展的需要作为一个基本来源。

社会发展的需要主要是通过个人发展的需求和高职教育培养目标二者来体现的。这是因为：

首先，满足学生的需要，促进学生的发展与满足社会发展的需要并促进社会的发展二者在某种程度上是一致的。个人发展与社会发展有相一致，相统一的一面。“当我们说教学是为了青少年，为了人的时侯，在一些基本方面也是为了社会。”显然，社会的良好发展更有利于绝大多数个人发展，社会的不良发展更有可能束缚绝大多数个人发展；反之，绝大多数个人的良好发展更有利于社会发展，绝大多数个人的不良发展多少有碍于社会发展。因此，在现实生活中，个人良好发展的重要标志是这种发展是否于社会发展具有积极意义。此外，社会良好发展的重要标志是是否使绝大多数个人得到良好发展。所以，当我们说高职语文课程目标要考虑学生发展的需要时，其实把社会发展的需要也考虑进去了。

其次，高职教育培养目标是社会发展需要的具体反映。马克思主义关于教育目的的基本观点是，教育目的受社会生产发展制约。生产力发展水平，政治制度和政治形势以及各种社会思潮等都会以一定的形式反映在一般教育目的上。高职教育培养目标是一般教育目的的具体表达，从总体教育目的派生，当然也毫无例外地要贯彻执行这个总体教育目的。

再次，与社会发展的需要相比，高职语文课程在高职教育课程体系中的地位和作用的发挥更多地、更直接地是受培养目标的影响。相对来说，社会发展的需要的影响力远没有培养目标作用那么直接，强烈，现实。

二、高职语文课程目标的基本价值取向

“课程与教学目标是一定教育价值观（教育目的、教育宗旨）在课程与教学领域的具体化，因此，任何课程与教学目标总有一定的价值取向。”高职语文课程目标的基本价值取向，是指人们对高职语文课程目标的总的看法和认识。明确高职高专语文课程目标的基本价值取向，就能够增强反省意识，提高制定课程目标的自觉性和自主性。

学习者的需要、语文课程、高职教育培养目标、社会发展的需要四者作为生成高职语文课程目标的基本来源，过分强调四者的某一方面，都有可能导致课程本身的发展失衡。如果高职语文课程目标被动地适应高职教育培养目标，并以此作为课程目标规划的重心，以“必须、够用”的原则为指导组织和选择语文知识，那么语文知识可能有被割裂的危险，语文课程将失去它的独立学科地位，而沦为“专才”教育的附庸。如果高职语文课程目标为满足学科本身发展的需要，突出学科的特殊功能，课程目标定位过高，又有可能使语文课程脱离学生的实际生活，使课程内容丧失生活意义。如果高职语文课程目标定位于满足学生个体的个人生活和社会生活需要，语文课程就有可能让学生牵着鼻子走，那么又有可能架空教育的引导并促进学生发展的职能。

因此，为使课程本身平稳发展，充分发挥语文课程职能，使高职语文真正成为高职教育课程体系中的“不可或缺”，我们有必要权衡四者之间利弊并做出一种比较恰当的选择。

（一）以高层次为立足点

高等职业教育是“职业教育”，但它也是高等教育，具有“高等性”。那么，高等职业教育的”高等性”是否等同于普通高等教育的”高等性”呢？这里需要澄清一些误解。

高等职业教育的“高等性”是相对于其在职业教育体系中的层次而言的，普通高等教育的“高等性”是相对于其在普通教育体系中的层次而言的。这就是说，高等职业教育与普通高等教育是两种不同教育类型的教育，高等职业教育的“高等性”不等同于普通高等教育的“高等性”。不过，两者可以实现相互转化，但必须通过转换教育。

高职教育的“高”究竟高在哪里？有专家指出，高职教育“高”在“产学研”结合，否则，“高”不起来。这就说明，高职院校不仅仅是训练技能、传授知识的场所，还是创新知识、改革技术的场所。因此，从培养人才的角度来说：高职毕业生除了应掌握相关职业的技能和知识以外，还应具备理解和接受新知识、新工艺、新设备、新技术，并以较强的动手能力和分析、处理、指导、解决一线生产实际问题的能力。

更重要的是在创新素质和身心素质、思想道德与文化素质等方面得到自由、充分、和谐发展。所以，高职毕业生起码应具备下列素质：

（1）能得到全面发展，具备较强的岗位适应能力。

（2）具有可持续发展潜能。

（3）有较高的人文素养。

高职教育的这种特点要求高职语文课程目标要体现出教育层次。所以高职语文课程目标不应该是基础语文课程目标的简单重复，也不应该是大学语文课程目标的直接移植。从语文能力培养角度来看，要体现出语文能力的“高层次”。

（二）以协助提升学生的职业能力为追求

高职教育是高等教育，也是职业教育，具有“职业性”。高职教育培养的是具有全面素质和综合职业能力，能直接在生产、服务、技术和管理第一线运作的高级技术型、应用型人才。为经济建设培养合格的劳动者，是职业教育的主攻方向：突出专业技能课程，是职业教育的特色；发展和提升职业能力，是职业教育的中心工作。尽管引导学生熟练掌握语言这个工具和丰富人文素养也是职业教育的基本任务，但是，毕竟职业教育从教学时间上也无法保证，高职学生在心理上也并没有做好这个准备。况且，职业学校不可能单纯靠文化思想教育的水平来增强社会声誉。所以，高职语文要在职业教育课程体系中生存、发展，就要找准自己的位置，调整好自己的心态，树立起为专业教

育服务且提供良好服务的观念。

高职语文要为专业教育服务，并不是作为附庸，而是立足职业，突出应用、实用，语文能力与职业能力协同和谐发展。

首先，是发展和提升职业能力的需求。语文乃“百科之母”，是各学科基础中的基础。高职学生要学好专业，提升职业能力，离不开高职语文这个基础；欲成为本专业中出类拔萃之辈，更需具备深厚的语言素养。美国著名的社会预测家，约翰·奈斯比特在其《大趋势》一书中预言21世纪的五件大事，其中第三件就是：在这个文字密集的社会里，我们比以往更需要具备基本的读书技巧。当今时代，尽管电子计算机已发展到第五代，但它仍需要人来操纵，电子计算机仍属于第二文化，它的第一位载体是语言和文字，语言和文字是第一文化。第一文化是第二文化的基础，没有第一文化就没有第二文化。

其次，是发展和提高语文能力的需求。脱离生活情景、现实生活学习语文、谈论发展和提高语文能力，犹如空中造楼、聚沙成塔。语文学习，特别是应用语文学习绝不是孤立的学习，它和社会生活（包括职业生活）有着千丝万缕的联系。在职业情境教学活动中学习语文，学生不仅学习了语文知识、训练了语文能力，而且促进了个人素质的整体提高，方便了专业学习，并且能做到一专多能，从中学习和训练能适应社会的多项工作能力。

（三）以语文能力培养为核心

1. 是由语文课程本身的特点决定的

语文是一门有独立学科地位的学科。语文之所以是语文，是因为它有其自身的规律性，在高等职业教育课程体系中，它的地位是无可替代的。而这种独特性主要表现在以下几方面：

它是以培养包括听、说、读、写在内的语言运用能力为己任的。除语文以外，没有哪门学科如此旗帜鲜明地声称要承担这种责任。语文能力的强弱直接决定一个人的学习能力，因此不同阶段的学习需要不同层次的语文能力，也就是说需要相应的听、说、读、写能力。高职阶段的学习除按学科分专业进行外，知识的深度和广度都远远地超过了中学阶段，学习方法由教师口授逐步向自学过渡，学习重点是培养能力、掌握方法，无论哪一个学科的学习仅凭中学阶段培养出来的中等层次的语文能力都是很难胜任高职阶段的学习的。高职学生要熟练掌握相关职业的专业技能和知识，缺了高职语文这个基础工具是不行的。

高职语文具有工具性，这与素质教育内容中的“创新能力”培育并不矛盾。语文学科是教会学生“学习语言”，即如何正确地理解与使用祖国语言文字的不可或缺的基础学科。它指导学生或聆听或阅读，涵泳玩味大量语言材料，理解和感悟出语言规律，然后运用这些语言去指导说话和写作以生成新的语言材料。“学习语言”与“研究语言”是有本质差别的。“研究语言”的本质是语文规律的发现与创新。“学习语言”的本质是语文规律的理解与应用。语文规律的理解与运用也可以是有鲜活的个人色彩的创造性的理解与应用。

语文具有工具性，强调语文的工具性并没有错。熟练掌握语文这个工具，对学生来说，只会有益。语文这个工具掌握得越熟练，用起来就越得心应手。但是如果把语文仅视为工具，把让学生熟练掌握工具而训练工具作为唯一目的，这就有悖于语文课程教育的初衷。

发生在 20 世纪 90 年代中期的那场声势浩大的可以称之为反思语文教育的讨论警示我们：语文课程受“技术理性”支配、受功利主义课程观影响，突出强调理性知识至上和向工具化靠拢，会造成标准化诠释体系形成、肢解性分析泛滥课堂，会使本来诗意的审美的情感与想象的即以形象思维为内核的语文向工具化、机械化、标准化、逻辑化转向，导致人文精神内蕴，人文价值体系包括理想信念、审美趣味的坠失，同时催发规范化、标准化数据与应试技术训练的泛滥，加速个体教师与学生的精神自由的迷失。语文教育向工具化靠拢，是以牺牲学生心灵的真善美的发现与探寻能力的培养为代价的。

因此，确立课程目标时，违背语文课程的基本规律性，谈“工具”则避嫌，生怕陷入工具论的泥淖被贴上“工具论者”的标签，则有可能离语文更远。作为一门普通的基础工具课程，培养并提高学生的语文能力，为专业课服务，义不容辞。

2. 是由高职学生的特性所决定的

实际上，高职学生的语文素养现状着实令人担忧。运允海在《关于高专高职两段式培养模式的研究》中有一段话：“笔者曾对在校学生进行调查，调查的方式是选题作文，出两个题目，一难一简，学生自选；作文按四个项目（主旨与内容、思路与结构、语言、文字）进行考核。通过调查发现：全班学生都选简单的题目：内容平淡、主旨与材料欠统一的占 71.5%；思路不清、结构混乱的占 68.5%；语言表达不准确、词汇平乏的占 74.3%：文字结构不匀称、字迹潦草、错别字多的占 64.3%；立意深远、内容充实、结构严谨、思路清晰、语言准确生动的作文不足 6%。”

张志公先生说过：“①能读一般应用的书籍报刊，在语文方面没有障碍；只要书籍报刊中所涉及的思想内容或知识内容是他们所能理解的，就应该理解得完整、确切。②能写一般应用的文章，在语文方面没有显著的毛病；只要对所写内容的认识是明确的、正确的，就应该能够清楚确切地表达出来，至少做到精通。③知道有哪些基本的工具书，并且能够运用这些工具书，自己解决在读书、写作中发生的问题。”

2003 年出版的《全日制普通高级中学语文课程标准》这样描述：高中语文教学，要在初中的基础上，进一步提高学生正确理解和运用祖国语言文字的水平，使他们具有适应实际需要的现代文阅读能力、写作能力和口语交际能力，具有初步的文学鉴赏能力和阅读浅易文言文的能力；掌握语文学习的基本方法，养成自学语文的习惯，培养发现、探究、解决问题的能力，为继续学习和终身发展打好基础。

以上种种事实表明，由于中学阶段的“升学教育”“应试教育”严重限制了学生能力的培养与提高，高职新生的语文水平普遍达不到高中毕业生应有的程度已经成为不可回避的现实。

此外，社会上包括学生自己把高职生普遍定位于普通高等教育失败者的身份，这种定位虽未必正确，但却是事实。高职学生中有另一小部分来源于中等职业学校。这两类学生有一个共同点：语文基础知识薄弱，有大小不等的学习障碍如学习兴趣难以激发、学习方法不妥等，要满足生存的、可能的、必须的生活的需要，以目前的语文能力来应付可能尚有困难。

高职学生语文能力远远不能满足和应付个人生活和社会生活的需要，即使仅仅是职业生活的需要。所以，兼顾补课与提高，培养能适应高职专业学习的高层次的语文能力是高职语文教学在相当一段时间内必须正视的现实。

3. 是现代社会对高职学生语文素质提出的要求

现实生活瞬息万变，对高职学生语文能力的要求也是日新月异。

早在 1984 年张志公先生就对 21 世纪人才质量这样展望：“他们普遍需要的将是如历史上描写智力超常的‘才子’们那种‘出口成章’的能力，因为他们要用自然的口头语言处理工作，指挥机器干活；那种‘一目十行，过目成诵’的阅读能力，因为他们需要读的东西太多了；那种‘下笔千言，倚马可待’的写作能力，因为他们的时间很珍贵，必须在尽可能短的时间里写出他们生活和工作中需要写的东西”。“处理生活和工作中的实际问题的敏捷准确的高效率的口头和书面语言能力，将成为每个人的需要”。“能用尽可能经济的语言材料传递尽可能多的信息，达到尽可能高的准确性和可理解性，收到尽可能强的表达效果，将被认为是写作的高手”。

正如张老所言，现代社会对人才素质提出了新的要求。美国将这种社会需求概括为“三种素质”和“五种能力”。“三种素质”包括：①基本技能。

即阅读能力、书写能力、倾听能力、口语表达能力、数学运算能力；②思维能力。即能有新想法、新发现并解决问题，能根据符号图像进行思维分析；③个人品质。即热爱工作，有敬业精神，自重，有自信心；有社会责任感，集体责任感，自律，能正确评价自己，有自治力，正直，诚实，遵守社会道德行为准则。“五种能力”有：①合理利用与支配各类资源的能力，包括时间、经费、设备、人力的利用和支配；②处理人际关系的能力。能够作为集体一员参与工作，诚心为顾客服务，坚持以理服人，调整利益以求妥协，能与背景不同的人共事；③获取信息并利用信息的能力；④综合与分析能力；⑤运用各种技术的能力。其中，语文能力是满足个人的生活需要和社会需要的必须必备的基本能力。

4. 是职业教育的要求

职业教育是以实用、功利、工具等为显著特征的。高职语文只是一门普通课程，在某些方面应该服从于职业教育。高职语文为适应职业教育实用性、技能性、职业性特点，最基本的要求是使学生掌握听、说、读、写等一般的语文能力，这是谋取职业和参与竞争的基本技能。

上述四个方面的分析表明，培养并提高学生的高层次语文能力，是一种理性的现实的有意义的选择。

（四）以丰富人文素养、完善人格、促进学生自由全面和谐发展为终极理想目标

语文除了具有工具价值外，还具有人文价值。人文价值培养人的思维和性格，为学生提供生活的目标，提供价值导向，提供反省、批判和引导社会的价值标准。个体语言学习过程是一个“因文悟道”“披文入情”“沿坡讨源”由言及意的过程，自始至终都有深沉而强烈的人文精神灌注其中。人文价值在语言的理解、组织和运用过程中，黏附在语言文字上面，与这一过程同始终。

但是，人文价值并非高职语文课程所独有。可以说，所有课程都负载人文价值，都负有德育、美育教育或称之为“品德培养”的功能。现代课程理论认为，人们饱受功利主义课程之苦后，时至今日，知识的“客观真理”的梦已被打碎。人们认为知识是价值负载的，它负载着社会意识形态，负载并衍生着文化、种族、民族、阶级的差异和不平等，即使是自然科学知识，也在执行着意识形态的功能。人们认识到知识尤其是语文知识是负载价值的，有民族感情、个人感情，有褒贬、美丑、善恶、是非等。各门课程依据课程目标选择和组织知识的过程就是价值体现的过程。只是这里对德育、美育或品德培养的概念的理解需要宽泛一点，再宽泛一点。品德培养可以广泛地包

括政治理想、思想观点、道德品质、意志精神、美感情操等等做人的各个方面。概而言之，就是造就完美的人格。

如上所言再进行推论，不难认识在高职语文课程中，人文价值也并非文学作品所独有。文章包括强调语言准确、庄重、凝炼、简洁的实用文章也同样负载人文价值。因为语言准确、庄重、凝炼、简洁这本身就是一种价值体现。与文学作品所蕴含的丰富内容利于个体丰富的个性的养成相比，它利于实干，利于个体养成干练、严谨、务实、不浮、不夸、不虚的作风。

因此，教育的中心目的丰富人文素养、完善人格，促进学生自由全面和谐发展的任务需要各门具体课程相互协调共同承担。也可以说，丰富人文素养、完善人格，促进学生自由全面和谐发展是每门具体课程的最终目标，也是理想目标。

但是，不容否认的是，高职语文在执行这一职能方面具备得天独厚且其它课程无可比拟的优势。这种优势主要体现在两个方面：

一是有最具有基础意义的丰富文本资源。语言现象是人类最广泛的社会现象，文章作品不管是有声还是无声均是以语言符号为媒介进行创作的，因而文章作品是最为大众化的，它有着其他人文素质教育课程所无法比拟的“全社会性、广实用性和超时空性”。无论从读者的数量还是作家的数量，都是其他课程无法与之相比的，因而它给人带来的影响远比其他课程大得多，它本身也为其他人文素质课程不断地输送着养分。人文研究一般是从语言现象开始，进而涉及历史、哲学，进入整个人文学科。青少年大都是通过文章作品认识心灵世界，认识自我，从而推及认识整个人性问题及社会问题。

二是有最具有基础意义的解读方式。解构主义理论认为，任何文本的意义都是不确定的（此处，西方解构主义理论中的“文本”相当于我们常言的“读物”或“文章”等）。这就是说，在文本意义的解释上，并不存在着某个最高或最终的权威。在学生阅读感知课文时，学生与课文作者是一种平等的对话关系，他们都是课文意义的创造者。而且，一切作品，尤其是文学作品，其内蕴往往是丰富的、多解的，由于作者创作时“语言的痛苦”、读物的具有开放性的“召唤结构”以及读者个体的千差万别，使得读物留下了许多“未定点”“空白”“空缺”，需要读者去确定、想象、补充。因此，任何人都不可能穷尽文本表达的意义，任何人都可以有自己的解释。就好比读《红楼梦》，“经学家看见‘易’，道学家看见淫，才子看见缠绵，革命家看见排满，流言家看见宫闱秘事”。“一千个读者就有一千个哈姆雷特”说得也是这番道理。伽达默尔也这样说过：“对一文本或艺术品真正意义的发现是没有止境的，这实际上是一个无限的过程，不仅新的误解被不断克服，而使真义得以从遮蔽它的那些事中敞亮，而且新的理解也不断涌现，并揭示出全新的意义。”生活是文章作品创作的源头活水，同时也是我们解读的主要通道。因此，普通读者完全可以根据自己对人生、人性、人权、生命的体悟来解读文章作品而无需什么高深的学问与技巧。

基于以上两点，语文教育从来都是以一副主人翁的姿态来倡导“文道兼修”“因文悟道”，在人文素质教育中发挥着重要的作用。

三、高职语文课程目标的构建

要使高职语文课程目标有效指导实践，它就不能只是停留在“发展高层次语文能力”“完善人格、丰富个性”等抽象的论述上，而需要详尽地把这些需要描述出来。

采用分类或分层的方法，可以较为完整地描述出这些需要，以确保不遗漏一些重要的方面。当然，不可否认的是，分类或分层有可能会人为地造成某种割裂，如知识与能力当按某种标准把它们分开陈述时，就有可能造成某种割裂。但要把一个复杂的问题说得更为清楚明了一些，分类或分层可以说是一个很实在的方法。这里的分类或分层的方法是指采用一定的标准将学生的需要进行分类或分层表述。

程达在他的《建构跨世纪语文学科教育目标新体系》中提出了建构跨世纪语文学科教育目标新体系的内容要点，“就其普通形态的隐在内核而言，主要由目标的要素与结构、领域与层次以及从中体现学科教育特色的主干序列建构而成”。

浙江师范大学的王尚文则在分析我国现存的三种主要的语文课程与教学目标分析框架的基础上，在《论语文课程与教学目标的分析框架》（上、下）、《再论语文课程目标的分析框架》三篇文章中提出提倡一种新的语文课程目标分析框架层叠蕴涵分析框架。这种分析框架建议将语文课程与教学目标看成是由两个级别构成的，其中分别蕴涵着多种成分。“第一级别是目标中蕴涵的教育政策、文化意识和课程取向”，“显然，多种成分并不是界限明朗而能截然分开的，它们之间也不是并列的平行关系——准确地讲，它们是同一个目标不同角度的关照而已”。“第二级别是语文学科、语文课程与教学目标的‘学科层面’，包含听说读写的知识，大致可分解为技能和态度这两个成份——准确地说，是两个侧面。技能和态度体现着同时也受制于教育政策、文化意识、课程取向，包含着同时也受制于语言、文学等知识状况”。

周庆元则认为，语文教学目的，从组合要素来看，是一个多元结构。它的基本构成包含双基教学、品德培养、智能开发三大要素。“双基教学、品德

培养、智能开发三要素的有机结合，构成语文教学三维结构的整体”。

上述几种方法都是从课程——语文角度对课程目标进行比较宽泛的规则。高职语文课程目标有着一般语文课程目标的特点，也有其独特的一面。

高职语文课程目标隶属于语文课程目标，是阶段性目标与总目标之间的关系。从逻辑学角度来讲，它们不是部分与整体的关系，而是种属关系。所以，它们的“质的规定性”是一样的。这种一致性表现在以下几个方面：

首先，高职语文课程目标体现语文课程目标的一般原则。正如“课程目标与教育目的在一些基本原则方面总是保持一致，不会与教育总体目的相背离，而是相辅相成”一样，高职语文课程目标在一些基本原则方面与语文课程目标总是一致的，如“培植热爱祖国语言文字的情感”、“全面提高学生人文素养”“培养学生适应实际需要的语文能力”“培养创新精神，发展学生语文研究能力，提高学生的科学素养”等等。

其次，高职语文课程目标具有语文课程目标的一般性特征。如“它必然具有学科规定性，即联系一般教育目的而产生在语文学科范围之内；具有范围普遍性，即统驭语文学科范围内的全部教育活动；具有效果预期性，即由一系列预期的阶段性的语文学科要求所构成；具有实施可行性，即能造成可激励、可量化、可操作、可评估等切实可行的实施效果。”

不过，语文课程目标相对高职语文课程目标以及其他各阶段性目标而言，它提出的都不过是一般的、观念性的目标。语文课程目标虽然指出了语文教学的方向，但同日常的具体的教学还是有一定的距离。高职语文课程目标是语文课程目标在高职教育阶段的具体表达。因此，在正确反映客观的前提下，高职语文课程目标可以有着其丰富的内容。

因此，构建高职语文课程目标还是要在保证满足学生的个人生活和社会生活需要和不违背语文课程基本规律的前提下，立足“高等级教育”、“职业教育”来规划。结合上述语文课程目标构成理论，从组合要素来看，高职语文课程目标的基本构成包含侧重协助提升职业能力的高层次语文能力和品德培养。

（一）高层次语文能力目标的构成

致力于高层次语文能力的培养，这是高职语文教育的核心。

语文能力一般包括聆听、阅读、说话、写话四种基本能力。有专家指出：听、说、读、写犹如桌子的四条腿，长短相同，缺一不可。这位专家没有指出粗细是否应相同。在能支撑桌子完成承重任务的前提条件下，粗细相同，可；粗细有差别，亦可。这不会影响到它的功用的发挥。当然，从着力的角度考虑，会影响到它的使用寿命。至于美观，美的标准、实在太多，制约美的因素实在太多。因此，语文能力听、说、读、写同等对待，四种能力全面协调共同发展是一种理想目标。事实上，听、说、读、写四大语文能力发展很不平衡。这种不平衡表现在两个方面：一是个体发展的不平衡。如有眼高手低、能言不能写者；也有茶壶煮饺子、能写不能言者。二是阶段性发展的不平衡。首先是，语文能力发展要体现循序渐进原则。就写作能力而言，如小学阶段教学重点在识字、辨音、组词、造句、写话，主要发展低层次的表达能力（包括口语表达和书面语表达）；初中阶段的写作目标则定位叙事状物，写景抒怀；高中阶段则定位于辩证论说等。再者，在同一阶段，听、说、读、写也不可能一样着力，均等对待。如过去几十年的语文实践就说明，读写重于听说。这种不平衡还表现在或听、或说、或读、或写能力的不同方面。

因此，高职语文课程目标将语文能力的培养定位于高层次的语文能力有其现实理论基础。那么究竟“高”在哪里？

1. 听说重于读写

听说在人们沟通交流活动中的便捷、灵活功能是读写无法替代的。现代信息论研究者指出：即使在现代信息社会，信息传播渠道多样化和丰富化的今天，仍有高达 70% 以上的信息，要靠人的口头语言去传递。据统计，一个人平均每天有 1 个小时在说话，把一生说的话加起来的话，要说两年半。如果将这些话变成书面语言，可以成为 400 部平均每部厚达 400 页的著作。

听、说二者之中，说备受关注。各高校不管是哪种性质的高校可以没有高等层次的语文课程，但是如演讲与口才类的课程可以说是必不可少。同样，在学生中间也是备受宠爱，从每学期选修学生的数量和参与配合课程教学的积极程度就可以感受到这一点。

但是，听却长期以来被忽视。其实，“听”和“读”一样重要。听，就是用耳朵读。读，就是用眼睛听。听和读在本质上是一样的，都是摄取信息，认识世界的主要通道。现代社会科技发达，多媒体手段应用广泛，用耳朵捕捉信息的渠道繁多，电视、电话、电脑，CD，VCD，DVD，CAI，MP3，等。从来没有那个时代像今天这样让人的耳目应接不暇。

高职学生大多来源于高中毕业生，听说能力被限制发展。我国现有的高中教育仍很大程度上服从“应试”“升学”，围绕“考试”这根指挥棒组织教学。故在实际语文教学过程中，无论是从课时的数量还是师生投入的精力来看，都明显表明：读写重于听说。再加班级授课制的局限性，有限仅存的听说训练机会往往被限量少数分享，大多数学生只是充当了旁观者。

高职教育为高职语文培养听说能力提供了有利的前提条件。

首先，没有了高考的压力，也就没有了考试恐惧。不必为考试寝食难安，不必对教科书“耿耿于怀”。

其次，高职语文只是一门普通课程。虽不必天天见面，但也不是不可或缺，而是至关重要，影响极大。

不管是老师还是学生都有更多的时间、更多的精力冷静地思考语文这门基础工具性学科的特点，以全新的目光重新审视、反思语文。所以以往在理论上受尊重、在事实上受冷落的听说能力训练可以堂而皇之地登上高职语文课堂。

听说能力包括聆听能力和说话能力。二者不可割裂，听、说互生影响，相得益彰。高职语文强调听说，要求做到：

（1）聆听能力。聆听能力目标包括：一要做到听清。这是指要听清楚每一个字音。这是最基本的要求。只有字音上听清楚，才有可能意思上听明白。二要做到听对。这是指在听清楚的基础上理解说者的主旨，要做到不误解、不遗漏。

三要做到听好。这是聆听能力的最高境界。听者以欣赏者的姿态聆听，不仅能听对，而且还能对说的内容进行全面、深刻、独到的批评。

（2）说话能力。说话能力目标包括：一要做到“四异”。①因旨而异。俗话说：话由旨遣。也就是说，说话首先是要有明确的目的。旨犹如统帅，统帅义理材料。只有做到不说空话，不说废话，不说大话，不说假话，没有这么多的旁枝末节，旨才能更好的突出。②因人而异。也就是说话要有分寸。说话的分寸要根据不同人的身份、地位、受教育程度、职业、性别、性格、年龄等做不同的处理。③因境而异。这是指要根据不同的情境选择不同的话题，组织不同的语言，运用不同的表达方式等。④因时而异。俗语云：“时过境迁”。其实，境过也时迁。没有人能身处同一时间不同情境，反之，也没有人能身处不同时间同一情境。所以因时而异与因境而异有种内在的联系。是指要根据不同的时间不同的场合选择不同的话题，组织不同的语言，运用不同的表达方式等。

二要做到“三得”：

说得通。这是指说通顺。这是最基本的要求。说通则说者顺口，听者顺耳。

说得对。这是指思路清晰、表意准确、不引起歧义。

说得好。这是口语表达的最高境界。如果口语表达上升到口语表达艺术高度，“说好”是一条基本原则。

2. 读写侧重应用、实用

毋庸讳言，我国基础语文教育在读写能力培养方面是下了大力气的。但是，由于高考的无形压力，读写能力培养的方向没有指向现实生活。学生花费十年时间学语文，但是高职新生的语文能力普遍达不到高中毕业生所要求的语文水平。读写教学偏离实际生活，缺乏生活意义是主要原因。

高职语文课程目标在读写能力方面是既强调应月，也强调实用。这既是学生发展的需求和当今社会发展的需求，也符合职业教育的特点。

“应用”与“实用”不一样。读写侧重应用是指读写能力培养侧重于语文知识的运用（包括运用技巧、运用范围、运用效果等）。读写侧重实用则指读写能力培养侧重语文知识的工具价值，以是否有用来选择和组织语文知识。

读写侧重应用、实用是让学生掌握胜任交流、沟通的技能，具备个人生活和职业生活所要求的“必须”“够用”的写作能力，具备收集、分析和组织信息资料的能力，以及与他人合作的能力。

（1）阅读能力。

当代社会高新技术迅猛发展，人类社会已进入了数字化信息时代。真实、有效、及时的内外信息，是各行各业进行决策的前提和依据。语言符号是重要的信息载体，在信息的传播、运用、分配和再生过程中发挥着重要作用。高职语文引导学生正视文本、音响、图像、影视、计算机等多媒体组成的大容量、强时效、立体化的社会生活信息情境，培养善于在一切信息交流中能用健康的心理、正确的观点、科学的价值观去捕捉灵敏、吸纳有效的信息，并能根据需要迅速、不断地转化、再生新的信息的能力是责无旁贷。

面对以几何级数增长的大容量、强时效、立体化的信息，高职语文阅读教学教会学生综合运用多种方法摄取信息和对信息进行筛选和整合实在是刻不容缓。主要方法如下：

一是摄取信息的能力。学会综合运用各种基本的文献检索方法，是信息社会对高职学生的基本要求，更是他们受用终生的能力。一要培养学生通过多渠道获取信息的能力。主要获取信息的渠道有：①能利用图书馆获取信息，学会文献检索的基本知识，以提高学生查阅期刊书籍资料的能力；②能利用常用工具书辅助学习和工作，包括对各种字典、词典及其他学科工具书的了解、认识和使用，使学生养成查阅工具书的良好习惯；③通过因特网捕捉鲜活信息，提高学生在因特网上查阅和占有信息的能力。二要培养学生综合运用多种方法获取信息的能力。如访谈、观察、问卷、调查等。

二是整理（筛选）信息能力。现代社会信息庞杂、传播渠道广泛、内容良莠不齐。因此，阅读教学在培养摄取信息能力的基础上，要培养、训练学生对信息进行比较分析和抽象概括等整合信息的能力。①发展比较阅读信息能力。没有比较，就无所谓好坏、优劣。比较是一切理解和思维的基础，我们正是通过比较了解一切的。比较阅读对训练学生的逻辑思维能力是很有好处的。既可以训练同中辨异的思维能力，也有利于异中析同思维能力的发展。学生正是通过比较分析阅读学会全面、具体、深刻、冷静、细心地思考问题的。②发展抽象概括信息能力。抽象概括能力就是指在充分全面占有信息之后，通过比较阅读分析，提取有用信息，删除冗余信息，重新组合信息，再生新的信息的能力。抽象概括也是一种创新。这种创新的意义是相对于自己而言的。

发展阅读能力基本上要做到：

一是快速。现代社会工作和生活节奏很快，机会是稍纵即逝。信息把握和处理不快不行。阅读教学要让学生掌握速读的基本方法和基本技巧，将直读、利用提示性词语跳读等方法纳入教学；要让学生坚持无声阅读，坚持以短语或句子为单位进行阅读，坚持限时阅读。

二是高效。光快速还不行，信息把握和处理还要高效，即还要讲究办事的质量。快了速度没有效益，是白做功。没了速度，那就是磨洋工。发展阅读能力是要又快又好。

（2）写作能力。

高职语文写作主要包括一般文体和各类公文、新闻、广告、产品介绍、计划书、调查报告、工作总结、经济分析实用文体的写作以及学习心得体会和一般科研成果的写作。

写作要求做到：

首先是写作态度要诚实，材料要真实。一般文章写作也都要求这一点，但应用文体写作尤其强调。这是因为应用文章写作是要解决实际问题和反映客观活动规律的，它必须实实在在，实事求实，以详实、真实的材料为依托。只有信息来源客观、真实可信，才有可能作出科学判断、准确分析。否则会导致决策失误。

其次是语言准确、精练、严谨、庄重。实用文书的语言主要是事务语体，主要在事务工作中起着管理、联系、传达、周知、记录的作用。因此，语言要做到准确、精练、严谨、庄重。语言准确，是指用词确切，表义明确。语言精练，是指言语精简，用较少的语言表达丰富的内容。语言严谨，是指表意周全严密。语言庄重，是指多用规范化的书面语言和习惯用语，慎用俗语、口语、俚语。

再次是格式规范。应用文体式大都是在长期使用过程中因约定俗成而慢慢固定下来的。相对文学作品，它格式规范。这种程式，简化和规范了应用文写作程序，体现了现代信息社会高效率、快节奏的特点，强化和突出了应用文体的实用价值。

3. 尤须重视知识、态度与能力的和谐发展

先说“知识”。知识是能力形成的基石。没有无知识的能力。高职语文要发展高层次语文能力，语文知识不能丢。可是，高职语文知识的选择和组织是以能力目标为导向的。它不追求系统和专业。在高职语文教学中，倡导并引导自学方式获取语文知识比师传生受更有意义。因为具有坚实行为素养的人，关心变化和革新，有批判精神和团结精神，富于责任感和思想自主的人更适合于学习和更新自己的专业及文化知识。况且，知识是海洋，尽毕生之力也取之不尽。所以，比起传授知识，帮助学生养成有获取知识热情和毅力的态度更重要。

再说“态度”。能力形成的过程也是态度养成的过程。态度是与能力一同成长的。当我们说要培养严谨准确的表述学习心得和研究成果的写作能力、快速高效的信息检索整理阅读能力、提纲挈领把握重点的听说能力的时候，其实说的不仅仅是能力目标，其中也已经包含了态度的养成。这类目标已不单单是技能培养，而是一代好文风的培养。

所以说，能力与知识、态度是不可分割的。丰富的知识与健康的态度更有利于个体高层次语文能力的形成。反之，我们在构建高职语文能力目标的时候也不能置语文知识、态度养成于不顾。否则，能力目标难以达成。

（二）品德培养

品德培养的内容是非常丰富的，可以广泛地包括政治理想、思想观点、道德品质、意志精神、美感情操等等做人的各个方面，这里面的每个方面对于培养现代化的高素质的人才都很重要，它们是攀登成功阶梯的内在精神动力。

就高职学生而言，首要目标是增强自信心。三年制高职学生来源有两种渠道：一是来自于高中毕业生；二是来自于中职的对口招生口。入校年龄在20岁左右。

从生理上说，他们处于青春发育期晚期，身体外形基本定形、体内各种器官和组织的各种机能发育成熟、性的器官与机能发育成熟，是性意识和性能量最旺盛时期。这种生理上的变化给他们的心理发展带来了重大的变化。处于这一生理阶段的学生，一般来说，他们思想活跃，情绪起伏波动较大。

从心理上说，他们都有获取知识和增强各种能力的需要，有自尊的需要，有爱和归属的需要，有充分发挥自己作用的需要，全面发展的需要，享受的需要等。

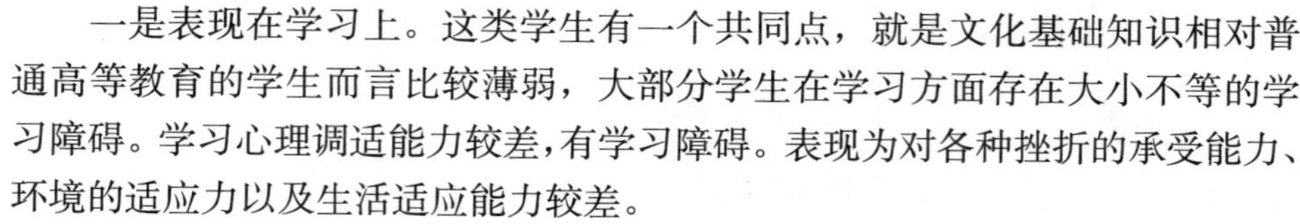

一是表现在学习上。这类学生有一个共同点，就是文化基础知识相对普通高等教育的学生而言比较薄弱，大部分学生在学习方面存在大小不等的学习障碍。学习心理调适能力较差，有学习障碍。表现为对各种挫折的承受能力、环境的适应力以及生活适应能力较差。

二是对自己的发展前景缺乏自信，在成长过程中缺少自我完善的动力。表现为自卑、自我压抑，非常重视外界的评价，易受他人支配和影响。有人士曾对大学生学习现状进行过调查，得出结论：“比较一下重点大学，普通院校和职业技术学院的情况，发现有以下特点，即重点院校和普通院校的学生，都把‘自己的评价’排第一位，尤其是重点大学，比例最高的达到 74.1%，其后是‘同学的评价’和‘老师的评价’。而职业技术学院的学生不太看重自己的评价（排在第五位），而最看重上课‘老师的评价’，占 58.5%，其次是‘同学的评价’，占 50.0%，第三是‘社会的评价’，占 48.8%。”

三是情绪自我评估不高，消极而不稳定。表现为不能有效地控制环境，意志力薄弱，容易随波逐流；不能把紧张的情绪转变并升华到社会性的高度，使紧张成为推动前进的动力，将个人的成功与奉献社会有效地结合起来；缺少洞察和理解社会的情绪能力，普遍缺乏道德感和审美能力，再加上大众文化和流行文化的负面影响，往往缺少应有的羞耻感，作风懒散，穿着奇装异服。其主要原因是社会上流行的“高等职业教育不是高等教育”的论点。认为高等职业教育是“难入流”的非正规教育，是解救目前一些中等专业学校招生难的权宜之计，是满足那些高考成绩不理想的考生上大学获得高等级学历文凭需要的次等教育。

另外，目前高职教育的招生录取分数线是与普通高等教育同等生源情况下却低一个档次，这就把高职教育定位在普通高等教育失败者的地位。还有相当一部分人仍固守“学术本位”观念，从而导致人们在观念上对高等职业教育有偏见，造成地位低下，不认为发展高职教育是社会经济和科学技术高速发展以及高等教育大众化的必然趋势。

这种观念在学生中形成了高职大学生“低人一等”“丢人现眼”等自卑心理，入学报到以后总感到“灰溜溜的”“自己都觉得自己不像大学生”，心情郁闷、压抑。因而失落感、挫折感十分强烈，对自己缺乏信心。

高职是职业教育，培养的人才是生产前沿一线的工作人员。对他们来说，职业修养很重要。当前流行的美国商业宝典《自动自发》里提到职业修养的内容可以包括对自己要自信，对工作要勤奋，对公司要忠诚，对顾客要诚信，对同事要合作。这很有借鉴意义。

四、高职语文课程目标的实施

高职语文课程目标必须通过合理的课程组织和安排来完成。

高职教育与基础教育相比，有突出的职业倾向性。与普通高等教育相比，有更为直接的功利目的性。高职教育所设置的专业多且细，各专业所需的语文能力是各不相同的，这种差异主要表现为对听、说、读、写四种基本能力的需要各有侧重。再者，学生知识结构受个人兴趣、性格、学习能力等因素的制约，对语文能力的需要也是各有侧重。高职语文要正视这些现实，选择恰当的切入点。

目前高职语文课程实施过程中存在一本教材、一种讲法、一套模式的做法。

缺乏体现高职特色的高职语文教材。高职教育基本上是在原有中等专业基础上雨后春笋般发展起来的，速度之快、规模之大、门类之多令人咋舌。高职语文教材建设没有跟上高职教育发展步伐。有的教材基本上是在原有的中专语文或本科阶段的大学语文基础上增删编排而成；有的教材干脆照搬大学语文，拿来就用。没有专业差别，没有个体差别。沿用旧有教材编写体例，基本上是文选型，编写顺序大多为先秦文论、两汉赋、唐诗、宋词、元曲、明清小说。选文篇目模式化，不是经典，就是大家。总而言之，目前的高职语文教材没有反应出高职教育职业岗位能力要求和应用性强等特色。

缺乏培养学生能力的实践教学结构体系。教师以讲为主，一讲到底；学生是“处讲不惊”，神游物外。生生对话、师生对话远离高职语文课堂。

缺乏多样化的选修课程。选修课的缺乏实际上忽视了学生在语文教育过程中的主体性，忽视学生是独立的主体与每一个学生都有其独特的个性、心理需要这样一个事实。

为了保障高职语文课程目标能顺利实施，提出以下几点意见。

1. 分化语文教学职能

遵循语文教育的基本规律，从高职教育培养目标出发，结合专业特点，开设不同系列、不同层次、不同类型的语文课程。

高职语文一肩担众任，除了培养语文能力以外，还有美育、德育职能。就是语文能力，也包括听、说、读、写四个方面。各方均顾，同等发展，理论上可以，实际上不行。有一些客观存在的原因，如学生个体语文水平高低不平、专业对语文能力要求不一。也有一些主观上的原因，如在这个时期，个性发展成为首要需求。所以，为满足不同个体的不同需求，高职语文教学做到有的、有序、有益，分化其教学职能，实为有利之举。早在 20 世纪 90 年代北京联合大学在这方面已做过一些有效尝试，成绩不菲。

分化语文教学职能，要做到：一是遵循语文教育的基本规律。工具价值与人文价值不可剥离；听说读写不可分离，要以听读促说写，以能力提升为宗旨。二是要紧密联系高职教育培养目标，语文知识的组织与选择以应用、实用为原则之一。如建设以听说为主以听促说的实用口头语言表达实践教学体系，以读写为主以读促写的实用书面语言表达实践教学体系。三是要结合专业特点。根据专业需求，可灵活编写商务语文、旅游语文以及一般的实用语文等。

2. 丰富课程组织形式

例如打破班级授课模式，开设丰富多样的选修课程；不拘泥课堂教学，课内与课外相结合，让语文课程进入实际生活，多开展一些类似专题讲座、专题演讲、专题论辩的情景教学活动；改进讲学传统，让对话进入语文课堂；丰富教学手段，让多媒体、语音室甚至电影院进入语文课堂，让语文课变得有趣、生动。

3. 拓宽教学内容空间

改变以教材为中心组织教学的传统做法，深入领会并实践“教材只是教学的凭借，不是教学内容”，建设以课程目标为指向的有利于达标的多元化的教材体系改变经典权威文言诗词一统语文教学天下的局面，可以将时事新闻引入语文课堂。如中央电视台的“焦点访谈”“新闻调查’“实话实说”以及各省市电台的焦点新闻栏目，就是明星八卦也不妨拿来作为材料评说评说。如果把这些节目引入语文教学，不仅能提高学生学习的兴趣、培养听说读写能力，而且有助于他们比较、分析、归纳、概括、判断、推理等逻辑思维水平的发展。

4. 转变课堂教学理念

现代教育重视人，关心人，尊重人。要求以学生发展为中心，最大限度地调动学生学习的主动性和积极性，强调的是创造性解决问题的方法和形成探究精神。因此，要彻底改变过去那种教师中心、教材中心、课堂中心、讲授中心、笔试中心的做法。

就高职语文教学而言，要努力实现“三个转变”和“一个改进”。

“三个转变”，即由以教师为中心到以学生为中心，以讲授为中心到以对话为中心，以一纲一本为中心到以多纲多本为中心。

“一个改进”即要改进教学评价方法。要充分利用教学评价的监督导向职能，将终结性评价与形成性评价结合起来。评价学生学业成绩，可将平时的口谈、笔谈、面谈、网谈，以及课堂练习、课堂讨论等纳入评价体系。在对学生学业进行评价时，应当重点评价学生的语言运用能力，同时增加肯定创新意识、褒奖创新实绩的指标，并使其在整个评价体系中占据重要位置。

5. 提高教师自身素质

受人本主义课程理论影响，高职语文课程目标基本上是方向性的，也是生成性。这对教师素质是一种挑战。教师从一开始设计教学内容到具体教学组织过程始终是处于无可适从的状态。课程目标强调师生对话、生生对话、还有情景教学，这都要求教师付出更多的努力。因此，教师只有不断学习，努力学习，终身学习，才有可能胜任这一岗位。

第二章　高职语文课程整合研究

课程整合（也译为“课程统整”“课程综合化”“课程一体化”等）是指打破学科课程间以及课程与生活生硬的割裂，重新归于知识一体的课程追求（及形态）。整合就是指一个系统内各要素的整体协调、相互渗透，使各要素发挥各自最大的效益。课程整合是使分化的教学系统中的各要素及其成分形成有机联系，从而成为整体的过程，它是近几年高职教育教学改革研究的热点。

第一节　对语文课程资源整合的理解

语文课程资源源于课程资源又独具自己的学科特征，所以，理解语文课程资源要以弄清课程资源的内涵为前提，并在此基础上，进一步的分析自身所具有的学科特征。

一、课程资源的内涵与分类

（一）课程资源的内涵

随着新一轮的基础教育课程改革的开展，课程资源这一概念日益引起人们的关注，可是，在国家制定的指导性文件《基础教育课程改革纲要（试行）》和各学科课程标准中，只是对课程资源开发的范围及途径做了简单表述，而对课程资源的概念并没有加以解释。这种情况的直接影响是，在课程资源研究的最初几年，如何对课程资源的内涵进行界说成为讨论的焦点，学者们从不同的角度对课程资源的内涵提出了各自的见解。

有的学者认为，课程资源的概念有广义和狭义之分。广义的课程资源指有利于实现课程目标的各种因素，狭义的课程资源仅指形成课程的直接因素来源。有的学者认为，课程资源是课程设计、实施和评价等整个课程编制过程中可资利用的一切人力、物力以及自然资源的总和，包括教材以及学校、家庭和社会中所有有助于提高学生素质的各种资源。课程资源既是知识、信息和经验的载体，也是课程实施的媒介。有的学者认为课程资源是指富有教育价值的、能够转化为学校课程或服务于学校课程的各种条件的总和。有的学者认为，课程资源是指可能进入课程活动，直接成为课程活动内容或支持课程活动进行的物质和非物质的一切。有的学者认为，课程资源也称教学资源，就是课程与教学信息的来源，或者指一切与课程和教学有用的物力和人力。还有的学者认为凡是有助于学生的成长与发展的活动所能开发和利用的物质的、精神的材料与素材，都是课程资源。如图书资料、音像资料、风俗习惯、文史掌故、名胜古迹、自然风光、与众不同的人和事（如独特的个性、卓越的创新、超常的表现）。

从以上有关课程资源的几种认识可以看出，学者们在解读课程资源时都是从自己对“课程”含义的理解出发，在所提出的这些有关课程资源的概念中，大多是尝试通过课程的概念来折射课程资源，而缺少将课程资源放在整个课程体系中进行审视，以深入地探析它们之间的关系。

第一，课程目标是课程资源开发与利用的导向，课程资源的开发与利用是实现课程目标的前提。以往的课程资源被狭义地理解为教材，其中很大的原因要从课程目标中去寻找，我国对课程目标的研究是近 20 年的事，在 20 世纪八九十年代，由于社会发展多元化的进程相对缓慢，课程目标的设置较为简单，表述也比较笼统，加以教师素质和教学条件的限制，仅仅利用教材就可以达到预定的培养目标。进入 21 世纪之后，在课程目标方面填充了一些新的内容。课程是培养未来人的蓝图，要培养全面和谐发展的人，就必然重视完整性目标和课程结构的整体优化。当前的教育越来越重视个人的终身教育，把个体潜能的开发、个性的发展作为培养目标，相应地，当前的课程目标也是以学生身心全面发展和个性、潜能开发作为核心的。为实现这一目标，单纯依靠教材是不够的，开发与利用丰富的课程资源成为必要且有效的途径。

第二，课程资源是课程内容的来源，而课程内容则是依据课程目标所筛选出来的具有教育意义的课程资源。由于长期以来，人们简单地将教材等同于课程内容，而教材又被认为是唯一的课程资源，致使课程资源和课程内容之间也被划上了等号。其实，课程内容和课程资源只具有对等性，而不具有等同性。诸多课程资源只是课程内容的承载体，要使它们转化为课程内容，必须在课程目标的导向下对其进行开发整合，使其具有教育意义，以教材为例，

从课程资源的意义上说，教材只是一本知识性的书籍，具有潜在的教育意义，当教师要通过讲解教材以达到培养学生能力的课程目标的时候，教材便转化为课程内容意义上的教材。

第三，课程设计为课程资源的开发与利用提供了条件，课程资源的开发与利用推动着课程设计的理念趋向科学化和灵活化。对于课程设计和课程资源之间存在着什么样的关系，长期以来并未引起研究者的关注，这与近几年有关课程资源的研究过于关注内部要素分析，而忽视外部关系梳理有关。从《基础教育课程改革纲要（试行）》和学科课程标准的表述中对课程资源的关注来看，它们之间并不是毫无关联的。从某种意义上来说，课程资源之所以走进教育工作者的视野，很大方面是由于其进入了对教学行为有着指引性的课程标准。当前的课程设计注重多种课程类型的设置，尤其是活动课程和综合课程的设置，即便在传统的学科课程设置上也体现出了一些新的理念，比如开放式的单元设计、灵活性的练习设计、生活化的知识选择等，这些都有助于课程资源的开发与利用。

第四，课程管理为课程资源的开发与利用提供了政策上的保障。在全球范围内新一轮的课程改革中，无论是传统的中央集权型课程管理体制还是地方分权型课程管理体制都选择了“中性路线”，即实行国家、地方和学校分级管理协调共进的管理模式。这为课程资源的开发与利用提供了政策上的保障。因为，在课程资源的诸多要素中，教师一直被认为是最重要的课程资源，教师不仅决定课程资源的鉴别、开发、积累和利用，是素材性课程资源的重要载体，而且还是课程实施的首要的基本条件资源。从而使得教师的课程资源意识成为影响课程资源开发与利用的关键，而这种意识的培养需要一个宽松的课程管理环境，一方面要使教师能够享有一定的课程制定权和社会共用资源的调配权，另一方面课程管理的各个层次尤其是学校层次必须实行更加民主的管理方式，使教师同教育行政领导、专家学者一样成为课程管理的主体。

通过对课程资源在课程体系中的分析，可以把课程资源的内涵理解为：在课程目标的指引下，可以通过筛选整合充实到课程内容并保障课程活动顺利进行的各种有形的人力、物力、自然资源以及无形的知识结构和经验。并且，课程资源的建设是课程改革计划的一部分，从课程目标的制定，课程设计的规划到课程管理的实施过程都要充分考虑课程资源因素，在政策上保证更多的具有育人性能的课程资源及时发挥效用。

（二）课程资源的分类

《基础教育课程改革纲要（试行）》提及课程资源时的表述为：“积极开发并合理利用校内外各种课程资源。学校应充分发挥图书馆、实验室、专用教室及各类教学设施和实践基地的作用；广泛利用校外的图书馆、博物馆、科技馆、工厂、农村、部队和科研院等各种社会资源以及丰富的自然资源；积极利用并开发信息化课程资源。”纲要的这段阐述已经囊括了几种课程资源的类别，为了更为清晰地对其进行分类，需要依据某些标准来进行划分，因为标准的多样化，课程资源的类别划分也呈现出了多样化的特点。

1. 校内课程资源、校外课程资源和网络课程资源

以课程资源的来源（空间分布）为标准，可以将课程资源划分为校内课程资源、校外课程资源和网络课程资源。

校内课程资源是以学校范围内的资源为主体的，它包括学生资源、教师资源、学校管理制度及学校设施。作为课程资源的学校设施比较好理解，它们多为有形的物体，比如教室、课桌、运动器械、图书馆、实验室等等，学校设施的完善与否或者其现代化程度是否能够跟得上时代的发展将在很大程度上影响到课程的正常有效实施。其他的三个方面相对复杂一些，作为课程资源的教师和学生并不仅仅指有形的生命体，而是蕴含在生命体中的无形的成长经历、生命体验和知识结构，教师更是被认为是最重要的课程资源，因为其直接控制着课程资源的开发与利用过程，是课程实施的关键。学校的管理制度同样是重要的课程资源，它主要包括教师的管理、课程的管理、学生的管理等方面，其具体内容的制定和施行的方式将直接影响着其他的三个方面。

校外课程资源所包括的范围要比校内课程资源大得多，主要有社区、家庭、名胜古迹以及复杂的交际网络和丰富的社会文化等方面。校外课程资源的庞杂多变使对它的开发与利用具有相当大的难度，但是，由于其在整个课程资源体系中并不占主体地位，只是校内课程资源的补充，所以，我们没有必要面面俱到，只需更多地关注其中的家庭教育、社区教育及其可资利用的社会文化资源。

网络课程资源是随着信息时代的到来而进入研究视野的，它主要存在于空间为虚拟的网络，并以先进的网络技术和设备为支撑，主要包括以各类教育教学为主要内容的教育网站、以博客和聊天工具为代表的交流平台、囊括各方面内容的综合网站等。近年来，国家大力支持学校构建自己的网络教育平台，并鼓励教师在教学中运用先进的网络技术及其相关媒介，同时，电脑的普及也使网络成为学生的学习途径之一，诸多方面共同推动着网络和教育的结合，把网络课程资源的开发与利用推向前台，成为研究的热点。

2. 素材性课程资源和条件性课程资源

以课程资源的功能特点为标准，可以把课程资源划分为素材性资源和条

件性资源两大类。

素材性资源的特点是作用于课程，并且能够成为课程的素材或来源，它是学生学习和收获的对象，比如知识、技能、经验、活动方式与方法、情感态度和价值观以及培养目标等方面的因素。条件性资源的特点是作用于课程却并不是课程本身的直接来源，并不是学生学习和收获的对象，但它在很大程度上决定着课程的实施范围和水平，比如直接决定课程范围和水平的人力、物力、财力和空间、场地、媒介、设备、设施和环境等因素。

素材性课程资源和条件性课程资源之间存在着十分密切的关系。一方面素材性课程资源是以条件性课程资源为载体的，同时，也赋予了条件性课程资源所具有的教育意义。另一方面素材性课程资源和条件性课程资源之间并不存在十分明显的界限，也就是说，在很多情况下两者是融合在一体的，比如教师本身不是课程的直接来源，属于条件性课程资源，然而，教师的成长经历、生命体验和知识结构却直接成为课程的素材，属于素材性课程资源。另外，两者虽然关系密切，但并不代表着作用一样，素材性课程资源对教育的质量起着决定性作用，而条件性课程资源只是一种辅助，所以，在处理两者关系时，一定要分清主次，协调搭配。

3. 显形课程资源和隐形课程资源

以课程资源的存在方式为标准，课程资源可以分为显形课程资源和隐形课程资源两个部分。

显形课程资源是指看得见摸得着，可以直接运用于教育教学活动的课程资源，如教材、计算机网络、自然和社会中的实物、活动等。隐形课程资源是指以潜在的方式对教育教学活动施加影响的课程资源，如学校和社会风气、家庭氛围、师生关系等。

显形课程资源因其具有可见性和直接性的特点而更易为人们所掌握，也更易被开发与利用。与之相比，隐形课程资源就比较复杂，这不仅因为它的作用方式具有隐蔽性和间接性的特点，还因为它本身所具有的动态生成性。作为隐形课程资源的学校和社会风气、家庭氛围、师生关系等并不是静止不变的，他们始终作为一种过程而存在，会因为内部要素之间关系的改变或外部因素的影响而发生不断的变化，正因为如此，它也为我们提供了可利用的条件，即掌握其变化的规律，采取积极主动的措施，尽可能地开发隐形课程资源的教育效能。

除了上述三种分类方法外，还可以从其他方面对课程资源进行分类，比如按照课程资源的性质可以将其分为自然课程资源和社会课程资源，按课程资源的存在形态可以将其分为物质形态的课程资源和精神形态的课程资源等等。不过，最为常见的还是上述三种，需要明确的是，对课程资源进行分类的目的是为了更为清晰地认识课程资源，是为了更好地从多方面开发与利用课程资源。

二、语文课程资源及其学科特征

语文课程资源类属于课程资源，在内涵的界定和类别的划分方面都有很多共同的地方，这在一些指导性文件中有着具体的体现，但是，语文课程资源也有自己的学科特点，这些特点使其与其他学科课程资源相区分，同时，也是全面深入地理解语文课程资源的关键。

（一）课程标准中语文课程资源

在现行的义务教育阶段和普通高中阶段的语文课程标准中，都新添了“课程资源的利用与开发”部分，并且在表述的内容上基本上没有太大的出入，但是，我们仔细分析，会发现它们也同样都体现出了一种不足，即“泛化表述”。从语义上分析，“泛”在《现代汉语词典》中的释义为①漂浮；②透出；冒出；③广泛；一般地；④肤浅；不深入；⑤泛滥。在解释“泛化表述”时，我们取“一般地”和“不深入”两个义项。

1. 基于“一般地”的泛化表述

基于“一般地”泛化表述是一种犹如万能钥匙般的表述方式，它具有最普遍的适用性。对于这一表述方式，从表述本身无法总结出一个鲜明的特点来将其定位在某一个方面，并且在具体内容上，也无法对其进行驳斥。它通常被用于对一事物认知的初始阶段，在现行语文课程标准中，编者对语文课程资源的内容方面就采用了这一表述方式。

我们以普通高中语文课程标准为例，在“课程资源的利用与开发”部分对语文课程资源的所含内容做了概述：“语文课程资源包括课堂教学资源和课外学习资源，例如教科书、教学挂图、工具书、其他图书、报刊，电影、电视、广播、网络，报告会、演讲会、辩论会、研讨会、戏剧表演，图书馆、博物馆、纪念馆、展览馆，布告栏、报廊和各种标牌广告等等。自然风光、文物古迹、风俗民情，国内外重要事件，学生的家庭生活，以及日常生活话题等也都可以成为语文课程的资源。”在这里，编者对于语文课程资源所涉及的内容做了极为详尽的阐述，但是，我们从这些内容中很难找到语文因素，它们几乎可以一字不变地移用到历史、政治甚至物理、化学等学科的课程标准中去，也就是说是我们强行将其划归到语文的名下，虽然这些内容属于课程资源的基本事实不容置疑。

语文课程标准被语文教师视为行动指南，关于语文教学的一些新的理念都要从语文课程标准中进行找寻，也就是说，语文课程标准在对有关理念进行表述时要特别重视突出指引作用，其关键的一点就是理念表述的针对性，而这正是基于“一般地”的泛化表述所缺少的。因此，在语文教师对语文课程资源的开发与利用产生兴趣的时候，不仅不能从语文课程标准中得到明确的指引，反而会因为这种“一揽子式”的表述而愈加困惑，这无疑不是我们编订课程标准的初衷。

2. 基于“不深入”的泛化表述

顾名思义，基于“不深入”的泛化表述意为浅层次的表述，它只是对表述对象的简单理解，无论从广度还是从深度都无法满足观者对表述对象进行全面系统地认知的需要。同基于“一般地”泛化表述一样，基于“不深入”的泛化表述也通常会出现在一个事物的初步发展阶段，其原因是多方面的，最常见的有两种，一是理论界对于该事物的一些认知尚未达成一致的观点，如若将这些尚存争议的诸多看法中的一点拿出来进行表述，虽然达到了深入的要求，却会引起其他学者的抵触，反而不利于对表述对象的进一步认识；二是表述者认为这种浅层次的表述已经足以达到他的目的，作为一般的观者无需对表述对象进行深层次的认知，或者将对表述对象深层次认知的工作留给观者去做，表述者趋于简单化的表述只是一个引子。

我们还是以普通高中语文课程标准为例来进行进一步的阐述，在“课程资源的开发与利用”这一部分，从整体上来说，虽然语文课程标准从语文课程资源开发与利用的原因、内容、注意事项等方面对其进行了表述，但是，这只是一种“蜻蜓点水式”的表述，比如，对于原因的表述是“高中语文课程要满足多样化和选择性的需要，必须增强课程资源的意识。各地区都蕴藏着自然、社会、人文等多方面的语文课程资源，应积极利用和开发。”课程标准从“语文课程”和“语文课程资源”两个方面来说明有必要对其进行开发与利用，分析的角度是没有问题的，只是内容无法揭示出其真正的原因所在，因为“多样化和选择性的需要”和“各地区蕴藏着自然、社会、人文等多方面的语文课程资源”并不是今天所出现的新现象，它们是一直存在的基本事实，而“语文课程资源的开发与利用”却是首次被提出并写入课程标准中的，显然，这其中还有更深层次的原因。另外，在这一部分中，课程标准主要是从学校的角度来进行表述（第三、四、五条表述），明显对教师的关注不够（第六条表述），而教师不仅是最重要的课程资源，还是课程资源开发与利用的关键。

有人可能会辩驳，语文课程标准的观者一般是语文教师，并不是专家学者，无需对表述对象做深入的探讨，况且，语文教师还可以通过其他途径进行进一步的了解。对于一般的在实践中施行很多年的教学理念来说，这确实是一个充足的理由，因为，教师本身已经对其有了初步的理解。可是，语文课程资源的开发与利用对于广大语文教师来说是一个新的教学理念，而语文课程标准又是教师认识这一理念的权威读本，所以，在语文课程资源的开发与利用方面，语文课程标准有必要做进一步的表述。

（二）语文课程资源的“语文味”

一个新的教学理念要在实践中得到推行，就必须首先对其本身进行具体而深入的认识，要发掘其自身所具备的特色性因素，这些因素是该事物而不是彼事物的关键所在，也是其他相关研究活动开展的起点。我们对于语文课程资源“语文味”的追寻，正是出于这一考虑，当然，这一切都应该在对语文课程的特点有了一个全面了解的前提下来进行。

语文，作为母语教学，又与日常生活有着密切的联系，长期以来被赋予了比其他学科要多得多的责任，其中“加强语文积累”“具有良好的现代汉语语感”“提高对古诗文语言的感受力”“正确、熟练、有效地运用祖国语言文字”等方面是语文学科所独有的，“探讨人生价值和时代精神”“加深对个人与国家、个人与社会、个人与自然关系的思考和认识”“培养探究意识和发现问题的敏感性”等方面则是语文学科与其他相关学科所共有的。这种特殊性使语文课程的性质有了更多的讨论空间，语文课程的改革也随着争论的推进而发生着或大或小的改变，在新世纪的语文课程改革中，这一争论暂且得到缓解，因为对于“工具性与人文性的统一”这一表述对于大多数人来说都是可以接受的。

对于语文课程资源来说，为了避免一开始就陷入各种争论中去，有必要尽早对其学科属性进行认知，弥补课程标准中的泛化表述所带来的不足，即在开发与利用的目标选择上容易造成两极取向，一为泛学科取向，一为唯语文取向。泛学科取向就是淡化了语文学科的独有特点，强化了与其他学科的共有特点，唯语文取向则正好相反。比如，有的教师在开发与利用语文课程资源时，不加筛选地将课程资源挪用到课堂教学中去，营造一种充满新课程理念的课堂教学假象，有的教师则在开发与利用语文课程资源时畏手畏脚，仍然流连于“教材教学”的旧模式中。

为此，我们有必要从语文课程的特点出发，探寻语文课程资源所应具有的“语文味”。一方面，语文课程资源可以是“文化”和“思想”的负载体，

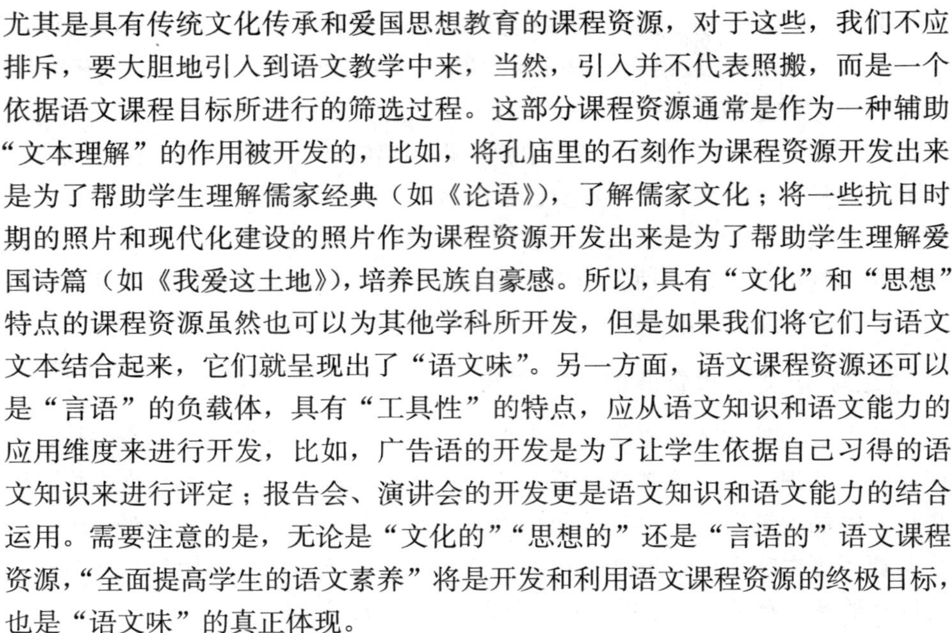

尤其是具有传统文化传承和爱国思想教育的课程资源，对于这些，我们不应排斥，要大胆地引入到语文教学中来，当然，引入并不代表照搬，而是一个依据语文课程目标所进行的筛选过程。这部分课程资源通常是作为一种辅助“文本理解”的作用被开发的，比如，将孔庙里的石刻作为课程资源开发出来是为了帮助学生理解儒家经典（如《论语》），了解儒家文化；将一些抗日时期的照片和现代化建设的照片作为课程资源开发出来是为了帮助学生理解爱国诗篇（如《我爱这土地》），培养民族自豪感。所以，具有“文化”和“思想”特点的课程资源虽然也可以为其他学科所开发，但是如果我们将它们与语文文本结合起来，它们就呈现出了“语文味”。另一方面，语文课程资源还可以是“言语”的负载体，具有“工具性”的特点，应从语文知识和语文能力的应用维度来进行开发，比如，广告语的开发是为了让学生依据自己习得的语文知识来进行评定；报告会、演讲会的开发更是语文知识和语文能力的结合运用。需要注意的是，无论是“文化的”“思想的”还是“言语的”语文课程资源，“全面提高学生的语文素养”将是开发和利用语文课程资源的终极目标，也是“语文味”的真正体现。

三、语文课程资源整合的主客体

主体在哲学上是指有认识和实践能力的人。客体在哲学上是指主体以外的客观事物，是主体认识和实践的对象。在语文课程资源的整合中，两者分别构成了整合的实施者和整合的对象，是整个过程不可或缺的部分。

（一）语文课程资源整合的主体

1. 教师

新一轮的课程改革赋予了教师空前的“课程开发权”，也为教师的“教学创新”提供了广阔的空间。课程改革的成败归根结底取决于教师。从这个意义上说，“教师即课程”。

教师在语文课程资源中扮演者特殊的角色。从语文课程资源的分类来说，教师本身属于条件性课程资源，教师内在的知识结构和经验则属于素材性课程资源；从语文课程资源开发与利用的过程来看，教师的作用贯穿于每一个环节，既是开发者、利用者，又是语文课程资源整合的施行者。这种特殊性使教师在语文课程资源的整合过程中面临着诸多挑战，一方面他们必须具有一定的反思能力，从而对自身资源尤其是作为素材性资源的知识结构和经验进行筛选，并且还要关照自身以外的更为复杂的课程资源，并寻求两者结合的最佳途径。另一方面在整合的过程中，教师还要处理好课程资源以外的一些外在影响因素，比如附带的人际关系、环境保护、节约节能等等。因此，教师是语文课程资源的“主要主体”。

2. 学生

新课程改革在给教师赋权的同时，也将学生从旧的模式中解放出来，使其不再仅仅是教学活动的对象（物化的人），而是教学活动的主体（寻求发展的人），对学生主动参与到课程与教学的各个环节给以鼓励和支持，这也是“以人为本”在教育领域的重要体现。

学生在语文课程资源中的地位也和教师一样特殊，在分类方面既是条件性课程资源又是素材性课程资源，然而从语文课程资源的开发与利用过程来分析，其角色又和教师有着很大的不同。一方面，学生是具有发展潜能及发展需要的个体，是学校教育的对象，以学习为其主要任务。学生的这种本质属性决定了其作为语文课程资源开发与利用的服务对象，不可能在所有环节都能起到主要作用。另一方面，由于学生知识结构和经验的局限性，他们对语文课程资源整合的参与，往往是在教师搭建的“支架”的辅助下进行的。正因为学生参与语文课程资源整合的主动性和胜任度的不足，使其成为语文课程资源整合的“次要主体”。

近百年来，随着人们科学探究意识的增强，各学科之间的界限开始变得模糊，出现了一些边缘学科，比如物理化学、地质力学等，语文作为基础学科，和其他学科尤其是人文学科更是存在着密切的联系。这种联系在新课标对语文课程资源“一揽子式”的表述中已经体现，很多课程资源并不是某个学科所独有的，要对它们进行快速有效地整合需要相关学科教师的共同努力，新课改对综合课程和活动课程的重视为这种努力提供了更广阔的空间。

（二）语文课程资源整合的客体

语文课程资源整合的客体和语文课程资源并不是对等的，它所指向的是各种被开发出来的语文课程资源，在具体的整合过程中，这一范围还要减小，因为，这里还存在着筛选的标准问题。

为了更好的理解语文课程资源整合的客体，需要寻找一个适合各种类别的视角，更重要的是这种视角要能够具体化，有助于理解客体复杂的一面。对于单一的条件性语文课程资源，如课桌、壁画、多媒体设备等，理解起来相对简单，但是，这些并不是语文课程资源整合的真正客体。语文课程资源整合所关注的是各种课程资源之间的关系，以课桌为例，在整合的视角里，课桌将成为教学活动的一部分，它的摆放与学生身心发展水平、课堂文化、

教学内容等方面调配如何将直接影响到教学效果，这种课程资源内在的关联性就是我们所寻找的视角。

由于课程资源类别的复杂性，它们之间存在着多种组合方式，为了理解的方便，我们根据复杂度将其进行层次化分析。第一个层次是条件性课程资源之间的联系。条件性课程资源多为物化的实体，分布在不同的活动空间中，比如普通教室里的黑板桌椅、多媒体教室里的影音设备、图书馆里的各类期刊等，它们之间的组合使语文课程实施的活动空间，由班级教室开放至其他场所，为语文的教学和学习提供了更多的社会性条件，同时也催生了新的教学行为和学习行为。第二个层次是素材性课程资源和条件性课程资源之间的联系。素材性课程资源并不像条件性课程资源那样易于感知，它是隐含在条件性课程资源内或需要通过条件性课程资源来显现的知识、技能、经验、活动方式与方法、情感态度和价值观以及培养目标等。需要注意的是，一方面某一条件性课程资源并不能够作为某一素材性课程资源的唯一载体，它可以是多种素材性课程资源的综合体，比如教师可以同时具备知识、技能、情感等多种素材性课程资源。另一方面某一素材性课程资源也可以存在与不同的条件性课程资源中，比如多媒体设备的操作技能可以被教师、学生等多种素材性课程资源所掌握。第三个层次是素材性课程资源之间的联系。由于素材性课程资源本身存在形式的特殊性，它们之间的联系往往需要一个物化的中介，比如教师的成长经验和学生的成长经验是通过作为生命个体的教师和学生的对话来进行的，随着对话的进行，新的成长经验随即产生，并融入到对话双方的经验体系中。

课程资源之间的这种内在关联性，使得被开发出来的语文课程资源变得更加错综复杂，也预示着我们语文课程资源整合的客体并不单单是语文课程资源本身，这种复杂性同时也是我们需要对语文课程资源进行整合的原因之一。

第二节　高职语文课程整合的必要性和原则

一、高职语文课程整合的必要性

（一）顺应高职课程改革的发展趋势

随着信息时代的来临，现代教育日益关注人的个性发展。高等职业教育的课程目标也从单纯注重培养学生的专门技能和专业能力向注重培养学生的社会适应能力、综合职业能力、创业能力以及情感、态度、价值观等多种综合素质相融合的方向发展，这必然促使各种课程要进行有机的融合，从而使高等职业教育的课程逐渐由原来的单一技能型向以综合职业能力为核心的多元整合型发展。在这种趋势下，高等职业教育课程改革的内容之一就是注重综合化的课程整合。因此，作为高职教育中重要的一门文化基础课——高职语文课程也应顺应时代要求，进行优化整合的课程体系改革。

（二）更能充分发挥高职语文课程的作用

在高等职业教育教学中，高职语文课程被划归为公共课，虽然是公共课，但高职语文课程有着其他课程无法替代的作用。教育部颁布的《大学语文教学大纲》中指出："充分发挥语文学科的人文性和基础性特点，适应当代人文科学与自然科学日益交叉渗透的发展趋势，为我国的社会主义现代化建设培养具有全面素质的高质量人才"。《大学语文教学大纲》充分肯定大学语文教学在高等教育中的地位，尤其是对于文化基础薄弱的高职学生，它所产生的意义和价值已远远超出了一门课程的范围。在高等职业教育中，语文课程应该起到传播历史文化、提高学生人文素质的作用；起到为学生专业课的学习打下基础的作用；起到增强学生语言表达能力、增强职业岗位能力的作用，因此，高职语文课程应该发挥文化基础课、文字工具课、人文教育课、知识技能课、语言艺术课的作用。那么，对高职语文中相关的一些课程进行整合，使之成为培养学生语文综合知识能力（听、说、读、写等）的一个综合性体系，这样才能更充分地发挥高职语文课程的作用。

（三）改革高职语文课程设置的现实需求

目前，很多高职院校开设的语文课程大都分为几门独立的课程，如大学语文、文学欣赏、应用写作、演讲与口才等，而很多高职院校只开设其中的一至两门，这种分散、并行的课程设置使得语文教学的内容零散片面、不够连贯、缺乏系统。使得学生学习的知识不够全面，教学效果不够突出。因此有必要对这些分散、并行的课程进行整合，以改革目前高职语文课程设置上的一些缺陷。

（四）高职学制改革的必然要求

为了"快出人才"，满足经济发展需求，2004年教育部在《关于以就业为导向，深化高等职业教育改革的若干意见》中提出要"积极进行高等职业教育两年制学制改革，加快高技能紧缺人才培养""要把高等职业教育的学制由三年逐步过渡为两年"。该意见揭开了我国高职教育学制"三改二"的序幕。学制的缩短意味着教学时间的减少，教学时间的减少就要求教学内容的压缩。

高职语文作为一门公共基础课，自然受其影响。目前，大部分高职院校开设的每门高职语文课程的学时数都不多（文秘专业除外），很多都在60个课时左右，作为选修课的则是30~40个课时。学时“三改二”之后，学时数肯定还要压缩，所开的课程数量也会减少。因此，对高职语文课程的整合进行深入地探索，是高职学制改革的必然要求。

二、高职语文课程整合的原则

语文课程资源具有无限的丰富性，只要开发得当，利用得好，语文课程的教学就足以关照社会和实际，关注学生的能力和发展。但如上所述，并非所有的资源都能够进入课程。开发与利用语文课程资源要把握语文课程目标、语文课程内容、学生学习需要、教师自身特点等因素，同时还必须遵循一定的原则。这些原则对语文课程资源的开发与利用具有指导作用，可以保证开发与利用的有效性、针对性。高职语文课程资源的开发与利用一般遵循以下原则。

（一）开放性原则

语文课程资源是丰富多样的，要以开放的心态对待人类创造的一切成果，尽可能开发有益于高职语文教学、有利于学生个性发展的一切可能的课程资源。对于传统和现代，经典与时尚，校园或社会，显性和隐性等资源，教师要大胆地开发与利用。这种开放性包括资源类型的开放，空间的开放和途径的开放。

“新课程标准”在课程理念中提到“五年制高职语文课程应当在基本要求的指导下，根据专业特点、不同学生的学习需求和发展方向，有选择地、创造性地设计和实施课程；开发多种课程资源，改革教学模式，坚持基本要求与多样选择相结合，构建开放而有活力的五年制高职语文课程”，“五年制高职语文课程中的选修课程体现了语文课程的开放性和发展性，体现了专业培养目标对语文课程的要求，要加大力度开发子模块的课程内容”。

基于此，语文教师必须树立“大语文”观，确立“专业渗透”意识，必须超越传统教学的狭隘观念，不能禁锢于教材、孤立于课堂、封闭于校园、脱节于专业。教学中要充分利用当地的历史文化资源、企业行业资源、社会网络资源，使语文教学呈现开放、人文、活力的现象。

（二）优先性原则

开发与利用课程资源时，必须考虑在可能的课程资源范围内、在充分考虑课程成本的前提下突出重点，优先选择那些可以培养学生的语文素养和能力的最优质资源。学生需要学习的东西很多，远非学校教育所能包揽。面对繁多的教学内容，学校应从知识、技能、态度、价值观等方面考量，传授的内容要为学生终身发展所必需，以使他们走向社会后能进一步自我发展与创新。“教育者应当时时关注：社会发展到底需要什么样的人才，教育如何促进人的发展；教育者应当常常深思：我们的学生必须具备什么素质以应对未来”。也正如夸美纽斯所说:“学校必须这样组织，使学生除了有价值的事情以外，不学别的。”在这样的情况下，从丰富多样的语文课程资源中选取优质资源显得尤为重要。

1. 语文教材优先

以教科书为中心的教材是课程最基本的资源，开发与利用课程资源，首先应从开发与利用教科书所蕴藉的价值入手，真正做到“用教科书去教”，而非“教教科书”。江苏省五年制高职语文教材编写组在选编课文时，精选了一些古今中外的经典作品，它们是人类文化的精华，是一代又一代人薪火相传的力量。这些作品有助于学生树立正确的世界观、人生观和价值观，有助于学生形成良好的个性和健全的人格。学习和传承这些文化经典，本身就是语文课程的重要目标和主要内容。

2. 人力资源优先

课程资源中的人力资源指掌握了课程素材，具有教育教学能力的教师、教育管理者和学科专家，他们的素质水平决定了课程资源开发的深度和广度。另外，能够给课程提供素材的学生、社区及社会各行各业人员，也是重要的人力资源。人力资源分布较广，他们的职业特点、价值观念、思维认识、个人素质、感情表达都可为语文课程教学提供有益的帮助，对学生的学习产生直接的影响。

（三）适应性原则

五年制高职语文课程除了要考虑语文学科的一般任务、目标和要求外，还要充分体现职业教育对语文学科的特殊要求。在实现工具性和人文性统一的基础上，还需适应学生的职业岗位特征。与普通高中相比，五年制高职语文教学在重视语文知识掌握以及人文精神渗透的基础上，要努力寻找与学生专业沟通衔接的契合点，将人文精神的熏陶与职业道德的培养相结合，将语文能力与专业能力的培养紧密结合。

比如，在旅游专业开展语文教学，应结合培养目标，重点训练学生独立思考、礼貌谦恭、擅长表达观点的能力。可以开发辩论、角色扮演、情境解

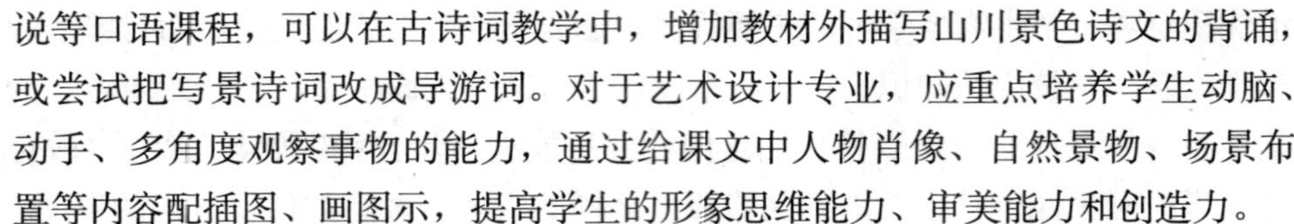

说等口语课程，可以在古诗词教学中，增加教材外描写山川景色诗文的背诵，或尝试把写景诗词改成导游词。对于艺术设计专业，应重点培养学生动脑、动手、多角度观察事物的能力，通过给课文中人物肖像、自然景物、场景布置等内容配插图、画图示，提高学生的形象思维能力、审美能力和创造力。

目前，教育行政部门还没有出版专业类语文读本或资料，完全需要教师和学校大力开发。所以，在开发利用时，不仅要考虑所有学生的通用性，更要依据学生的不同专业和素质背景。

（四）共生性原则

语文课程资源的开发与利用是为了课程目标的有效实现，因此，语文课程资源的开发与利用不仅仅是语文教师的孤立行为，在认真分析与课程目标相对应的课程资源的基础上，要有目的、有针对地优化整合各部门、各学科力量。

第一，语文课程资源的开发与利用需要结合当地的行政部门、校企合作单位、教育及课程专家、一线语文教师。校企合作单位对人才的需要有明确的指向性，对学生的专业技能和非专业素质有引领作用；教育专家具有系统的教育理论基础和完整的研究体系、方法，其研究成果具有前瞻性和全面性；一线语文教师有丰富的教学经验，了解学生现有水平和应掌握知识，能根据实际开发与组织课程资源。如果把这些部门、人员结合起来，形成合力，发挥各自优势，就会获得较好的效果。如江苏省扬州商务高等职业学校、常州旅游商贸高等职业学校，在开发语文课程资源中都融入当地的金牌特色企业，成功研究烹饪和旅游服务两个专业的校本课程。当然，语文课程资源涉及面较广，尤其是校外的课程资源，更需要行政部门的协调、支持和帮助。

第二，语文课程资源的开发与利用需要探索、实现与相关学科的联系互融。要围绕学生培养目标和发展需要，使相关学科之间相互依存、相互促进、互动融合，促进学科整体水平提升。

通常情况下，一个学科往往与多个学科发生联系，因而学科之间不仅有链状关系，而且还有网状关系。“学科生物网的形成，可以大大丰富学科的生长点，增强学科之间的共生效应”。斯坦福大学荣誉校长卡斯帕尔说过：“一所高校面临许多学科方向发展的选择，重要的是要结合学校的实际进行合理规划，如果你要发展社会科学学科，就必须建立经济学科；如果你要设立医学院，病理学系是必不可少的；如果要设立人文科学院，那艺术学科是绝不可能少的。”这番耐人寻味的话告诉我们：网状关系的学科形成，需要横向课程资源的开发，需要语文教师与学科教师之间的合作。“新课程标准”也指出，

"语文课程应重视对其他文化课程及专业课程资源的利用和相互配合，重视对企业文化、行业文化的借鉴和吸收，增强语文教学与其他信息的共生性。"如今，不同学科的教师充分发挥各自专业优势，取长补短，专业教学模式走进语文课堂，早已不是什么新鲜事。如常州艺术高等职业技术学校的语文教师，就很有创意地和艺术教研室的教师合作，开展"高职语文教材中美育资源的开发与利用"的课题研究，常州刘国钧高等职业技术学校的语文教研室，积极学习、尝试专业课教改模式，进行"项目化教学在高职语文课程中的应用"的课题研究，都取得了明显的效果。

第三节　高职语文课程整合的方法和实践

怎样实施高职语文课程的整合，这是一个需要深入研究与探讨的课题。实践证明，课程整合不是一个结果，而是一个过程，课程整合没有一个固定的模式，而是一种多样化的课程设计方式。可以依据美国学者雅克布斯提出的六种课程整合设计策略（即学科本位设计、平行设计、多学科设计、跨学科设计、统整设计、现场教学）中的"学科本位设计"策略对高职语文课程进行整合。"学科本位设计"就是在学科的框架之内实现课程之间的整合。以此为参照，在高职语文教学当中，大学语文、应用写作、口才学、文学欣赏等几门课程都是独立开设的，那么，可以对这几门分散、并行的语文课程进行精选、优化、重组，整合为一门综合性课程，把之命名为高职实用语文教程。从而在有限的高职语文教学时数之内，建立一个较完整的教学体系，进而达到培养学生既具有一定的文学素养、又具有较强的应用写作能力和说话能力等综合素质的教学目标。当然，这种整合不能是几门课程单纯的"合并组合"，而应该是使课程要素之间要形成有机的联系和有机的结构，成为一个目标明确、具有连贯性的多元化系统。

例如，某校大学语文教研室在近几年的高职语文教学当中，积极探索高职语文教学的改革，根据学校实际情况及开课时数，对应用写作、实用口才、书法三门课程的教学内容进行精选，挑选了其中的一些内容进行综合教学，在课时分配上进行了合理的安排，在考核方式及评分方法上也进行一些革新，力求培养学生的听、说、读、写等方面的语文综合应用能力。具体情况见表 2-1。

表 2-1

教学模块类别	应用写作	实用口才	书法
教学目标	学习和掌握一些常用的应用文写作	学习口才技巧，增强当众讲话的胆量，提高口语表达能力	了解中国书法的特点，掌握习字方法，能写工整、美观、规范的汉字
教学内容	行政公文、事务文书、经济合同、市场调查报告、商业广告、学术论文、求职书写等	演讲口才、社交口才、推销口才、辩论口才、应聘口才等	中国书法的历史、中国书法的鉴赏、练习书法的技巧等
课时分配（总64课时）	42课时	20课时	2课时
考核方式	作业、考试	口语训练	书法写作或制作一份手抄报
评分比例	65%	25%	10%

在教学中，还对三门课程的内容进行有机结合、交叉教学，把口才、书法的内容穿插于应用写作的内容当中，如讲授行政公文之后就讲授书法及社交口才，讲授完商业广告后就讲授推销口才，讲授事务文书之后就讲授演讲口才，讲授求职书信之后就讲授应聘口才，等等。这样使得三门课程的知识要点紧密衔接，形成一个个相关联的教学小模块，同时调节了课堂气氛，在一定程度上也缓解了学生长期单纯地学习某一类型课程的乏味心理。

另外，该校还结合农类院校的人才培养目标及学校所开设的专业，正在探索编写“库—模—页”形式的立体综合性教材。“模”即“模块”，就是各个学习单元。“页”即“活页”，是“模”当中根据各专业人才培养的目标及岗位需求选定的文种及其有专业特色的案例。“模”和“页”组合构成了高职语文教学体系——“库”（语文知识库）。

在这个结构关系中，四个“模”（文学常识模块、应用写作模块、口语交际模块、文学欣赏模块）充分体现人文素质和应用知识的综合结合，而“模”当中的“页”是“活页”，可以根据教学需要对之进行拆分组合，如根据学校语文课程开设的课时数及教授的专业不同，抽取四个“模”当中的部分“页”，又组成一个有机的整体，这样，既保证了高职语文教学的一体化，又体现了教学内容的灵活性。当然，该校对高职语文课程整合尚处于初探阶段，还存在一些不够完善的地方。

课程整合的方式是一个多元化的过程，各高职院校可以根据学校实际情况采取不同的方式对本校的语文课程进行优化整合，从而使高职语文课程在高等职业教育中显现其应有的作用。

第三章 高职语文课程教学现状

长期以来，我国一直实行的是“精英选拔式”的教育，国家注重普通教育而忽视职业教育，所以职业教育的发展比较滞后。故关于普通教育的理论研究较广且深，而关于职业教育的理论研究却比较少。

近年来，随着市场经济的到来和高等教育的大众化，国家对职业教育的重视度越来越高，我国高职教育迎来了发展的春天。高职院校如雨后春笋般迅速发展起来，数量在增长，规模上不断发展壮大。然而我国职业教育的发展形势和发展趋势虽然很好，但尚未形成稳定、协调、可持续发展的局面。在我国高职教育的发展过程中，出现了与之规模不相适应的因素。与硬件上的较大变化比起来，软件建设尚未提到应有的重视程度，随着劳务市场的市场化进程和按产业办学校提上日程，职教发展中内部的弊端更进一步显露出来，使一些学校办学增加了困难。并且随着我国高等教育的大众化发展，高等职业教育超常规的扩展带来了一系列新的问题，教学管理和教学质量没有相应提高，一些内部弊端日益凸显，这严重制约了高职教育的向前发展。

2006 年 5 月，国家决定对高等教育发展规模进行重大调整，指出规模扩展要放缓，把重点放在提高质量上，这是当前我国高等教育工作的方向。商界有句名言：“以质量求生存，靠信誉谋发展。”当前在市场经济大环境下，高职院校要想生存，首先需解决质量问题。高职教育的办学质量，主要指“质”的提升。所谓“质”的提升，主要指内涵建设和发展，它包括高职院校精神的培育、办学的定位、高职人才的社会认可度等。而高职院校精神是最主要的核心，是高职发展之魂。精神主要包括人文精神和科学精神两方面。高职院校人文精神的培育主要依赖于人文学科的支撑。作为人文学科的语文学科，所承载的人文精神的教育，有着其他学科无法替代的作用，这是由语文学科自身的特点决定的。

然而，这些年来，从各教育研究机构到高职院校本身，都将理论研究和教学实践的重点放在了专业课程建设上，对语文教育的关注极少。目前高职院校非中文专业语文教学的现状不容乐观，存在众多问题。高职语文课程设置不合理；语文教学的目标不明确；教学内容陈旧，不符合高职学生发展的实际需要；教师队伍建设不合理；教学方法陈旧单一，语文教师仍以以往那种追求“知识本位”“填鸭式”的旧的教学理念与方法来指导自己的教学行为，忽视学生的主体性；语文教学过程只重知识性，忽视对学生的文化熏染和能力培养，不考虑高职学生的特点和所学的专业；教学评价仍以考试为本。这些陈旧的教学观念以及单一的教学、评价方式窒息了学生的创新思维，阻碍了学生能力的发展,不但与高职院校“要培养大量的高素质高技能应用型人才”的教育目标相违背，而且还导致学生对语文课不感兴趣甚至厌学以及语文课教学质量低下。

目前高职院校语文教学中存在的问题，严重制约了高职语文教学的发展，也影响了整个职业教育质量的提升。高职院校语文学科要想获得生存与发展，必须改变现状，进行教学改革。探究制约高职语文教学发展的原因，寻找新的语文教学发展对策，对办出具有高职特色的语文教学和提升整个高职教育教学的质量意义重大。这是高职一线语文教师的迫切心愿，也是所有关心高职语文教育的有识之士的共同心声。

本章节是在运用现代教育理论和语文学科教育理论，吸收前人时贤的研究成果，“博观而取约”，并结合高职学生特点和自身实践，深入高职语文学科教学的深层，宏观与微观相结合，剖析制约高职语文教学发展的原因，从新的视角探究解决高职语文教学问题的对策，力争有所突破和创新。希望本研究能对高职院校语文教学改革发展有所启示，并丰富、充实高职语文教学的理论基础。更希望这次理论研究能对高职语文实践教学具有指导意义，能引起人们对高职语文观念性的变化，重新拾回对高职语文教学的信心。

第一节　高职语文教学的问题与归因

一、高职语文教学的问题

（一）定位模糊

首先，在高职人才培养的课程体系中，高职大学语文没有明确的定位。各校对高职语文课的认识不一，课程的开设与否也随其好恶而定。许多学校认为，高职学生主要是学职业技能，大学语文学不学没关系，再加上学制短，总课时数少，在保证政治、英语等必开基础课的前提下，语文教学的课时能减则减，有的学校甚至砍掉大学语文课，即使开设了大学语文课的学校，也是象征性地每周两学时。大学语文在教学组织形式上，或以选修课、讲座方式处理，或以大课方式处理，使大学语文课流于形式，教学目的难以达到。高职大学语文在高职教育中地位的日渐丧失，充分反映了该课程在高职人才培养目标中定位的严重缺失，也反映人们对高职人才培养认识上的误区。

其次，高职大学语文课程本身定位的模糊。由于大环境的影响，高职大学语文的教学及研究都处于一种自生自灭的状态，各职业院校之间，几乎没有开展教学研讨活动，教师教学信息闭塞，教学情绪低落，对自身的处境和教学现状有很多的困惑和无奈，很少有人去思考课程本身存在的问题和解决的办法。随之而来的是教学的随意性，要么硬搬大学本科的教材和思路，不顾教学对象的实际情况和接受能力，要么沿袭中学和中职的教学模式，重复着应试教育对学生的伤害。高职大学语文究竟要给学生什么，这门课程与高职人才培养目标的关系是什么，已成为该门课程亟待解决的问题。

（二）课时不足

随着高职院校的不断发展扩大及高职教育教学改革的深入与发展，我国高职院校的办学特色越来越鲜明，在专业课程设置上逐步走向科学、规范。然而，作为非专业类的高职语文课程，却处于被边缘化的境地。在一些理工科专业中，许多高职院校不开设大学语文课，语文学科几乎无立足之地。就是在一些偏向文科类的专业中，高职语文课的设置也带有相当大的随意性。为了给专业课“让路”，课时随意被削减，教学课时不能保证。有时干脆被取消。高职院校语文学科被边缘化了，高职语文课程一直在专业课的夹缝中生存。

（三）教材落伍

我国的高等职业院校是近几年才快速发展起来的，而且基本上是在原来的中专院校或成人院校的基础上发展起来的。由于发展速度快，教材建设跟不上高职教育发展的步伐，故许多高职院校使用的语文教材只是在原有的中专教材或本科院校教材的基础上加以增删或重新编排而成，有的直接将普通大学的教材拿来使用，多数教材是 20 世纪 90 年代甚至是 80 年代编制出版的，教材大多偏重于文学，尤其是中国古典文学，极少或完全没有言语训练的内容。这与高职院校培养的目标或高职生的特点极不相符。

对于高职院校的学生来说，侧重于经典文学的内容根本与他们的心理需求不相适应，教材的内容显得“繁、难、偏、旧”，编排上过于强调学科本位和知识的系统性，缺乏实践性的环节，与生活实际也相差甚远。这与高职教育要求实用性和加强实践性的教育特点极不相称，所以教学内容显得陈旧落伍。

（四）教法陈旧

由于教学内容陈旧，缺乏实践的教学内容，目前高职院校语文学科的教学方法，基本上还延续计划经济时代或适用于普通高校的讲授的教学方法。语文教师仍以以往那种“知识灌输”“填鸭式”的教学方式来指导自己的教学行为，不考虑高职学生的特点和所学的专业，学生完全处于被动的“知识接受”为主的状态。而教师教学也囿于书本，教学涵盖面极为狭窄。本应“学术自由、兼容并包”的大学课堂变成了照本宣科。这种狭隘的教学思想以及单一的教学方式窒息了学生的创新思维，阻碍了学生能力的发展，不但与高职院校“要培养大量的高技能创新性人才”的教育目标不相适应，而且还导致学生对语文课不感兴趣甚至厌学。

目前，高职院校的语文教学，多数还停留在一枝粉笔一张嘴，一本教案走天下的时代。语文教师很少运用现代化的教学工具。即使有用的，也多是将电子稿代替手写或干脆放个电影或录像代替教师讲课，没有真正将多媒体的功能利用起来。

（五）学生厌学

目前高职学生存在的学习目的不够明确，学习劲头不够高，求知欲不够强的状况，在学习上往往表现出应付甚至厌倦。

高职学生中相当一部分基础知识不牢，写话语句不通，不注重行文逻辑，错别字百出。所以高职的语文教师教得费劲，学生学得也没趣。学生语文基础薄弱，分析判断等思维能力跟不上。由于不懂就对语文失去兴趣，进而厌学甚至逃学。

（六）考评单一

高职院校的培养目标是以就业为导向，培养工作一线的实用型、技能型人才，因而对学生的考评理应将重点放在实践技能和应用能力的考查上。然而，目前高职院校的语文教学考评方式主要以课程结束时的一张考卷来评定学生的学业成绩。而且考试往往是采用谁带课谁命题的方式。任课教师考试命题的内容也往往拘泥于教材上所讲授的内容，侧重知识的掌握，考查记忆的内容较多。这种考核方法难以全面考查学生的语文能力，况且这种“一卷定乾坤”的方式使学生不注重平时的学习，临考前突击复习，导致学生学习纯粹是为了考试过关，限制了学生创新意识和创新能力的发展。因为考试成绩的高低，

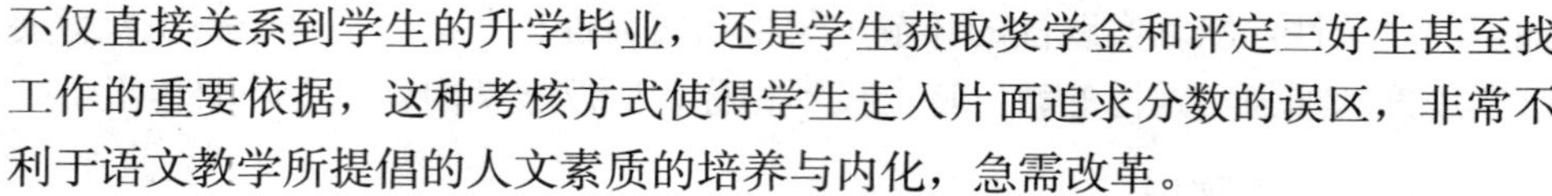

不仅直接关系到学生的升学毕业，还是学生获取奖学金和评定三好生甚至找工作的重要依据，这种考核方式使得学生走入片面追求分数的误区，非常不利于语文教学所提倡的人文素质的培养与内化，急需改革。

二、高职语文教学的问题的归因

多重原因导致高职语文课的教学质量低下，其原因主要归结为以下几个方面。

（一）理论匮乏，缺乏引导

高职语文教学理论研究远远落后于教学实践的需求。

教育学应该能够指导教育实践，使教育活动沿着正确的方向科学地进行，使青少年得以健康地发展，并为社会培养有用之人。然而，由于我国职业教育起步晚，经验不足，直到今天，有中国特色的职业教育理论体系尚未能建立起来，能指导职业教育教学实践的理论几乎还没有，尤其高职院校语文学科的教学理论严重滞后于教学实践。如顾明远教授所说："我们教育实践中的失误往往就是我们教育科学研究缺乏预见性造成的。"由于缺乏明确的理论引导，高职院校的教育教学改革仍在摸索中进行。

高职语文教学缺乏理论引导，语文教学目标不够明确，语文教师各以其意进行教学。由于语文教学实践缺乏统一的章法可循，所以教学的随意性比较大。

（二）体制、观念束缚，环境功利

我国语文教育一直就是个老大难问题，从小学直到大学，人们都冠以语文教学"少、慢、差、费"的评价。1978 年，著名语文教育专家吕叔湘就针对当时中学语文教学现状指出："中小学语文教学效果很差，中学毕业生语文水平低，大家都知道，但对于少、慢、差、费的严重程度，恐怕还认识不足。"又说："10 年的时间，2 700 多课时，用来学本国语文，却是大多数不过关，岂非咄咄怪事？"可见，语文教学质量难以提高，是个历史积弊。

又由于长期以来，我国实行"精英选拔式"教育和对语文学科认识的不全面，重视基础性而忽视人文性，使得语文教学的审美性未能得到充分地重视，从而导致语文教学的审美性普遍缺乏。近年来虽然关于加强语文学科的审美意识的呼声很高，然而事实上的语文课堂与审美化的语文课堂还相差甚远，就连一些文质兼美的经典文学阅读课堂教学，也难以感受到多少审美的韵味。这是制约语文教学发展的一大原因，也是学生不喜欢语文教学的主要原因之一。同时，由于目前的高职语文课程体系注重学科的工具性和知识的系统性，教学中强调学生对学科知识和专业技能的掌握，忽略了对学生“做人”的教育、合作精神的培养以及与人共事能力的培养。

再加上我国高职教育起步晚，发展速度快，许多“计划经济”时代的教学思想、教学模式仍沿袭下来。计划经济时代的“知识本位”“教师主体”“教材为本”“满堂灌”等教学思想及教学方法仍是现在高职语文教学的主导思想和方法。因此，在“市场经济”条件下，“计划经济”时代的那些思想和方法就显得陈旧落后，严重阻碍了语文教学的发展。

由于历史原因，再加上语文教学现状问题严重，使得现实中的高职语文教学压力重重。

当前，虽然国家制定了要大力发展高等职业教育的方针、政策，各级政府及许多媒体舆论也大力宣传高职教育，但在实际生活中，人们歧视职业教育的思想仍根深蒂固，视职业教育为“末流教育”“次等教育”。而事实上也确是如此。就拿录取分数、教学资源配备、师资等与普通院校相比差几个档次，这些因素导致了高职的生源素质低，教学投入不足，教师整体水平不高等结果，进而也影响了高职语文教学质量的提升。

还有，重理轻文思想依然严重。“学会数理化，走遍天下也不怕”的旧的教育观念仍然左右着不少人的思想。社会上仍然有不少人，许多学生家长及学生甚至学校的领导依然深信这句古话：“一艺在手，终身不愁”。认为学习一门真正的技术才是实实在在的东西，语文尤其文学这种虚无飘渺的东西难以当饭吃，实在不可靠。从目前报考职业院校各专业的人数就可窥见一斑。许多理工类专业如建筑工程、装饰装潢、计算机、机电、食品、医疗等是年年爆满，有些专业不得不扩招，而高职院校一些文科类专业却逐渐萎缩，有的不得不开发新的专业而重新合并改行。有的高职院校的中文系和历史系因没有生源就不得不转行另行出路。

再有，我国高职教育在很大程度上还照样被“终结教育”的阴霾所笼罩。许多学生包括家长认为上高职的目的就是为了学门技术以找份工作有碗饭吃。“有饭吃”是最终目的，根本就没打算继续深造。

社会大环境功利化的影响也使得高职教育教学急功近利。

由于功利主义导向，20 世纪以来的社会生活更加充满金钱的铜臭味，而缺少人性的关爱与关怀，整个社会弥漫着一种算账的心理和冷漠的情绪。

不容否认，当今社会是一个功利化的社会。在这个物质文明极度充裕和市场竞争日益激烈的大环境中，衡量一个人成功的标准不是看你思想觉悟有多高、道德品质有多优良，而是以“金钱”“权利”和“地位”来衡量。学生在学校时比的是分数和参加了多少课外班，考学时比的是名校，上了班比的又是职业岗位、住房和车……“天下熙熙，皆为利来，天下攘攘，皆为利往。”“社会上到处充斥着拜金主义、享乐主义、功利主义的思想”。这种不良的社会风气怎能不影响年轻一代学生。

由于市场经济的冲击，加上就业的压力，还有社会上各种各样的诱惑，许多学生、家长还有高职院校领导都有一种急功近利的倾向，只讲实惠，忽视对学生人文素质的培养。在社会商业大潮的冲击下，许多人痛感人文精神在失落，社会道德在滑坡。

（三）职教追求速效，语文显效迟缓

职业教育，实际上就是技术教育，职业教育的目的就是培养技术人才，使学生走出校门就能就业是职业教育追求的初级目标。学生上职业院校，目的也只有一个，就是在最短的时间内学好学精一门技术，能上岗就业、解决生计。

语文是一门需要长期积累的学科。没有厚实的语文基础知识想提高语文能力是绝对不可能的。人们这样形容：学习语文，就像往湖里投盐，短期内是难以品尝到咸度的。而学习外语和专业技术，就像往一道菜里撒味精，撒一点点就觉得新鲜。所以，追求“速效性”的职业教育不愿将精力放在耗时费力的语文学科上，学生也同样不愿将有限的精力放在难见成效的语文学习上。

社会上举办的各种职业技能大赛，各职业院校都以获得大赛的名次和人数多少进行角逐，却鲜有语文技能比赛的。况且，社会上也没有语文的职业资格认证和专业技术等级证，而且，语文教育中的人文素质是内化了的道德修养与价值观等，具有“潜隐性”，也难以用什么标准加以衡量和检测，况且语文学习的好坏不会影响学生找工作。因此，无论是高职院校还是学生，都不重视语文的学习。

（四）教法单一，内容陈旧

由于目前高职语文课堂教学仍以知识教学为本，视书本知识为“圣经”，忽视了对学生的文化熏陶与审美教育的高层次的要求，语文教师仍以“灌输”的方式教学，轻视学生的感受和发展，课堂教学中缺少互动，没有调动学生学习的积极性，也不去培养学生学习的兴趣，这种单一封闭的教学方式，不符合学生心理发展需要，从而引发学生对语文不感兴趣甚至厌学、逃学。

再加上高职语文教材多使用普通高校的《大学语文》，版本陈旧，语文教材在内容选择上多古典又偏重于思想内容的考虑，多与政治挂钩，这在很大程度上削弱了语文课本来应该具有的感染人及教育人的功效。大学语文教改

步伐迟缓，多数版本厚古薄今、厚中薄外，陈旧空洞，缺乏时代感和针对性，高职学生很难在语文中见到他们喜闻乐见的内容。学习内容难且陈旧，脱离学生的实际，造成学生的畏难情绪。职业学校学生基础知识薄弱，知识起点低，抽象思维能力、逻辑推理能力和综合归纳能力、举一反三的能力相对较弱。因此，学习往往有一定难度。因为不懂就逐渐失去兴趣甚至厌学。

陈旧的教学内容，再加上单向的知识传授，使本来生动、活泼的高职语文课堂严重脱离社会生活，脱离学生继续学习和发展的实际，滋长了其厌学情绪。

（五）经师不为，人师羸弱

现在的高职院校大多数是由以前的中专转制或合并并更名而来，学校的档次提高了，但教师的教学水平却没有相应提高。

高职院校的语文教师仍以中专时的教学观念和教学方式进行教学，可以说多数高职院校是穿新鞋，走老路。大多数高职语文教师对新的办学模式没有准备，更没有经验。许多中老年教师在学历上也不达标。又由于高职院校的大量扩招，一个教师需要带许多班级的课，没有更多的精力自修提升自己。学校本来办学经费不足，更无力将资金投入他们认为不重要的课程上，语文教师根本没有机会免费进修或外出观摩学习，所以高职院校语文教师整体水平不高也是不争的事实。

由于教师水平有限，教学观念滞后，方式方法单一陈旧，导致语文教学质量不高。许多教师没有真正利用起多媒体的原因，在很大程度上是不愿将精力投入制作课件或有相当一部分教师就干脆不会制作课件。语文教学质量低下可想而知。

（六）生源质低，基础薄弱

造成当前高职学生素质不高，教学质量低下的原因，生源问题也不容忽视。高职院校的学生，是搭高考末班车进入职业学校的。语文的整体水平普遍较低那是不容置疑的。

（七）考评失真，机制不完善

考试是高等学校检查教学效果、评价教学质量、评定学生学业成绩及反馈教学信息的主要手段之一。如何科学地利用好考试这一手段，实现素质教育改革，培养适应社会主义经济发展需要的高素质技能型人才具有重要的意义。而目前高职院校语文教学对学生学习的考核和教育部对高职院校的考核方式都不利于语文教学的发展。

语文学科的性质是工具性与人文性相统一。语文学科中知识性的内容可以用试卷考试这种测试方式来考核，但人文素质是内化了的道德、修养，是难以用某一标准加以衡量的。尤其对于高职院校人文素质普遍缺失的学生来说，加强人文素质培养是当务之急的事。如果仍用“一纸定乾坤”的方式来考核语文能力，学生只追求最后的分数，不但会影响对学生人文精神的培养，而且影响了整个高职院校教学质量的提高。

就业率是教育部评估高职院校办学是否合格的一项重要指标。高职院校为了生存就得想办法提高学生的就业率。措施之一就是让学生学好专业课，多考几个专业证书。而这些都要占用学时，就只能从公共课入手挤占。“两课”类是国家强调开设的课程，不可能挤占；英语四六级等级证书和公共英语等级证是求职就业的重要敲门砖，也不能挤占；唯一方法只能从文史类课程“开刀”。故高职语文学科经常被挤占甚至取消，处于边缘化境地的命运难逃。高职院校在课程安排上对语文比较随意不够重视，使高职学生在思想上形成一个误区：认为大学语文与就业关系不大或无关，认为它不重要而慢怠。

当前高职院校没有科学完善的考核评价机制，考核不能真实地反应学生的学习能力和水平，从而也导致了学生在语文学习中的投机钻空现象。

第二节　解决高职语文教学问题的对策

教学改革是一项广泛涉及教育方向、教育功能、教育制度以及教育内容、方法等方面的综合性改革，是涉及价值观、人才观、质量观的思想观念大变革。高职教育由“技能本位”到“综合型素质”的转变，教育方向发生了改变，如果仅仅从教学内容及方法上寻求解决问题的方法，只能是治标不治本。这也是为什么这些年来我国教育改革不见成效的主要原因之一。因此，实施教育教学改革，须从教学观念、教学内容、教学方法及教学考核评价制度等多方面多管齐下，单从某一方面改革是难见成效的。

一、革新思想，转变观念

教育要发展，观念须先行。高职院校要想办出自己的特色，首先在观念上要大胆创新。人才培养要立足市场需求，坚持“就业导向”，突出针对性和应用性特点，要适应社会发展对从业者提出的新要求。

（一）转变观念的重要性

发展的首要问题是观念问题，教育也是如此。纵观我国教育发展的历程，每一次关涉教育全局的重大变革无不以教育理念的转变为先导。教育是培养人的事业，其特殊性在于它是有计划、有目的、有系统地影响着人的成长，其优劣成败将直接关系到个体的未来发展。我国高职院校语文教学存在不容乐观的种种问题，究其原因，主要是观念滞后。从管理层到教师，没有认识到语文学科在职业教育中对人成长的作用，没有给予语文学科应有的重视。所以，高职语文学科要想求得生存与发展，首先需要高职的管理层和教师革新思想，转变观念，高度重视语文学科在高职人文素质教育中的重要性。

（二）问题提出的背景

1. 时代要求

当今是一个知识经济时代，用“知识爆炸”来形容这个时代一点不为过，每天都有海量的新知识问世。所以一个人不可能在年轻时期就一劳永逸地获得终生有用的知识或技术。当今又是市场经济时代，市场是在不断发展变化的，企业的生产经营要根据市场的发展而变化，这就要求企业从业人员不断地更新知识和增强技能，特别是专业知识和技能。时代要求我们必须树立“终身教育”的思想，要求我们去除“一技在手，终身不愁。”的陈旧观念，树立“素质教育”的新理念。学校教育要教学生学会学习，学会求知，学会做人，学会生存。

随着社会进入知识经济时代，时代发展和社会进步，尤其是信息技术的广泛应用，人们的学识水平、人文科技素养的要求越来越高，社会对人们语文水平的要求和期待提高了。并且整体而言，人们的语文水平和语文修养存在下滑的趋势，无法适应社会对语文的实际需要。

高职院校要紧跟时代步伐，充分认识到在学生时代重在掌握学习方法，学习利用网络技术获取各种信息的能力，培养素养，为将来高品质的生活奠定基础。语文学科在人文素质培养方面具有得天独厚的优势。重视语文教学，提高高职院校语文教学质量，是时代对高职院校的迫切要求。

2. 现实要求

2005 年 11 月国务院召开了全国职教工作会议，温家宝总理在会上发表了《大力发展中国特色的职业教育的讲话》，为发展中国特色的职业教育提供了明确的指导思想、方针政策。原教育部部长柳斌提出职业教育目前亟待解决的问题是："主要应抓教育思想、教育观念的转变，从上到下、从政府到学校、从负责人到职业学校的老师，都要转变思想、转变观念，然后要转换角色。""市场经济的蓬勃发展，需要广大人民群众在文化知识、职业能力、劳动能力、劳动素质这些方面都有较高的水平。""我们的职业教育要适应社会主义市场经济体制的需要，要满足人民群众终身学习的需要，要与劳动就业紧密结合，要形成形式多样、充满活力的办学机制。"高职院校要想获得长足发展，真正提高教育教学质量，办出自己的特色，首先要转变教学思想，树立"终身学习"和"素质教育"的观念，为学生未来生活、学习和可持续发展奠定良好的基础。"心有多大，世界就有多大"。如果不打破心中的壁垒，即使给你一片海洋，你也找不到自由的感觉。

俞学明等在《创造教育》一书中指出："教育存在危机，这是个世界性的问题，也得到了世界性的共识。而教育的危机，其实质在于教育不能适应未来的要求，承担不了时代所赋予它的创造未来的使命。"我国目前高技能人才为何如此短缺，就是因为对教育缺乏前瞻性，没有预料到市场经济的到来对技能型人才的大量需求，使得职业教育严重滞后于时代的要求，以至于我们的职业教育显得有点措手不及。

当前我们的职业教育要吸取经验教训，职业院校的领导更要高屋建瓴，主动承担时代赋予我们的责任，为实施"素质教育"而努力。

3. 教育的本质属性要求

关于教育的本质的论述有许多观点，随着社会的发展，它的表述也在发生变化，目前还没有形成一致的观点。但有一点是大家公认的，即"促进受教育者发展"，使人成其为人，培养一个心智健全的全面发展的人应是教育的本质属性。

然而，我们传统的教育要求受教育者听话、服从，学生完全处于被动状态。这种教育是完全违背教育本质的，所培养出来的人也不符合时代要求的。现在我们提倡素质教育，其根本之一点，是要根据学生的心理发展归路和个性特点来培育人、发展人、完善人。只有塑造完美人格的教育，才是完整的教育。实施素质教育，是教育的本质要求。

在教育培养人的过程中，我们不仅要注重学生知识与技能的积累和提高，更要加强非智力因素道德精神品格的培养。而在育人方面，或者说在塑造人的精神品格方面，语文科又有其他科无法比拟的优越性——即教学内容的人文性。

（三）实施方法

高职院校语文学科要恢复应有的地位，首先要求高职院校校长必须要高瞻远瞩，充分认识语文学科在素质教育中对高职学生发展的重要性。

随着高等教育逐步走向市场化，高校自主权在进一步扩大，高校领导在学校中的地位越来越重要。高校领导是学校课程的规划者和设计者。办学治校者，特别是高校校长的办学思想、办学理念，对学校日后形成自己的办学特色具有重要的选择和定向、激励与调控的作用。纵观中外特色名校，都与著名校长的独特办学理念息息相关。如洪堡的思想与德国的柏林大学；斯坦福的思想与美国斯坦福大学；蔡元培的思想与北京大学；陶行知的思想与晓庄师范；竺可桢的思想与浙江大学；等等。“一个好校长就是一所好学校”。作为高等职业院校的校长，他应该是一个各方面综合素质很高的学者，他首先应该以先进的教学理念武装自己，并将自己的理念渗透到每一个教职员工思想中，然后带领大家，齐心协力创建特色的一流的高等职业院校。

因为，高职院校的语文学科要办出自己的特色，高职院校的领导特别是校长首先需转变观念，必须改变高职教育简单以毕业生找到一份工作为教育目标的思想，树立高职教育也是终身教育的理念；必须注重人文素质和扎实的基础理论知识培养，提高学生的综合素质与能力。高职领导要认清形势，以科学发展的理念指导教学改革，高度重视并给予语文学科应有的地位。无论是必修还是选修，都要保证语文学科开足满课时，使每一个高职学生都修足满学时。

高职院校的语文教师，更要积极行动起来，学习素质教育新理念，将其应用到教学实践，努力探索、寻求高职语文教学改革的新思路、新方法，为高职语文教育的春天奉献自己的聪明才智。

高职院校从管理层到语文教师，都要从我国教育的全局和民族未来的发展和学生的发展出发，进一步提高对语文学科在我国高职教育中的地位和作用的认识，以邓小平的“三个面向”为指导，立足现实，面向未来，认清形势，以“培养全面发展的高素质人才”为己任，紧跟时代步伐，采取有力措施，齐心协力推动高职语文教学改革。

二、明晰目标，准确导向

针对目前高职院校语文教学中存在的种种问题，尤其是高职语文教学目标不明确的问题，对高职院校语文学科的教学目标进行有益的探索是必要也是必须的。进行高职语文学科教学目标的研究，是高职语文学科生存和发展的现实要求。

（一）明确高职语文教学目标的意义

教学目标是培养目标的具体化，它是教材编制的重要依据和指导整个教学过程的关键准则。确定高职语文教学目标，不仅有助于明确高职语文教材编制的方向，有助于教材内容的编制选择和组织，更有助于明确高职语文教育目标与高职培养目标的衔接关系，并可作为高职语文学科教学实施的依据和评价的准则。

目标即方向，有了明确的目标，行动才会有明确的方向。教学目标是教学目的的具体化，是通过教学活动所要预期达到的结果。语文教学目标就是通过语文教学活动达到所要的预期的结果。语文教学目标，决定语文教学的方向。所以，只有明确了目标，高职语文的教学才有明确的方向。明确了语文教学目标可以为选编高职语文教学材料，选择语文教学方式方法和组织语文教学活动提供方向，同时也为制定语文教学评价准则和检验语文教学效果提供方向。

（二）确定高职语文教学目标的依据

高职院校的培养目标，社会对人才的要求，语文学科特点及高职学生的特点是确定高职语文教学目标的四大依据。

1. 高职教育的培养目标

1999 年 11 月教育部召开了第一次全国高职高专教学工作会议，会后下发的教育部教高 [2000]2 号文关于高职教育培养目标的有这样的描述 ：“高职高专教育是我国高等教育的重要组成部分，培养拥护党的基本路线，适应生产、建设、管理、服务第一线需要的，德、智、体、美等方面全面发展的高等技术应用性专门人才。”这就说明了我们的高职教育培养的不是“单面人”，而应该是全面发展的高技术应用性人才。它和普通高校不同的是，高职院校更注重于培养应用性的专门技术人才。

2. 当今社会对人才的需求

培养全面发展的人是当今时代对人的发展的要求。苏霍姆林斯基说 ：“当今首先是‘人的时代’‘人的世纪’，既要重视学生在科技方面的教育，同时更要重视学生在人文素质方面的教育。”1999 年 4 月联合国教科文组织召开了第二届国际技术与职业教育大会，会议指出 ：21 世纪对人的素质要求在变化，不仅是知识技能水平的提高，更重要的是能应变、生存、发展。21 世纪是一个国际化、科技化、多元化的知识经济时代。知识经济时代需要大量高素质的人才。人才是21世纪最具竞争力的核心要素，国家兴旺发达的程度归根结底取决于人才的质量。当今世界对人才的要求已经发生了根本性的变化。这种变化正成为来自教育外部的最主要的改革动力，极大地推动了教育界对教育行为的关照与反思，促进了教育意义的衍生，赋予了教育以新的内涵。学校作为人才培养的主要阵地，承担着人才培养的重任，希望培养出的人才受企业欢迎。

当代社会需要的是一种全面发展的教育，是如何做人的素质教育。大力推进教育教学改革，全面实施素质教育，不仅是社会各界共同的呼声，更是学校生存发展所面临的一项重大课题。

原教育部部长柳斌的话为我们提供了社会需求的素质教育与高职教育的结合点："我觉得职业素质是素质教育的重要组成部分，因此与素质教育共同的结合点主要是培养良好的道德、情感、知识和能力。这样几个方面既是素质教育的根基，也是职业教育的根基。""职业道德思想和道德行为能力、创新能力、实践能力这三种能力的培养应该是素质教育与职业教育的结合点、共同点。"在1999年全国教育工作会议上，江泽民同志在提出要大力推进素质教育，提出一个核心，两个着重点：以加强道德教育为核心，以培养创新能力和实践能力为着重点。这一提法也指明了素质教育与职业教育的共同的基础。

3. 语文学科的特点

语文学科是工具性、人文性相统一的最具综合性的学科。语文学科的内容上有天文下有地理，古今中外无所不包，所以语文学科是横向联系各学科最强的一门学科。它不仅是我们交际的重要工具，也是学习其他学科的基础，它丰富的文化底蕴和人文内涵更是进行文化素质教育的极为重要的素材。语文教育不仅可以使受教育者正确理解、运用祖国的语言文字，受到优秀文化的熏陶感染，而且对于受教育者形成和发展科学的思维方法、良好的思维品质和健康的个性品格，都有十分重要的意义。无论何时，语文学科的本质作用永远不能放弃。随着社会经济的发展，一个人一辈子可能从事多种行业的工作，即使不改行，也需要知识的纵向更新和横向发展，要适应这种知识的更新与发展就需要有较扎实的文化课基础。而且，针对目前高职学生语文水平低下和人文素质缺乏的现实，加强高职语文教育非常重要。

著名语文教育家于漪说得好："培养学生成为21世纪素质优良的中国人，是各个学科承担的共同责任。但语文学科起着独特的、别的学科难以替代的作用。因为语言文字是民族的地质层，积淀了民族文化的精髓。语言和思想、

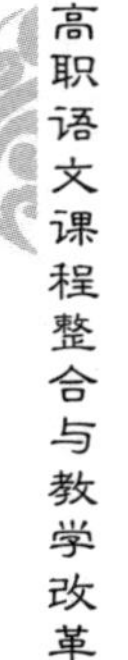

情感是同时发生的，它不仅仅是载体，实质上它就是意识、思维、心灵、人格组成部分。教学生学语言，也就同时在用人类的精神文明、用中华文化的乳汁哺育他们的成长，提高他们对自然、对社会和对人生的认识。”因此，真正的语文教育既要注重语文基本能力即言语能力（听、说、读、写能力）的提高，又要加强人文素质的培养，只有将这两方面相互和谐统一于语文教学中，语文教学才会收到事半功倍的效果，反之，任何强调一方而忽视另一方的教育，都会将语文教育引向片面或极端，收事倍功半之效。

4. 高职院校学生的特点

上面我们说过，高职院校的学生中的许多人文化基础知识不够扎实，情感意志较为薄弱，文化修养有所欠缺的多差生。对于这些学生，首要的是加强人文素质的培养。如果缺失人文素养的培养，不但文化知识的教育难以进行，更主要的是这些学生将来走向社会将是社会的一大隐患。所以，加强人文素养的培养，不但是高职院校语文教学而且是整个高职院校学校教育的首要任务。又因高职学生语文基础知识普遍低下，所以加强文化基础知识的教育也不能忽视。

（三）高职语文教学的培养目标

通过以上对职业教育培养的目标、社会需求和语文学科的特点及高职生特点四要素的分析、阐释，我们探询这四要素的结合点即是高职语文教学的培养目标。即加强语文基础文化知识教育，加强语文实践应运能力的培养，加强人文素质教育以培养学生的道德、思想品质，注重学生全面均衡发展。总之，以学生为本，以实践为主，注重全面的语文素养的培养应是高职语文教学的最高目标。

那么，我们的高职语文教学改革的方向应服从并服务于这一目标，应该以培养学生能力、注重实用为原则，努力做到语文教学与专业教学相结合、以学生获取必需的语文实际运用技能为标准的、以增强学生人文底蕴为主导的素质教育教学。培养全面发展的人是当今时代对人的发展的要求。苏霍姆林斯基说：“当今首先是‘人的时代’‘人的世纪’，既要重视学生在科技方面的教育，同时更要重视学生在人文素质方面的教育。”

自古以来，人的全面发展始终是教育追求的理想，然而，应试教育的模式严重地限制了“发展”这个概念的内涵和外延。所谓“发展”仅仅是指通过各种考试所必需的知识和技能的增加或熟练。这种专注于工具价值的发展观严重地破坏了人的内在的自然，从而严重地阻碍了人的本体价值的实现。应该看到，人的工具价值和本体价值乃是内在地统一于人的德、智、体、美、劳全面发展之中的。

语文学科工具性与人文性相结合的特点决定了既注重语文知识技能的教育，又加强人文素质的教育才是全面的语文教育。然而，长期以来我国实施的应试教育模式，把学生看作考试的机器，语文教学中只重视工具价值，导致人文素质教育的缺失，使语文教学越来越走入死胡同。在大力提倡素质教育的今天，呼唤语文人文素质教育的呼声越来越高。现在是还语文教育以原有的本质属性的时候了。

1. 加强人文素养培养

“人文”，公元前 11 世纪《易经》里就出现了：“文明以止，人文也。观乎天文，以查时变；观乎人文，以化成天下。”拿现在的话说就是精神文明。《辞海》解释说，“人文”今指人类社会的各种文化现象。

人文素养是指人在改造大自然的活动中形成的文化修养和品位，涉及到人如何处理与自然、社会及他人的关系及人自身的理性、情感、意志等社会属性方面，通过人的观念意识、品质情操、心理性格、价值观念等来体现。

语文学科“人文性”的特点决定了进行人文素养的培养应是语文教学追求的崇高目标。加强人文素质的教育，不但是高职院校语文教学而且是整个高职院校学校教育的首要任务。

教育部原副部长周远清曾强调：“文化素质教育要在必要的人文社会科学知识传授的基础上，使它内化为人的品格，提高人的品位、格调、修养，也就是说提高人的文化素质。完成和实现了这种转化，才能达到素质教育的目的。简单的知识传授与接受不能称之为素质教育……”所以，加强人文素质教育最重要的是要实现知识的内化。

我们提倡人文教育，目的并非让学生熟识作品名称、文人姓氏，“而在于引导学生迈进价值观念、学术思想的角斗场，竞才智之技，将学生引领到广袤的时空之中，感受博大、丰富、深邃。惟其如此，人文精神方有望养成，才能实现教育的真正价值。”语文教学应利用一篇篇优秀的文学作品对学生进行精神熏染，让学生获得深层次的、积极的情感体验。让学生感悟生命之伟大，感悟人性之美好，感悟人生创造与奋斗之美，在深层的情感体验中来丰富学生的精神世界，从而激发和推动他们去追求比生活本身更高远的东西，进而启迪其智慧，塑造其灵魂。正如苏霍姆林斯基所告戒我们的：“启发智慧和鼓舞人心的书往往决定一个人的前途。学校首先是书籍。”高职院校语文教材中选编了大量的古今中外优秀的文学作品，这些作品都是人类不朽的精神财富。这些作品都真实地、艺术地再现了社会发展的基本轨迹和人类精神成长的历程。语文教学就应该利用这一篇篇优秀的文学作品让学生进行审美体验，以此培养学生高尚健全的人格，塑造完美理想的人性，实现合理美好的人生。

审美能力是人文素质中的基本要素，也是作为现代人所应具备的基本素质。席勒很早就在他的《美育书简》中把人性的发展作为自然的人、审美的人、道德的人三个阶段。并认为若想从自然的人发展成为道德的人，首先必须使他成为审美的人，舍此别无他径。苏霍姆林斯基认为“美是道德纯洁、精神丰富和体魄健全的有力源泉。”美可以触及人精神领域的任何一个角落。因此，我们要想培养学生高尚的道德情操和完美健全的人格首先必须培养他具有一定的审美能力。而文学教学无疑是进行审美教育的最好材料。高职语文教学中的文学教学无疑是进行审美教育的最佳途径。

优秀的文学作品总是通过他美妙的形式，传达人类对美好人生的向往，它总是通过激昂或婉转，平实或含蓄的语言表达对真、善、美的颂扬和追求，对假、恶、丑的抨击和贬抑。高职院校的语文教学就应通过学生对一篇篇优秀的文学作品的审美体验，陶冶性情，涵养灵性，逐步积淀起审美情素，从文学中获得启示，从而明辨是非，善辨美丑，懂得人之所以为人的道理和准则，从而形成高尚的道德情操与健全的人格。文学教学中可以培养学生思想的、情感的、审美的能力，而恰恰正是这些非智力因素是激起学生兴趣的源泉。

2. 加强语文基础知识与基本技能的训练

语文基础知识与技能是指学生在听、说、读、写方面的知识与能力。语文学科的工具性决定了加强基础知识的教育是语文教学最基本的职能。虽说高尚的道德与健全的人格与渊博的知识不成正比，但也成正相关。西方有句格言：“空袋不能自立。”高品位的人生需有雄厚的文化基础知识与技能做基础。尤其对于文化基础知识相当薄弱的高职学生，必须将这一课补上。高职院校的语文教师要正视这一事实，切不可认为高职生是大学生而“好高骛远”。

（1）加强识字与写字训练。

高职院校的学生文化基础知识薄弱，而高职院校的语文教师往往认为高职学生已是大学生而忽视了对学生进行识字与写字的训练。高职院校的语文教学必须从学生的实际出发，切切实实加强基础知识训练，一步一步循序渐进，方能使教学更有成效。

（2）加强说读训练。

高职院校的学生毕业后多从事一线的服务类工作，必须加强说的能力即语言表达能力的训练。

由于阅读量少，导致学生知识素材少，语言苍白，表达能力普遍较差等系列问题。要想提高学生的表达能力，必须从提高学生的阅读量开始。学语文要单凭在语文课堂上听老师讲几篇课文来提高语文能力是远远不够的，如果没有大量的阅读作基础，是很难造就文学畅通的人的。胡适先生曾说："据我们的观察和研究所得，可以断定许多文字明白通畅的人，都不是在讲堂上听老师讲几篇唐宋八家的残篇古文而得的实绩；实在是他们平时或课堂上偷看小说而来的结果。"语文学习的资源和实践的机会无所不在，无时不有，生活中处处都是语文。语文教学不应拘泥于课堂与课本，要打破课堂内外与学科之间的壁垒，让学生在更广阔的天地利用语文资源，提高语文阅读与表达能力。

在十几年的教学实践中，笔者总结出让学生摘抄和写读书笔记并进行读书汇报是提高语言表达能力的最佳途径。为了将这一行动落到实处，应要求学生每周都要完成一定量的摘抄任务，并按时汇报和进行检查。量的积累终究要促成质的变化。学生的阅读量提高了，不仅语言的表达能力提高了，同时为写作也积累了不少素材，作起文来也不会挖空心思地无病呻吟。

当然，在课堂教学中，语文教师也要以各种形式的朗读、诵读，让学生对一些美文进行审美阅读，使其体会阅读的美妙，通过课内阅读来促进课外阅读，以提高学生的阅读与表达能力。

还有，进行模拟课堂教学，也是提高学生表达能力的非常好的方法。

语言是交际的工具，与生活密切联系。离开了现实生活，学生就不会有说的欲望，语言也就失去了活力。"纸上得来终觉浅"，毕竟从书本上学来的语言不是生活的语言，很难运用到现实生活。语文教师要创设情境，模拟现实生活，锻炼学生的语言表达能力，如模拟购物、模拟应聘、模拟教学、模拟名人访谈……高职学生对这种模拟现实的教学是非常感兴趣的。

（3）加强写作训练。

写作是对学生识写字和语言表达与组织能力进行检验的最佳方法。在作文教学中，语文教师要考虑高职学生的实际，结合学生生活和专业给学生命题，切不可出些大而无当和不关痛痒的话题让学生生造。一定要让学生有话可说并感兴趣，这样方可打开学生思维的闸门。

高职院校的语文教师可采取手抄报、作文讲评、作文比赛等多种行之有效的方法来提高学生的写作兴趣，要切实提高学生的写作能力。由于高职学生职业的特点，语文教学中作文教学还必须进行一些应用文的写作训练。

3. 注重语文能力的培养

语文能力是全面的语文素养的必不可少的一大要素。高职院校的语文教

师在语文教学中要注重培养学生将语文知识内化成语文能力。“授之以鱼，不如授之以渔。”马约而先生写下一句耐人寻味的话：“我们留下一个什么样的世界给子孙后代，在很大程度上取决于我们给世界留下什么样的后代。”科技发展的今天，一个民族能否自立于世界之林，能否位于科学技术的制高点，深深依赖于一个民族和国家的教育。注重培养学生的能力是我们的教育需切迫解决的问题。

高职院校的语文教师在教学过程中要关注学生的发展，注重学生语文能力的培养，为其终身发展奠定良好的基础。语文教师在语文教学过程中既要发挥教师的主导作用，又要充分调动学生的主动积极性，让学生掌握学习的主动权，使语文的学习过程真正成为学生的实践、感悟与内化过程，让学生真正成为学习、活动的主人。要充分发挥学生的主观能动性，开发学生学习的潜能，培养学生的思维品质，提高学生的观察、分析和解决问题的能力。

要注重培养学生合作探究精神和创新能力。

当今独生子女独立性差，依赖性强，再加上职业院校的学生“叛逆性”“自卑心理”“自我中心”的独特个性，高职院校的学生缺乏探究精神及与别人互动交往、沟通、团队合作的合作精神，因此，语文教学过程中，语文教师要引导学生学会倾听、学会沟通、学会体验。要采用多种方式，培养学生的合作精神与探究能力。笔者认为分组合作比赛是培养学生合作精神最好的方式，高职语文教师不妨试试。同时，语文教师在教学过程中，要注重培养学生的创新能力。课本剧改编表演，模拟课堂表演这些方法都是培养创新能力的很好的方法。知识经济时代，创新能力往往决定一个国家和民族的竞争力。

高职院校的语文教学要坚持“以人为本”的教学理念，注重学生全面协调的发展，既注重非智力因素“人文精神”的培养，又要注重智力因素“知识技能”的积淀，只有二者的有机融合，才是真正意义上的语文教学。因为工具性与人文性是语文学科的两大特性，也是构成完整语文学科体系的两个方面，它们各有其价值，但又各有其局限性，抬高或贬低任何一方面都会造成学科完整体系和人的发展的失衡。语文教师在进行语文教学中，不可偏废某一面而抬高另一面，正如语文特级教师于漪认为：“语文学科作为一门人文应用学科，应该是语言工具训练与人文教育的结合，这是对语文教学的反思。语文教育不仅应注意语言工具训练，还要贯彻人文教育思想。语文教育中工具性与人文性皆重要，不可机械割裂。割掉人文精神，只在语言形式上兜圈子，语言文学就会失去灵魂、失去生命而暗淡无光，步入排列组合文字游戏的死胡同；脱离语言文字的运用，架空人文性，就背离了语文课，步入另一个误区。二者应有机结合，使之相得益彰。……语文课就是语文课，须把握它的本质属性，在语文知识教学、语文能力训练中贯彻人文精神，以培养学生，收潜移默化、春风化雨之功。”

三、科学定位，合理开课

首先，在进行素质教育的过程中，语文学科因其丰富的人文底蕴和深刻的内涵，有着独特的作用，并非要语文学科跟专业课争宠，只是要求高职院校的领导要正视语文学科的价值，保证语文学科在高职院校的基础学科的地位，还其“必修”的基础课地位，让其名正言顺地理直气壮地立于高职课程体系中，确保高职语文的教学课时，不要随意取消替换。

其次，要正视语文学科的作用。培养学生成为21世纪高素质的人才，是各个学科承担的共同责任。只不过语文学科有其他学科无法替代的优势而已。所以高职院校的领导不能为了提高学生的素质就不分专业大开特开语文课程，从《应用文写作》《演讲与口才》到《文学欣赏》，以至于挤了其他学科的正常开设。而如果没有收到预期的素质教育的效果，又把全部责任归咎于语文学科，置语文学科于边缘境地，这都是走了极端。

高职院校要根据专业的需要，适当开设语文学科，各专业都确保开设语文学科，保证课时足，文科类可适当多开些语文科的选修课，便于学生根据自己的兴趣去学习，不可一谓强求。

四、重建教材，学用结合

“立国之本，在于教育。教育之良否，教科书关系最巨。”一直以来，高职院校语文都没有合适的教材，高职语文学科要取得长足的发展，必须尽快编写出适应现代高职教育的具有高职特点的优秀教材。

高职语文教材的编制要邀请学科专家和教学一线的老师参与，进行相互研讨，多方征求意见。在知识的组织与选择上要以达成高职语文教学目标为导向和依据，体现“实用性”与“实践性”。同时要具有弹性与灵活性。如果从商业的角度来说，教科书产品是一种公共性极强的工具读物。因此，它必然要符合大众的口味，体现出社会的主流价值，这样方能够不断适应市场的需求。所以，高职语文教材一定要与学生生活实际结合，也要便于进行实践活动。

高职语文教材的编制要吸取各院校大学语文教材的长处，精选一些古今中外经典名篇，但要打破经典名篇一统语文教材天下的局面，而且要尽量做到通俗化，因为就学生水平而言，目前绝大多数人对先秦诸子的文章看不懂。

不懂就无法感兴趣。改变目前大学语文教材过于注重学科本位和强调内容系统性的特点；在内容选择上要改变当前“繁、难、偏、旧”的特点和过于注重书本知识的情况，注重课程内容与学生生活实际及现代社会和科技发展的联系，关注学生学习的兴趣和经验。选择一些反映中外当代生活的作品，如“焦点访谈”“百家讲坛”“实话实说”“名人访谈”等群众喜闻乐见的节目内容选入课本，同时，为了体现教材的地方特色，可将具有当地民族特色的民风、民俗、艺术等内容编入教材，既增加教材的时代感和现实感，又可以提高学生学习语文的兴趣。这样可以使学生觉得语文就在自己身边，生活中处处都是语文，上课也有话题可说，有助于提高学生语文分析、判断和语言的表达能力，一举多得。

当然高职语文在选文上要做到既是中学语文教材内容的延伸和深化，而不是重复，又富有广度和深度，同时要加强实用和实践内容的分量，体现职业性的特点。在内容编排上要以单元教学或模块教学为宜，最好有一些可以灵活替换的“活动”的单元和模块，便于教师选择和更换。学校再根据本校专业特点再增加一些实用性文体的内容，如计划、总结、简历、报告等，做到灵活实用，教师可根据学生专业的不同和实际情况而选择相应的模块进行教学。

五、整合师资，能技并举

构建合理的高职语文教师队伍，提高高职语文教师整体素质，是进行高职语文教学改革的关键。

（一）加强教师队伍建设的必要性

要进行高职语文教学的改革，教师是关键、是根本。因为教学靠教师来实施，教学任务靠教师来完成。教师是校长思想的实践者，是学校各项工作得以实施的执行者，教师不仅是学科文化科学知识、技能的传播者，而且也是学校已有办学风格、特色的传承者，更是办学特色的创造者。从这个意义上讲，高职院校办学特色的建设，关键是教师队伍的建设。因此高职院校必须在办学中坚持“以师为本”，充分相信教师、依靠教师、支持教师、激励教师。“教学改革成也教师，败也教师。”教师的观念态度、业务素质和专业精神，是教学改革的根本支撑，是保证教学改革的内在动力。

有位学者曾说过：“一位教师就是一部书，就是一部潜在的好教材。他（她）们崇高的理想、奉献精神、渊博的知识、严谨的教风、庄重的衣着、文雅的谈吐、宽容的胸怀等等，时时刻刻都熏陶、感染、影响着学生，促进他们健康、茁壮成长。”教育是培养人、影响人的事业。教师是学生成长的引路人，是学生效仿的榜样，教师在整个教育活动中起着主导的作用。“身教胜于言教”。教师的一言一行对学生都起着潜移默化的影响。因此，高职院校在用人方面要把好关，在聘用教师时，不仅要重视学历，考核其专业知识和能力，更重要的是要对其人品和道德进行考核。

（二）构建高职语文教师队伍的方法

只有高素质的教师，才能保证教学的质量。高职语文教学改革要切实推行，必须抓好教师队伍建设，提高高职语文教师的综合素质。

首先，要抓好教师队伍的政治思想建设，使广大教师具备坚定正确的政治方向，热爱党的教育事业，要有为教育事业献身的精神。教师只有深刻认识自己所从事的工作的重大意义，热爱教育事业，把教育当作事业来追求，而不是当作职业来完成，这样才能使自己的工作有动力，才能进行创造性的劳动。爱因斯坦说过，“成功＝天才＋勤奋＋机遇”。在这一公式中，“天才”和“机遇”都是可遇而不可求的，唯有勤奋才是我们每个人可以把握住的。在职场，勤奋不仅意味着埋头苦干，任劳任怨，现代人要想在事业上取得成功更要依赖于对事业那份执著的爱和不断地追求，对工作的一种恭敬严肃、尽职尽责的精神和态度，以及兢兢业业、一丝不苟的职业行为。要培养教师高尚的品德，教师对学生高尚纯洁的爱，是师生心灵之间的通道，是开启学生心智的钥匙，是照亮学生道路的明灯。教师要关心爱护学生，对学生思想、学习、身体和生活全面关怀，要尊重信任学生，做学生的知心朋友。教师要在政治观点、思想品德、生活作风、治学态度等方面严格要求自己，起师范作用，做学生的表率，以自己的模范言行去感染学生。

其次，应切实抓好语文教师教育思想、教育观念的转变，由教学经验型转为科研型；由“知识本位”型转变为“知识”“技能”“素质”三位一体型；由教师主体转变为教师学生双主体型，用体现时代要求的教育思想理念武装自己。因为只有广大教师树立起科学正确的教育观、人才观、质量观，具备了科学创新思想意识，才能真正突出学生的主体地位，科学施教，培养出高素质高质量的人才。

第三，进一步抓好语文教师教学技能和使用现代教学媒体的训练。实践证明，只有教师的教育教学技能的整体能力提高了，才能培养出高素质的学生。因此，学校一定要注重高职语文教师综合素质的提高，采用多种形式，通过多种渠道，致力于培养语文教师运用现代教育技术的能力，或送出去培训，或请专家来校培训，造就一支现代化的师资队伍，为高素质人才的培养夯实基础。

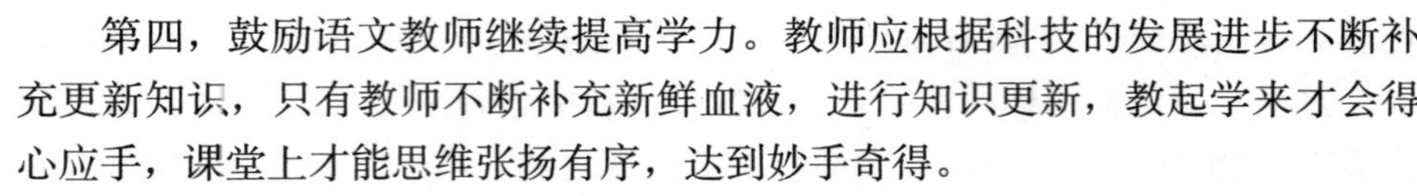

第四，鼓励语文教师继续提高学力。教师应根据科技的发展进步不断补充更新知识，只有教师不断补充新鲜血液，进行知识更新，教起学来才会得心应手，课堂上才能思维张扬有序，达到妙手奇得。

第五，建立一支“双师型”的师资队伍。一方面，要求高职院校的语文教师不但对本专业的理论知识扎实、精深，同时实践能力也要很强，那种传统的“君子动口不动手”的思想观念已远远不适合对高职语文教师的要求。另一方面，要求高职院校的语文教师对所教学生的专业知识也要有一定程度的了解，能将语文学习与学生的专业相结合进行教学，增加语文学习的实用性，提高学生学习的积极性。同时，要提高高职语文教师的科研能力。实践是职业院校教师的根，科研是语文教师的力，既无实践又无研究的高职语文教师也就成了无根无力的教师，自然也就成了职业院校被边缘化的教师。实践证明，实践、教学、科研一体化的教学，本身就是一门活生生的语文教育学，让学生感受到语文学科的价值和力量。

第六，抓好青年教师的培养和骨干教师的队伍建设。骨干教师可以培养年轻教师，为年轻教师起示范作用，可以带动教师整体素质的提高，同时对全面提高教育教学质量起决定的意义。年轻教师是教育的未来，谁抓住了这一点，谁就拥有了未来的教育。因此，要切实抓好这项工作。

总之，只有抓好教师队伍建设，建设一支思想过硬，业务精良的“双师型”的教师队伍，才能推动高职语文教学改革的步伐。

六、形式多样，灵活开放

21 世纪经济全球化是一大特征。社会发展的大背景是语文教学改革的客观依据。当前国际国内社会开放的特征都为语文教学的开放奠定了基础，提供了有利条件。当前高职院校语文教学改革要适应时代发展的要求，这是历史所赋予语文教学改革的必然选择。

语文教学的开放主要体现在教学内容、教学方法手段、考核评价三个方面。

（一）教学内容开放

语文教学不能只局限于课文，应当引导学生在广阔的天地中学习。因为语文教学的内容上有天文，下有地理，古今中外无所不包。“思接千载，视通万里”，上下数千年，纵横几万里，都在语文教学的关注范围内。语文学科的这一性质决定了它必须有开阔的视野，不能囿于“教材”这一狭小的天地里移花接木孤芳自赏、画地为牢而固步自封。语文教学应视野开阔，尺幅千里，以课堂小舞台展示社会大世界。让语文教学生动活泼异彩纷呈。语文教师要尽量将所学的内容向课外扩展，向周遍学科、学生所学专业和学生生活的现实世界辐射，这样才能吊起学生胃口，让学生有学习语文的“食欲”。

叶圣陶先生说：“课文无非是例子。语文学习应当注意‘学法于课内，应用、扩展于课外’，若仅仅限于课本是学不好语文的。”张志公也讲：“语文课实际上不需要那么多时间。学生生活在语文的海洋里需要的是各种有关方面——报纸、广播、电视、电影、话剧等所谓新闻媒体散布的语言，如果不仅仅是规范化的并且是优美的，熏也把孩子们的语言能力熏高了。反之，学校里语文授课再加几倍也教不好。教师的能力远远比不过上边说得那两大批的势力。授课时间过多不仅没有用，相反，在不良的语言环境中，课堂上讲得越多越坏，多花时间效果不一定好，少花时间效果不一定差，这可以说是语文教学的A、B、C。”目前高职院校学生之所以对语文不感兴趣，原因之一就是教师囿于课文狭小的天地，字、词、句、段鸡零狗碎地掰拆，将本来优美的篇章揉成碎片，失去应有的趣味。

语文学习也不能仅仅囿于课堂那点时间，生活中处处都是语文。语文教师应鼓励学生积极参加学校举办的各种课外班及文学团体，并尽量担任某一职务，在学生需要时给予必要的指导。鼓励学生利用课外时间积极参加有益的社会活动。如某校就定期组织学生会的学生去养老院和孤儿院进行义务演出和劳动。这种活动极大地锻炼了学生，不仅对提高学生分析判断和为人处世能力及语言表达能力非常有益，而且也培养了学生的爱心。笔者发现，经常参加课外活动尤其是进行劳动的学生，不仅在课堂上的学习能力提高了，而且变得懂事了许多。苏·霍姆林斯基说：“只有通过劳动，一个人才会以热忱的心去待人接物；经历过劳动的孩子比起没有经历过劳动的孩子，在对待周围人的态度上是完全不同的。如果一个孩子把享受父母创造的幸福作为自己快乐的唯一源泉，而不通过亲手劳动、克服困难去享受快乐，那么他在家里和上学之后都会是一个无情无义的人，从而造成‘再教育’的难题，甚至导致青少年走上犯罪道路。”

（二）教学方法灵活多样

教学方法是为完成教学任务，师生在共同活动中所采用的途径、手段、工具等相互联系的方式，它随着大学功能与理念的演进得以发展。教学方法的选择受到教育目的、教学内容、教学对象以及教师个人素质、能力等的影响。从提高学生素质、培养学生实践能力与创新能力出发，高职语文教师在教学方法上应积极探索与实践，采用合适的行之有效的教学方法。科学的适宜的教学方法是提高课堂教学的一把钥匙。高职语文教师，只有不断地改进教学

方法，优化教学过程，才能提高语文教学效率。

第斯多惠曾说过："教学的艺术不在于传授本领，而在于善于激励、唤醒和鼓舞"。高职语文教学中，厌学的虽然是学生，但需多做反思、多下工夫的还应该是作为教学引导者的教师。

目前高职语文课堂教学中，"教师中心""满堂灌""填鸭式"传统陈旧的教学方法依然普遍存在，这些方法严重制约了学生学习的积极性，压抑了学生的创新意识，不利于培养学生的能力，不但教师教得辛苦，学生学得也艰难。这与当前的"学生主体"、教学生学会学习、学会合作、学会生存的素质教育理念格格不入，更与实用型、技能型的高职培养目标相悖。因此，要提高高职语文教学质量，必须改革目前不适应学生的教学方法。

没有最好的，只有最合适的。陶行知先生说："教的法子要根据学的法子。"教学方法应"因文而异，因需而设，以学定教，顺学而导。"语文学科的"人文知识关涉人的精神世界与情感领域，其学习则要求走进知识文本，要求采取体验、感悟的方式，运用直觉、同情心、想象力去领会、学习。同样是语文学科，语法知识的学习大多要采取接受的方式学习，而文学作品则要用想象、体验、探究的方式进行学习"。语文教师只有根据教学内容，选择适合于自己学生特点的教学方法引导教学，才能收到良好的教学效果。

根据长期以来教学实践得出的经验总结，笔者发现高职院校的学生比较喜欢活动或互动型的教学方法。他们中大多数学生喜欢以小组合作的形式动起来，如小组合作讨论，小组合作进行各种形式的比赛。因此，每上一次语文课笔者都精心设计一些符合学生的活动，让学生动起来。现在使用的大学语文教材，是普通高校的大学语文，几乎是纯经典文学，内容也深，对高职学生而言，确实比较难，而且几乎没有实践活动内容，只能由教师自己进行设计。这样就增加了教师备课的难度，但为了调动学生，让课堂气氛活起来，教师就要多下工夫。如在讲到《诗经》时，笔者让学生小组合作，将《诗经》中描写爱情的故事改编成现代版的，然后进行表演。爱情是人生三大不朽的主题之一，从古至今都是文人们极力讴歌的内容，高职学生也正处于青春期，都对爱情充满向往与渴求，有些学生也正在谈恋爱，所以他们对这一话题并不陌生，对这种课堂形式学生也相当感兴趣。在讲到《楚辞》时，让学生将屈原如何给楚王进谏及佞臣如何进谗陷害屈原想象出来，并进行小组表演比赛。这种活动的方式对《楚辞》这样艰深的内容也掌握了。对"课本"进行改编表演，既培养了学生的创新思维与创新能力，同时也锻炼了学生写作与语言表达能力。而且，小组合作有助于培养和锻炼学生的合作精神和协调能力，既符合高职培养目标的要求，也符合社会对人才的要求。

语文教师要在实践中不断摸索、改进，总结出符合自己和学生特点的教学方法，一切为了学生的发展而不懈努力。

好的教学方法如催人奋进的兴奋剂，可以充分调动学生学习的积极性和主动性，培养学生动手、动脑的好习惯，有利于培养学生的创新思维和创新能力，学生不但学得轻松愉快，而且知识掌握也会牢固扎实，运用灵活。

改进教学方法，特别要注意学法指导。常言道："授人以鱼，供一饭之需，教人以渔，则终身受益匪浅。"高职语文教学过程中，语文教师不单要教给学生必须的语文知识和技能，更重要的是要教会学生学会学习，要教学生如何去观察、思维、想象、记忆；教学生如何去发现、收集、加工信息。吕淑湘先生指出："教学，教学，教师教学生学，主要不是把现成的知识教给学生，而是把学习的方法教给学生，学生就可以受用一辈子。"一句话，就是教学生如何独立地、主动地去探索、去求知，为学生终身发展奠定基础。比如，对于记叙文，教学生主要把握记叙文的六要素，搞清人物、事情的来龙去脉；对于议论文，主要弄清议论文的三要素；对于小说，主要是弄清典型环境中的典型人物；而诗歌主要通过朗诵把握意境，了解作者抒发的感情。

语文教师应根据教学内容和学生的实际特点，采用灵活多样的教学方法，创设和谐愉快的教学氛围，优化教学过程，充分调动学生学习的主动性和积极性，提高课堂教学效率。

教学手段是教学过程中一个必不可少的组成要素，它包括各种用以进行教学活动的教具、措施和设备等。它是沟通教与学共同活动的中介，起着"桥"与"船"的作用。先进的教学手段，在课堂教学中，起着举足轻重的作用。因此，进行教学改革，务必要在教学手段上革新。但目前许多高职院校由于资金的缺乏，多媒体教室、网络实验室配备有限，语文课堂教学中，语文教师仍然多使用传统的一支粉笔一张嘴，一块黑板一本书的落后教学手段。这种教学手段已远远不适应当前的教学。为了多角度、多层次地调动学生学习的积极性，使教学结构得到优化，大幅度提高教学效率，语文教师要适当采用现代化的教学手段。比如，我们现在教材上许多课文已被拍成电影，教师可以放映给学生观赏。还有，我们所选的许多经典文学在网络上有许多不同观点评论，可以多角度多方位让学生了解，开阔学生视眼。

现代教育手段的运用，尤其是电子、网络信息容量大，为教师和学生的获取信息、更新信息提供了极大的方便，使教学内容摆脱了原来教材的限制，跟生活实际紧密联系，有利于增大课堂知识容量，提高学生学习的积极性。孔子说："知之者不如好之者，好之者不如乐之者。"教育心理学家皮亚杰说过："所有智力方面的工作都要依赖于兴趣。"可见，兴趣是最好的老师，是人们

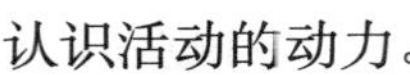

认识活动的动力。

现代化的多媒体，集形、声、色、光、动多种功能于一体，可以充分调动学生的各种功能参与教学活动。运用现代化的教学手段，可以化静为动、创设情景，激发学生学习的兴趣、调动学生学习的积极性和主观能动性；可以直观呈现，化抽象为形象，变难为易，提高学生学习的兴趣;可以寓教于乐，培养学生学习的兴趣；可以增大课堂容量，便于交流信息，大大提高语文课堂的教学效率。

总之，把现代化的教学手段引进语文课堂教学，增加课堂教学的时代气息，对提高学生学习兴趣，促进学生主动、积极、全面的学习，对于全面提高学生素质，培养学生的多种能力，减轻课业压力，提高语文课堂教学效率，有着重要作用，因此，优化课堂教学手段是提高语文教学质量的重要条件。

（三）考核评价多元化

在教育体制改革中，人们最为关心的是评价体制，因为评价体制是直接的导向、杠杆。如果评价体制不改，分数是衡量一切的最终标准，是决定学生生死、衡量教师教学成果的唯一尺度，那么，显然素质教育的种种理想仍然无法兑现。

建立鼓励创新的科学评价机制，是进行语文教学改革的动力。以往的教学评价往往重结果轻过程，更多地表现为一种选拔性评价和水平性评价，是一种面向“过去”的评价，往往是静态的、终结性评价占据重要地位。在很大程度上，这种评价凸显了评价的鉴定和评比功能，评价活动的引导、激励和教育功能处于缺失状态，使教学活动受到僵化的规则限制，教学活动的自主发展无法充分显现。高职院校应变革教学评价理念与实践，教学评价应实现以鉴定为主的评价观向以发展为主的评价观转变，要“建立促进学生全面发展的评价体系”，要改变长期以来以考试成绩作为唯一标准评价教学和学生学习成果的做法，建立符合素质要求的语文教学评价体系。高职语文评价应把学生平时在课堂教学过程中参与的“教”“学”“练”给予一定比例的分数，如平时作业，课堂表现、学习态度、考勤等可以占综合成绩的 30%~50%，期末考试成绩占 50%~70%。这样既调动学生积极参与平时课堂上的“学”“练”过程，又对学生的考核比较全面，利于达到多种能力的培养目的。我们呼和浩特职业学院就将学生平时的学习成绩按 30%~40% 列入综合考核成绩里，这种考核方式做得比较科学。科学的教学评价方法有助于激发和培养教师和学生自主发展的意识与潜能，对提高课堂教学效能起催化剂作用。

建立促进教师不断发展的评价体系，充分发挥评价的促进发展功能，使评价的过程成为促进教学发展与提高的过程。高职院校对教师的评价应采用教学与科研相结合，教师自评、互评和学生评价相结合等多员评价手段来评价教师，坚持发展性评价的原则，鼓励教师不断创新并积极进行教学改革和科研。并设立相应的考核和奖励制度，来调动教师教学的积极性。语文课堂教学对学生的评价，应采用平时和考试相结合原则，重平时，重过程，要实施激励性评价，关注学生学习过程而不过于关注学习结果；将学生的智力因素和非智力因素相结合，重素质，重养成，多鼓励那些勤于思考、善于质疑的学生；注重开发学生的潜能和发展学生个性相结合，教师要开展形式多样的活动加以评价学生，让不同特长的学生各有所得的教学评价方法，建立能调动学生学习的主动性和积极性的激励评价制度，以促进学生发展，提高学生的综合素质为目的，从而提高语文教学的质量。

教学是一门艺术，教学改革历来是教育教学改革中倍受关注的课题。提高教学质量，既是社会大环境的客观要求，也是教育内部改革的需要，势在必行。要进行高职院校语文教学改革，提高教学质量，关涉到教学的各个要素，需要关心高职语文教育的人士不断探索研究，在实践中不断摸索总结，不断改进完善。

第四章　高职语文课程教学改革与实践

语文教学在一些院校特别是高职院校中遭遇尴尬，处于边缘化的地位。一部分高职院校根据本校学科专业的性质随意地对语文教学课时进行删减，更有甚者根本没有开设高职语文课。如何改革高职院校语文教学，以改变语文学科在高职院校的地位，更好地发挥语文在高职教育中的作用，成为当前我们急需解决的问题。

第一节　高职语文课程教学改革的背景与目标

一、高职语文课程教学改革的背景

近年来，大力发展并不断完善高等职业教育，提高高职院校教学质量和人才培养水平，成为全社会关心的问题。教育部十六号文件指出：高职教育人才培养模式及课程建设与改革的方向，要以增强学生的职业能力、突出实践能力培养为目标，同时加强素质教育、强化职业道德。在大力强调高职教育要培养实用型、技术型人才的今天，作为公共基础课的语文教学受到了较大冲击，部分高职院校确实存在语文教学不受重视，教师观念滞后、教法陈旧，学生学习兴趣不高的问题，因此目前在全国开展的高职教改对语文教学来说既是一个挑战，也是一个良好的发展契机。语文教改不仅是学生学习、社会发展的需要，也是弘扬中华文化的需要。语文教学应通过改革，突出职教特色，适应高职教育人才培养的目标，这是目前及今后高职语文教学实践的重要课题。

二、高职语文课程教学改革的目标

改革的目标是，通过对大学语文课程的课堂教学有效改革，探索出一条提高学生口头表达能力、交际能力、阅读能力、写作能力以及思维能力、创造能力、分析能力的有效途径。

第二节　高职语文课程教学改革的实施策略

高职语文教学改革的实施应把握以下几点。

一、选用适宜教材

语文是个大科目，内容广泛，因此教材的选用很重要。目前许多高职院校在教材的选用上缺乏针对性，不注重实用性，导致学生的学习兴趣减弱。因此，高职院校的教师应当从高职教育的实际出发，结合各专业特点，以培养实用技能为主旨，为高职学生“量身定制”语文教材，突出职业教育的务实性，增强语文教材的实用性和时效性，适应学生的口味，激发学生的学习兴趣。如农学专业的学生可开设科技应用写作课以提高科技应用写作能力，旅游管理专业的学生可开设演讲与口才以提高语言组织能力，会计电算化专业的学生可开设经济应用文写作以提高经济应用文写作能力，同时通过开设第二课堂，选择文学鉴赏、名著导读、国学经典等课程，让学生有选择的机会，提高学习的主动性。

对教材的选择要求也是对高职语文教材建设的要求。因此高职语文教材的编写要做到从学生的实际出发，充分反映学生主体的需要，在强调教材的实用性的同时，不能忽视学生的兴趣和内在需求，要体现时代性和针对性、实用性，有针对性的帮助学生提高职业能力，科学构建教材的实践训练体系。

二、教学方法灵活

高职语文教学要想肩负起培养学生阅读、写作、表达等方面能力的重任，向职业岗位所需要的职业能力倾斜，通过对学生听、说、读、写职业语文能力的强化训练，增强学生应用语言文字处理事务、交际应酬的能力。传统的“一张嘴巴、一枝粉笔、一块黑板”的教学模式不能适应当今高职教育的发展和需求。因此，高职语文教学要力求突破，注重实用性和应用性，大力开展实践教学，突出学生职业能力的培养，根据学生特点、专业特点及授课内容的不同，灵活运用多媒体教学、分组讨论、第二课堂、场景教学、比较教学等多种教学方法和教学形式。

（1）多媒体教学。多媒体教学可以给学生提供图片、录像、小故事或者小短文等丰富的信息资源，教师可以通过在网上留作业等建立网络平台，在网上建立师生良好的交流平台。网络教学既可以提高学生学习的兴趣，也可以引导学生正确使用网络，提高学生的电脑操作能力。总之，网络和课件的运用，丰富了教学形式，提高了学生学习和运用语文的积极性。

（2）讨论式教学。讨论式教学体现了学生的主体性，教师以导为主，让学生通过讨论学会发现问题、分析问题、总结问题，并通过教师的指导来达到进一步提高的目的。

（3）开展丰富多样的第二课堂活动。课堂教学与课外活动相结合，多方渗透，在活动中提高学生的语文应用能力，如举办多种比赛，学生才艺展示、知识竞赛等。此外举办主题班会、团日活动等也是提高学生学习语文的积极性和语文应用能力的很好途径。

（4）场景教学。场景教学是根据学生的专业特点、就业要求等精心策划仿真场景进行活动教学，如可以让旅游管理专业的学生做景点介绍、农学专业的学生就某地设施农业发展情况做调查报告等。这种教学手段让学生有身临其境的感觉，学生会以职业角色学习语文知识和技能，体验到训练过程的真实感，教学目标明确，极易调动学生的积极性。

三、有机结合专业

高职院校不同专业有不同的专业职业特点，对语文教学也有不同的专业性要求。因此高职语文教学必须与专业有机结合，根据不同专业的属性与学习需要，找准与专业知识学习相关联、与职业能力培养相沟通的语文教学突破口，在内容的取舍、重点的确定、方法的选择等方面突出专业特色，使学生的学习更有趣味，教学更有效果。

四、培养创新精神

教育是要面向明天，而明天需要的是创造性人才，这是教育面向现代化、面向世界、面向未来的要求。教育的实质就是教人去创造未来。因此。高职语文教学过程中也要运用多种方法激发学生的创新潜能。如通过在实际教学过程中安排“文章新解”“课文续写”等教学环节，让学生从另一个角度分析、理解文章，发表自己的见解，或放开想象给文章写续，只要能自圆其说、言之有理，均可得到肯定。让学生开动逆向思维，形成发散性思维的良好思维模式。也可利用课前3分钟开展即兴演讲等活动，有效地激发学生的创新欲望，培养学生的创新精神。

五、培养自学能力

终身学习是21世纪的生存概念。人们从小就开始接受学校教育，学校教育使我们获得的知识让人终身受益，但却不能完全适应现代化的教育需要。21世纪是“知识爆炸”的时代，知识老化加速，更替频繁，社会变化急剧，任何人都需要终身学习。终身学习是自身发展和适应职业的必由之路。因此，教学过程中一定要着重培养高职学生的自学能力，要“授之以渔”，教给自学方法，让学生掌握科学的学习方法，有效地掌握知识、发展能力。

由于高职语文课是一门重要的文化基础课，但又面临课时少、课程边缘化等突出问题，教师更应该深入分析研究如何提高学生的自学能力、提高教学效果的问题。教师可根据具体情况采取一些相应的教学方法，如训练学生积极掌握自读学习方法，培养他们自学的能力；选择合适的课文让学生“自读自学”并上台讲解，各抒己见，教师则在台下当听众，最后适当点拨小结；结合专业特点要求学生写一些分析性文章，培养学生的听、说、读、写能力；等等。

六、提高综合能力

高职语文教学必须淡化纯粹的语文知识的讲授，重视语文综合应用能力的培养。培养学生的审美意识、培养学生的思维能力和发现问题探究问题的意识、注重个性差异的教学。以能力训练为主，以理论讲授为辅，在日常的教学活动中注意运用理论与实践一体化的教学模式，充分利用课上范文的学习，进行听、说、读、写等知识的传授，并将相关知识的学习融入实践能力的训练，如通过采取课堂讨论，写调查报告，办手抄报、板报，写广播稿，演讲比赛等多种形式，提高实践教学比例，增加学生动脑参与的机会，最终达到提高学生语文综合应用能力的目的。

第三节　创新高职语文教学方法

一、高职语文教学创新的概念和主要内容

（一）高职语文教学创新的概念

高职教学创新是指在教学过程中运用新的教学计划、新的教学大纲、新的教材和新的教学方法，结合新的教学理念进行实验教学，为学生提供新的教学服务，提高教学质量，实现毕业生就业零等待的过程。必须说明的是，这里所说的教学创新不但包含教学本身的创新，还包括在传统的教书育人的基础上，同时结合提高学生就业率这一理念，结合企业对人才的需求，在提高学生全面素质的前提下，以职业能力培养为主，并形成必备的就业素质，使教学与人才需求零脱节，帮助毕业生顺利就业。同时，注意毕业生的社会评价及其反作用于完善教学创新的这一过程。

（二）高职语文教学创新的必要性

高等职业教育，是以培养应用型、技能型人才为主的教育类型。语文是一门工具性和知识性兼备的基础学科，是高职教育中最重要的课程之一。但长期以来，高职语文教学脱离高职学生实际情况，忽视了语文学科自身内涵，另外，教学方法单调乏味，不能与时俱进，缺乏创新意识，都不同程度的影响了语文高效课堂的构建，同时也影响了语文课程在高职学生综合素质提升中作用的发挥。本节拟就高职语文教学方法存在的问题进行分析，探索新时期，新教学背景下高职语文教学改革和创新的策略，为构建适应新时期高职院校发展需要的语文教学模式提供新的参考。

（三）高职语文教学创新的主要内容

1. 鼓励进取思想，树立坚定信念

新生入学，文化基础大多较差，在高考之后没有走进本科类院校，心中难免会有些遗憾。此时，他们更需要尽快扭转心态，树立向上进取的坚定信心。教师应看到，他们身上一样洋溢着青年人的蓬勃朝气，他们更渴望有个新的开端，重拾自信。所以，在高职语文教学中，教师不妨在授课过程中通过课文中的名人轶事和成功案例来帮助学生消除畏难、厌学和自卑心理，把学生

的兴趣巧妙地引到语文学习的广阔殿堂，从而使学生确立良好的心态和顽强的意志。

2. 创新教学内容，改进教学方法

由于客观原因，高职语文教育作为新机制的教育形态，其教学内容仍存在不少空白，客观上要求我们去完善和创新。职业学校开设大量专业课、实践课，这是普通高校不可比拟的得天独厚的优势，学生在这个广阔天地里，能够发展思维，扩大知识面，丰富精神生活。教学中，语文与每个专业都有联系，有一定的横向性和渗透性，应充分利用这一点来调动学生的积极性。

传统的教学方法对学生掌握“三基”是颇有成效的，如系统讲授法、对比法、演示法等。但如何能使学生在形成认知层面素质和认识层面素质之后，促使学生自觉再实践，直至形成为第二本能，这就必须有新的教学方法。首先，要端正学生的心态，把学生从原来的“要我学”转为“我要学”。若要学生端正心态，动力何在？关键有两点，一是培养兴趣，学生有了兴趣，“我要学”心态自然水到渠成；二是培养学生自发式压力，在课堂上让学生了解更多的实际工作流程、常识以及人才竞争对学生切身利益的影响，让学生真正明白“能者居上”的道理，让学生从内心产生一种自愿的自发式压力，在没有任何督促的条件下自然产生求知的欲望。相应的教学方法应当包括到企业调查，有条件有机会的甚至可以兼职（当然不能本末倒置），了解学生想要的知识，课前课后与学生深入谈心，传播那些有利于形成“我要学”心态的学生感兴趣的信息，为上课做好准备。其次，一定要彻底打破传统的教学模式，以学生为主体，用灵活生动的手段实现教学目的，完成教学任务，把主动权还给学生。

3. 增加实操训练，提高实践水平

在高职教学中，体现高职专业与非高职专业最明显差别的是实操训练的课时量。在非高职专业课程设置中，理论课时与实操课时比例一般在 2 ：1，甚至更小，而在高职专业的课程设置中，理论课时与实操课时比例一般在 1 ：1 或 1 ：2，甚至更大。这样，为学生实现自觉再实践提供了必备的条件。如何让学生有所创新地实践呢？问题在于是让学生学会用还是让学生学会学，如果学生只学会用，难以有创新，如果学会学，就有机会让学生创新。职校学生毕业后走向社会，在劳动、工作、生活中接触最多的就是应用文。如定计划、写总结、签合同、拟定通知、打报告以及记载操作规程等。因此，在语文教学中要注重学生应用文写作能力的培养，促进专业学习能力的提高，为毕业生今后就业打下良好基础。

4. 创造良好气氛，提高教学效果

教学是双向的，如果一味地“满堂灌”，则难以形成好的教学效果。特别是连续上几节课的时候，一定要留意学生的情绪变化。如果学生流露出疲倦、迷惑、厌烦等，必须适当调节课堂气氛。有些教师为了让学生轻松一下，采用听歌、唱歌、讲笑话等方式。不可否认，这可以达到调节课堂气氛的目的，但课堂上的每分每秒都很宝贵，与其用一些与专业不相关的信息或方式来调节课堂气氛，不如用与专业息息相关、学生又感兴趣的信息或方式来调节课堂气氛好，这样既可以放松又可以额外学习到课本中学不到的知识。

5. 建立新型的师生关系

新型的师生关系是相对平等和互动的关系，老师可以是学生，学生也可以是老师。如果课堂上讨论有争议的问题时，学生拥有比教师更有说服力的信息，教师应该让学生上台，充分发挥学生的创造性，让他将比自己更有用的信息发布，供大家学习。这样才能体现学术的客观性和求实性，才能体现学生的创新能力。

6. 注意自身形象，增加学生信任感

古人云“身教重于言教”、“以身教者从，言教者讼”。学生把教师看作榜样，产生在活动中模仿教师高尚品行和优良性格特点的意向，这就需要教师严于律己，加强思想道德意识修养，培养良好的工作态度和心理品质。加强师生间的心理沟通和友谊，同样能受到学生的信赖和尊重，而建立起教师的威信，从而实现真正意义上的教学相长。

7. 完善考试管理体制，促进就业素质的形成

首先，要建立科学的考评体系。在深入调查研究、认真总结经验教训的基础上，学习和利用现代教育学、心理学的成果，研究和规划考评体系，制定各种类型考试试题质量的评价标准（包括试题的效度、信度、区分度等），为课程考试质量的客观、科学、公正提供保障。根据课程内容特点对学生成绩进行多层次、多学分的评定，高职语文课程的考试成绩可以由多种（考试）形式的成绩按比例构成，考试方式要突出多样性、针对性、生动性，不能只限于笔试，还应采取口试、试验、参与科研、实地调查等多种多样的形式。课堂评价也是重要方式，教师应在教学活动中观察和记录学生的表现，还可以通过面谈、正式作业、项目调查、书面报告、讨论问题和写论文等方式考察和评价学生。如黑龙江司法警官职业技术学院“应用写作”课程考试，根

据课程在专业整个课程体系中的作用和地位，结合学生将来就业时的岗位要求，采取多种形式测评，取得了良好效果。

要成功地实现教学创新，关键是如何提高毕业生的就业素质，所以培养学生的就业素质才是高职教学创新的最终目的。众所周知，教育的目的是实现知识和技能的迁延。如果老师的知识和技能成功地迁延至学生身上，并形成学生本身的第二本能，这种知识和技能就真正地成为学生的就业素质。关键问题是如何能使老师传授的知识和技能成为学生的第二本能。我们知道，每个人都拥有先天性的本能，如饿了要充饥，冷了要御寒等。这里所说的第二本能不是指先天性本能，而是后天形成的具有稳定性的条件反射式的技能。根据素质教育专家周荫昌教授的理论，要形成这第二本能，必须经历过从培养认知层面素质发展到认识层面素质，再发展到自觉再实践层面素质后才能形成第二本能，而且这一过程中形成每个层面素质的顺序既不可逾越也不能颠倒。一般情况下，在教学过程中要使学生认知老师传授的知识和技能，并于消化后再认识这种知识和技能，而这可以通过上课和考核实现。一般的学生只停留在第二层面（即认识层面），并没有自觉再实践，所以学生学到的知识和技能在应付考试后就忘了，这是不可能形成第二本能的，这也就是应试教育弊病的根本所在。高职教学创新正是针对这一弊病，面向高职学生实施大量的自觉再实践，促使学生不但要牢记老师传授的知识和技能，并且通过自身的自觉再实践，使这种知识和技能成为自身的第二本能，也就是就业素质。

二、高职语文教学方法的改革和创新策略

（一）转变课堂授课思路，提升学生语文实践能力

在目前很多高职院校的语文课堂上，我们看到最多的还是剖析语法、分析字词等，甚至还有很多学校沿用小学初中时代的教学方法，即教师带着学生朗读，逐字逐句的去理解文章。基础理论固然重要，但是对于高职学生来说，如果只有理论没有实践，教学缺乏了针对性，那就不能完成高职教育赋予语文课程的责任，更不能达到提升学生实践技能的作用。为此，在新时期高职语文教学中，有针对性地训练学生的语文技能尤为重要。比如，可以通过个别座谈，发放问卷，成绩分析等途径，将学生分类，然后按照学生的个人情况，去训练学生们的语言表达能力、写作能力、思维连贯性等实践能力。具体来说，教师可以按照“同组异质”的原则，将能力互补的学生分到一个小组，让学生们通过互相学习取长补短；也可以按照“同组异同”的原则，将能力相似的学生分到一个小组，然后通过有针对性的安排学习任务和课后作业，让学

生有针对性的弥补自己能力上的“短板”。当然，教师在课堂授课过程中，也可以通过课堂提问，课后多元化作业的布置来有针对性的训练的各种能力。

（二）丰富课堂授课模式，构建校园语文学习氛围

在过去，教师总是力求在课堂有限的时间里，让学生学习到“无限”的知识。结果课堂成了“满堂灌”，学生成了被动接受知识的容器。新课改提出语文教学从生活中来，到生活中去因此，我们完全可以将课堂45分钟拓展到学生课余生活中，达到学习娱乐两不误。为此，各学校可以结合自己的实际情况，构建语文兴趣小组，比如红楼梦研究小组，鲁迅文学社，举办小小说月刊，开展演讲比赛、讲故事比赛、辩论赛等活动，以此调动学生参与语文学习的积极性。教师可以将有兴趣的同学安排到各有针对性的机构，通过将语文课堂知识进行延伸，给学生提供一个合作学习的平台。这样不仅能够巩固学生的语文知识，还能让学生通过在集体内部合作探究、分析，提升学生们集体协作能力、探究能力和创新能力。这些能力对于提升高职学生综合素质来说，都具有很重要的价值。

（三）提升现代手段比例，拓宽语文教与学的渠道

随着网络的发展与应用，现代教育理念的深入研究和现代信息技术的介入，传统的以一本教科书为主的单一教学工具正在向以多媒体网络为辅助的多元化教学手段演进，网络也已经对传统教与学的方式产生了革命性的影响。单纯依靠传统教学手段，或者对现代教学手段利用的不充分，都会影响教学的立体性和有效性。为此，各高职院校应从硬件和软件角度大力推进现代教学手段在语文教学中的应用，提升课堂效率。比如，在语文教学中有很多较为抽象的诗歌和散文。如果单纯依靠教师板书或者多媒体的一些文字和图片，对于一些想象力不够丰富的学生来说，学习必然会受到一定的影响。这时教师就可以借助Macromedia Flash，3D Max和Flex Gif Animator等软件，为文章背景和内容配上动画或者背景图片，这样一来，知识的传输就可以有效的综合听觉和视觉，激发学生的想象力。另外，教师还可以构建局域网，实现教学资源上网，学生网上学习，网上接受教师指导，以最大限度的拓宽学习途径。

（四）紧密联系地方需要，有效挖掘语文实用价值

高职院校开设的目的都是围绕为地方发展输送一线技能型人才，服务地方经济发展，实现产、学、研有机结合的目的。因此，各课程的开设也需要最大限度的围绕这个目标进行完善，这样的教学才有针对性。语文教学也不

例外，只有深刻联系地方发展需要，才能彰显语文学科，乃至高职教育的价值。《语文课程标准》也要求教师“应认真分析本地和本校的特点，充分利用已有的资源，积极开发潜在的资源，特别是人的资源因素和在课程实施过程中生成的资源因素”。为此，各高校需要充分了解地方经济发展需要，通过在语文教学中融入区域文化，编纂校本教材等措施，体现语文课程与地方发展之间的关系。比如，河北农业大学职业技术学院语文校本教材中大量融入了历史人文相关的篇章，并针对导游口才的重要性加强了对学生口语表达能力实践训练，并开设了旅游语文选修课，受到了包括旅游管理、公共事业管理、社会学在内众多专业学生的青睐，社会反响也很好。

总之，新时期的高职院校语文教学，一方面要教师不断的创新和改革教学思路；另一方面，教师也要不断提升自身的综合素质，学校也要提升对语文教学的重视，构建完整的教学质量监控和反馈体系，为语文教学方法改革和创新构建良好的制度保障。

三、网络时代高职语文案例教学法创新及其运用

传统的高职语文教学存在教学方法单一陈旧、教学内容组织呈离散状、考核机制不够完善、教学过程训练强度不够等一系列的问题，改变这些问题的手段就是还要发挥网络的作用，对高职语文案例教学法进行创新，发挥起作用，并合理运用。

（一）相关概述

案例教学法起源于1920年代，由美国哈佛商学院（Harvard Business School）所倡导，当时是采取一种很独特的案例型式的教学，这些案例都是来自于商业管理的真实情境或事件，透过此种方式，有助于培养和发展学生主动参与课堂讨论，实施之后，颇具绩效。国内教育界开始探究案例教学法，则是1990年代以后。案例教学法是一种以案例为基础的教学法，案例本质上是提出一种教育的两难情境，没有特定的解决之道，而教师于教学中扮演着设计者和激励者的角色，鼓励学生积极参与讨论，不像是传统的教学方法，教师作为一位很有学问的人仅仅是扮演传授知识者的角色。人类进入网络时代，信息的传播与交流方式发生了巨大的变化，传统的教学方式方法随着敲击键盘的速度越来越快也发生了很大的变化，高职语文课程的教学法在此背景之下面临着巨大的创新压力，只有不断地创新才能与时代相匹配。

（二）传统高职语文教学存在的问题

传统高职语文教学存在以下问题，影响了教学质量和教学效果。

1. 教学方法单一陈旧

传统以教师讲授为主的教学方法，主要由教师安排整个教学活动，强调知识的单向传递，忽略了学生的主体地位和参与意识，培养的学生只会被动地接受知识和信息，没能真正地发挥主观能动作用，教学效果较差，忽略了学生对团队合作意识的培养，学生往往以个体形式开展学习，缺少团队合作，缺乏横向讨论、交流，毕业后满足不了用人单位的需求。

2. 教学内容组织呈离散状

涵盖教学大纲要求的教学内容编排上着眼点在于知识的传授。没有突出知识的应用。组织松散的各知识点间缺少整体性和连贯性，不利于学生实际应用能力的培养和锻炼。

3. 教学过程训练强度不够

实践课主要针对理论课的知识进行验证性实验操作，以加强对理论知识的熟悉程度，但这种机械式的实践操作，很难激发学生的学习兴趣，根本无法使学生真正体会和语文课程在实际工作中的具体应用。

（三）高职语文案例教学法的作用

1. 培养创造、分析、解决问题的能力

高职语文案例教学法为锻炼、提高学生的语言表达能力、分析问题和解决问题的能力以及创造能力创造了条件，因为整个过程要求学生直接参与对案例的分析、讨论和评价。如阅读聊斋志异中的《小翠》一文时，可以用多媒体播放影视作品中的小段，吸引学生的注意力，同时通过间断性提问的方式，引导学生自觉阅读和理解全文，比如小翠是狐女，人妖两隔，为何他会来到王家并嫁入王家？天生痴呆的王元丰与小翠结为夫妻了吗？小翠在王家的命运如何？讨论过程中或许学生有许多看法和大胆构想，往往会超出教师的意料。

2. 加深所学语文知识的理解

有科学研究表明，人们通过把听觉和视觉结合起来，能记忆的内容达65%，如果单独从语言形式只能占记忆15%，单独从视觉获得的知识能记忆25%。也就是说，案例教学法将书本的理论与现实生活结合起来，运用多媒体条件通过视觉材料、经过分析，如在讲述“单句和复句”时，分别展示单句和复句两种句式，让学生分析比较，从语言和视觉上找出二者的区别与联系，通过学生自己的大脑思维活动，获得的知识更牢固、更深刻、更清晰。

3. 激发学生的学习兴趣

语文课教学学生都非常熟悉，有时不免枯燥乏味，单凭教师讲解难以调动学生的积极性。而运用多媒体条件下案例教学法可以提供生动，逼真的正反案例和由简单到复杂的案例，给学生造成身临其境的感觉，加深感性认识。另外，在民主和谐的讨论气氛中，学生大胆交流，有较大的自由度和较多的展现自己的机会，在没有压力和顾忌的良好心态下进行学习探索，容易激发学习兴趣。如在讲解《黛玉听戏》时，可以通过多媒体运用图文并茂的方式讲解《红楼梦》第23回，林黛玉平时并不大爱看戏，可是有一天在大观园梨香院墙角上，偶然听到墙内笛韵悠扬、歌声婉转，林姑娘知道这是那十二个小女孩子在演习戏文，并未更加注意，后来发生怎样的故事呢？选用学生较感兴趣的案例，会变学生苦学为乐学，变厌学为愿学，变被动地学习为主动地学习。

（四）案例教学模式的运用探究

1. 案例的设计

案例的设计是案例教学中的关键所在。因此成功的设计案例就等于成功完成了案例教学的一半，应注意典型性和新颖性。一方面，在案例教学的实施过程中应充分考虑学生的接受能力，复杂的案例会增大学生接受知识点的阻碍，因此，案例教学应有典型性，有侧重点，选择性的减少学生理解解、决案例的阻碍。另一方面，案例工作者之所以吸引学生，提高学生的积极性大大在于其生动鲜活的情景模式，因此，在案例的设计中应有限度的加入新颖的色彩。例如，白居易的《长恨歌》。这首诗歌的篇幅较长，如果以以往的教学方法即教师讲、学生听的话，不但对于教师是一项挑战对于学生来说也比较枯燥乏味。但是，如果利用案例教学法来讲解这篇文章，在授课的过程中适当地插入一些关于玄宗皇帝和杨贵妃的图片、歌曲MV、视频，那么学生学习的兴趣必然会大大提升。

2. 案例的传输

语文案例教育中教师用过语言、视频、音频等请学生传达知识点，在这个过程中，案例引入知识点的时机很重要。恰当的案例导入，能大大激发学生的求知欲。在知识的传授过程中，需要引入恰当的案例同时，解决问题后，需要进行深刻的总结。在这个过程中，最关键的一点在于应该当注意此时的案例主角是学生而并非老师，教师需要引导学生以中立者的身份处理问题，避免片面偏激的倾向。

3. 案例的总结

在完成语文案例教学时，教师应当与学生进行深刻的互动，这时，教师是课堂的主角，引导学生开启智慧，形成多角度思考问题的能力，达到发扬教学民主，侧重培养学生从多角度思考问题、解决问题的能力同时注意引导学生处事的正确态度。达到培养情商的目的，形成学生“各抒己见，百花齐放”的局面。

第五章　高职语文教师队伍的建设

大学语文课程开设至今已走过了90多年的风雨历程，它以其鲜明独特的个性，以及其他学科无法比拟的优势和魅力，已经成为全国各高校普遍开设的一门公共基础课。但是在一些高职院校，它的教育现状却处境尴尬、形势严峻，被学生讥讽为“高四”语文，地位与专业课相比可谓是天壤之别。大学语文边缘化的状况，除了课程本身的弱点，如课程地位模糊，教材不够新颖、完善，教学方法、教学模式、教学手段同于传统应试教育的范畴，僵化陈旧等，还有极为重要的一点就是教师队伍的不合理，导致教学质量不佳。那么大学语文教师究竟应该具备怎样的素养，才能提升教学水平，使学生乐于上大学语文课呢。

结合当前高职院校大学语文课的教学现状和自身的教学经验，笔者认为可以从教师这一层面来探讨，进一步优化教师结构，发挥教师的主动性，使大学语文教学尽快走出困境。

第一节　高职语文教师队伍存在的问题及原因

一、高职大学语文教师队伍存在的问题

教育事业的发展，教师是根本。加强教师队伍建设是教育事业发展最重要的基础工作，国家颁布《中华人民共和国教师法》和《中华人民共和国高等教育法》后，教师队伍建设开始走上了法制化的轨道。可以说现在高职大学语文教师队伍现状基本稳定，素质有所提高、学术梯队建设取得进展、培训工作的力度有所增强、生活待遇有所改善。但是，仍然存在一些问题，主要有以下几个方面。

（一）高职语文教师队伍不稳定

大学语文课程长期的被“边缘化”必然带来语文教师队伍的不稳定。

首先是教师思想的不稳定。一是没有安全感，职业教育从20世纪90年代发展至今经历了几次大起大落，不少学校发展走入了低谷，生存问题十分突出。近年来，由于生源的自然减少，一些职业院校招生面临危机，这使教师“安全感”大大降低。二是缺乏归属感，由于语文课属于“非专业”“非技术”课，语文教师在学校教师团队之中也是处在“边缘”被忽视状态，所以他们没有归属感。三是幸福感下降，与初高中教师比，他们没有了升学的压力，但同时也没有了学生“金榜题名”的快乐；与大学教师比，他们没有科研的压力，但同时也没有了“桃李满天下”的自豪感、成就感。所以，在高职院校的语文教师作为人民教师的“幸福感”大幅度下降。上述心理导致语文教师工作状态不佳。

其次是教师队伍的流失。思想的不稳定，必然导致教师队伍的流失。语文教师流失方向除了跳槽到其他单位外，更多的是校内的“跳岗”，即“弃教从政”。这对教师本人或可是一件幸事，但对语文教学未必不是一件憾事。语文教师多数转岗到学校各部门从事管理工作，语文教师成了“杂家”。当然他们也许还兼职代课，但很少有时间潜心钻研业务了。

（二）高职语文教师队伍结构不合理

1. 高职大学语文教师队伍的学力结构不合理

从学力结构看，高职大学语文教师大部分是大学本科毕业，具有硕士研究生及以上学力的一半不到，有些学校仅为20%，甚至很多学校的大学语文老师都是代课或者兼职的教师，专职教师所占比例较小，这与教育部颁布的《关于新时期加强高等学校教师队伍建设的意见》中对高校教师队伍的学历比例要求还有很大的差距。而代课或兼职教师的构成比较复杂：有的是在读的研究生，有的是其他本科院校在职或者退休教师，还有一些退休中学教师等，没有完全达到《中华人民共和国教师法》所规定的学历要求。这不仅对教学质量造成一定影响，也给学校的监督管理带来一定困难。

2. 高职大学语文教师队伍学识结构不合理

长期以来，高职院校忽略了大学语文教师与中文专业教师在知识结构、知识体系上要求的不同，致使中文专业出身的教师在与各专业学生的接触中难以找准合适的切入点，直接影响了师生间的交流、互动。在非综合类的高职院校，由于大多缺乏人文学科专业的建设与发展，缺乏文、史、哲专业积聚的师资队伍、专家力量，缺乏多渠道、多形式的补充和氛围营造，教师的知识陈旧、知识结构单一、知识面过窄影响大学语文效果。

3. 高职大学语文教师队伍年龄职称结构不合理

大学语文被设定为基础性公共课，在本科专业一般开一学期，每周2~4个课时。专职教师队伍多以新进年轻教师或退休老教师担任，中高级职称比重偏低，两极分化现象较严重，年龄结构、职称结构不太合理，这造成高职院校大学语文教师师资力量较薄弱。

（三）高职语文教师教与学的思想观念陈旧

1. 教育思想陈旧

思想是行动的先导，前文论述的高职语文教师在教学方面的种种问题，根本的原因还是教育思想和教育观念的落后。学习培训不足，学术交流封闭，制约了语文教师的成长发展。他们教育理论陈旧，教育观念老化，教学思想僵化，知识结构单一，知识更新缓慢。由于没有及时补充新的教育理论和职教理论知识，教学实践缺乏理论支撑。由于没有树立新的教学观、学生观、人才观、质量观，教学改革停滞不前，教学效果长期得不到提高和升华。职业院校语文教师队伍难有“名师”，相当一部分职院语文教师在学历、教育理论修养、知识结构等方面还处于大学毕业时候的“原始状态”。

2. 继续学习停滞

从学校毕业到进入职校任教，语文教师走向职业生涯后，继续学习几乎出于停滞状态。

（1）学习进修机会极少。学校一般很少安排语文教师学习进修，教师自己寻找到的学习进修机会往往被各种理由拒绝；教师自我学习自我提高的积极性不高。

（2）教学研究不足。校内教研活动大都流于形式，校际间的教师交流、教学教研几乎没有。教师既没有教学研究的压力，也没有研究的动力，更没有教学研究和教学交流的平台，在信息高度发达的时代，职业院校语文教师处在超出常态的“封闭状态”，教学研究能力可想而知。也有少数教师在艰苦的环境下孤独地做学问，但由于交流平台所限，他们做起来很困难，也难以出成果。

（四）高职语文学科建设滞后

讲课不如中学老师，做研究不如大学老师，这是职业院校语文教师的共同感受。高职语文教师的教学能力不能适应职教发展的要求，集中表现在以下几个方面：

（1）课程建设落后。和本校其他学科比，职业院校语文学科在课程建设、教材建设方面落后了一大截。

（2）对职业院校语文培养目标、语文教材教法缺乏研究。职业院校各专业的语文课到底教什么？怎么教？学生将来需要哪些语文知识和语文能力？对此，不少语文教师是迷茫的，迷茫却又不去研究，于是教学也在迷茫中含糊度过，于是乎中职语文就上成了“高一”语文，高职语文就上成了“高四”语文。

（3）对教材教法研究的不够导致课堂教学的困难。课堂教学方法单一死板，缺乏吸引力；教学语言单调乏味，缺乏活力；课堂教学组织，教学节奏、教学结构、教学语言、板书设计等等缺乏艺术型，课堂教学缺乏魅力。一堂课下来，既没有吸引力，也没有活力，更没有魅力，也无从谈效率。学生昏昏欲睡，教师身心疲惫，极富魅力的语文课被上成这样是语文的悲哀，也是语文教师的悲哀。

二、职业院校语文教师队伍现状的原因分析

分析职业院校语文教师队伍存在的上述种种问题，主要有以下几个方面的原因。

（一）对语文学科的重视不够

对语文科的不重视或者说漠视是造成语文教师队伍现状的主要原因。在职业院校，语文不再是基础教育阶段的主干课程，语文由主课变成了“副课”或“附课”，基础学科沦为“边缘”学科。从学校决策层面看，管理者和决策者对语文作为基础学科的认识是模糊的。受技术至上思想的左右，他们认为语文课是一门无足轻重的课程，是专业课的点缀。因此课时可以随意压缩。语文作为基础课，“基础”的概念被置换成了“附属”。

高职院校管理层和学生对高职语文课程作用的认识的偏差导致了该课程的边缘化，并进而导致其任课教师地位的边缘化。这些偏差表现在：一是认为高职语文就是“高四语文”，语文教学应该在中小学阶段进行就行，在大学统一开设语文课是多此一举。二是高职教育的“唯技能”倾向，认为职业教育技能为先，证照第一，只要学生掌握了专业技能就基本实现了培养目标。在这样的思想认识背景下，侧重于人文性和审美性，教学效果难以立竿见影的高职语文备受冷落。学校在高职语文教师的进修培训、人才引进等方面也就很难有大的投入，直接制约了高职语文教师队伍水平的提升。

语文课程长期得不到重视，处在“边缘“的位置，语文老师自然也沦为学校教师队伍的“边缘”。语文教师队伍存在的种种问题，根源在此。

（二）语文教师培养模式不良

就外部环境看，当下正处在一个技术至上的时代，重理轻文是普遍现象而且成为习惯和自然。姑且把这比作“空气”，那么语文和语文教师处在一个不良的空气质量中。如上所述，语文和语文教师的位置处在职业院校的边缘，学校教学这块土壤“肥料”大部分或全都供给了专业技术课，语文教师生长于“贫瘠”的“土地”，由于语文教师很少能够走出去进行横向的纵向的教学交流，长期处在封闭状态，因而也难得从外部获取养分。这一问题中职学校比高职院校更为突出。再从政策层面对语文学科的影响来看，多少年来，一直没有一个文件提及重视职业院校语文教育和语文教师。所幸湖北省教育厅近期下发了一个文件，强调重视文化课教学，也有一些很好的具体的措施，但学校没有动作，基本只是停留在纸上。各地教育主管部门都有专门的教育研究院，对教学业务进行指导。但教科院的全部工作是普教，职教指导和研究几乎一片空白。用“春风不度玉门关”来描述这种现象或许不为过。

目前，我国高职语文教师基本上都是由学术型的综合类高校和师范类高校来培养，导致了教师的知识结构无法满足高职语文教学的需求。一是上述两类高校所开设的教育教学理论课程都是针对中小学教学，目标是培养中小学师资，毕业生没有了解和掌握职业教育教学理论；二是普通高校的人才培养定位偏向学术型和理论型，学生对高职教育所面向的产业和行业的发展情况缺乏应有的认识。培养模式不合理导致的知识结构缺陷导致了高职语文教师在教学中不能针对高职学生特点组织教学，脱离学生需求，对高职语文课程的教学效果产生了不利影响。

缺乏健全的专业成长机制是制约高职语文教师整体水平提高的重要因素。判断某个科目教师专业发展的程度的依据主要有所依托的学科建设情况、学术团体建设情况和专业规范建设及实施情况等方面。据此，目前我国高职语文教师专业成长机制的缺失可归纳为以下几点：一是没有独立的学科可依托。普通高校已有的教育学下属的课程与教学论（语文方向）基本是研究中小学语文教学，鲜有研究高等学校特别是高职院校语文教学的。这导致了高职语文教学缺乏独立的理论体系作为指导，教师的专业成长没有学科的支撑。二是学术团体远未成熟。高职语文教师的专业成长需要有独立的运行规范的学术团体作为学术研讨、课题研究的平台，以提高高职语文教学理论研究的水平和教师的归属感。三是专业规范有待建立健全。目前，我国高职教育还没有统一的高职语文教师专业规范，导致了高职语文教学在教师的资质、教学行为等方面随意性强，教师专业发展缺乏必要的依据。

（三）教学积极性不高

语文教师队伍存在的问题，一定程度上也来自语文教师本身。因为文化课不重要，因为学校不重视，因为没有升学的压力，因为学生素质太差，因为诸多这样或那样的客观原因，语文教师的工作热情和教书育人的极性受到了极大的挫败。久而久之，他们安于现状，不思进取，职业倦怠，不想上课，工作没压力，前进没动力，抱怨现实太多，改变现状太少，埋怨学生“笨蛋”太多，研究教学改革太少。长此以往，就停滞不前了。

第二节　高职语文教师队伍优化措施

一、高职大学语文教师队伍优化策略

振兴民族的希望在教育，振兴教育的希望在教师，提高职业院校学生人文素质，关键靠语文教师。鉴于职业院校学生的“特别性”，从某种意义上讲，职业院校对语文教师的综合素质要求更高。因此关注和改善语文教师队伍的现状十分必要，要提高教学质量，各高职院校必须优化大学语文教师队伍的结构。

（一）重新认识语文学科的重要性，还语文以基础地位

关注和重视语文教师的成长与关注和重视语文教学是同一个问题。所以首先要唤起方方面面对职业院校语文学科的重视，改变目前语文学科“边缘化”的现状。这其中关键是要使各级教育管理决策者强化几个观念：一是认识语文作为工具的重要性——语文是生产生活和学习的工具。二是认识语文在传承民族优秀文化和优良传统方面的重要性，对于培育民族精神，促进学生精神成长的重要性。三是语文作为基础学科的重要性——语文课是一门公共基础课，在学校课程结构中，语文处基础地位。基础是根本，是事物发展的起点和前提，基础不可替代、不可动摇。四是要呼吁管理者站在培养全面发展的人的高度认识高职语文教学的重要性。语文对于提高人的素质、促进人的全面发展有着十分重要的意义。如果语文课得不到重视，弱化的不仅仅是母语教学，它必将导致数以千万计青年人的“畸形”发展。五是要站在经济社

会发展的战略高度来认识职业院校语文教学的重要性。职业教育是与经济社会发展联系最为紧密的教育类型。大力发展职业教育，培养高素质的劳动者是我国经济社会发展长期的基础性战略任务。语文素养是文化素质最主要最基本的因素。提高劳动者文化素质，语文教育是基础中的基础。如果职业院校语文教学得不到改善，提高劳动者素质将会是一句空话，经济的发展也必将受到影响。

思想是行动的先导，认识问题解决了，政策出来了，语文教学和语文教师队伍建设的很多问题也就好解决了。

（二）教育研究部门要加强对职院语文教师的业务指导

反思职业院校语文教师队伍存在的问题，很大程度上与教育研究部门对职业院校教师的业务指导不作为和质量监控缺失有关。事实上职业院校语文教学和语文教师长期处于一种自然的自由化的涣散状态。为此，教育局所属的教育科学研究院、科研部门要把对职院语文教师的业务指导纳入日常工作：一是牵头组织职业院校语文教师开展职业院校语文课程建设。二是为语文教师学习进修、学术交流提供政策支持，为语文教师业务发展创造条件。三是搭建教师学术交流平台，包括牵头成立语文教学研究会，创办学术刊物，开展跨学校、跨区域间横向教研活动。四是要加强对中职学校语文教学质量监控。五是组织校际间的语文教研活动，如教师层面的公开课、优质课比赛、说课比赛、论文评比；学生层面的语文知识竞赛、普通话竞赛、作文竞赛、演讲竞赛、书写竞赛；等等。总之要创建有利于语文教师成长发展的政策环境，建立和完善有利于教师成长的管理机制，促进职业院校语文教师和语文教学焕发出生机与活力。

（三）语文教师要加强自身职业修养

1. 加强师德修养，重塑语文教师的使命感和责任感

由于语文教学本身具有“特殊的育人功能”，因此“语文教师比其他课程的教师承载了更为深重的教育使命和民族责任，语文教师应当首先成为一个精神贵族和文化领袖。”一个师德高尚的语文教师对学生产生的影响是非同一般的。教育家苏霍姆林斯基说：“每个教师不管他教哪门课，都应当是一个语文老师。”可见语文教师道德修养对于学生成长的重要性。唯其如此，对语文教师的道德修养要求也更高。

鉴于语文教学和教师队伍的现状，职业院校语文教师师德建设的重点应该是重塑语文教师对语文学科的使命感和责任感。大而言之，一个国家物质

文明程度越高，越需要精神文明同步跟进，技术水平越先进，越呼唤人文的回归，国际化程度越高，越期待民族传统和民族特色。语文教师肩负着促进精神文明建设，传递人文精神，传承民族优秀传统文化的神圣使命。小而言之，职业院校学生的文化素质整体水平不高，职业院校语文教师肩负着培养和提高学生人文素质的重任。

2. 加强学习，提升理论水平

理论学习的主要目的是更新教育观念，借以推动语文教学的改革。当务之急是要系统地学习现代教育理论，包括一般教育学、心理学、教学论、课程论知识和理论，还包括语文教育学、语文教育心理学和语文教育发展史、基础教育的新课程标准、现代职业教育理论等。

以学习推动教学研究。教学研究是教学的“第一生产力”。语文教师要通过教育理论的学习，推动教学研究，逐步由经验型教师向学者型教师靠拢。从而实现语文教学研究上的突破。

3. 提高职业能力。职业能力是指人们从事某种职业的多种能力的综合

任何一个职业岗位都有相应的岗位职责要求，一定的职业能力是胜任某种职业岗位的必要条件。用语文专业化的标准衡量，职院语文教师的专业化水平整体不高，主要表现为职业能力的退化，包括备课能力、上课能力、说课评课能力、教学评价能力。提高职业能力的关键靠职业实践。职业能力是在实践的基础上得到发展和提高的，语文教师要以对专业虔诚，以严谨的治学态度认真对待教学过程的各个环节，在实践中积累经验，在实践中得到强化，在实践中升华和超越。

提高教师素质，有赖于教师职业自觉性的提高，关键还需要建立一套比较完善的适合教师成长的竞争机制和激励机制，改变职院语文教师自由涣散状态。高职语文教师整体水平的提升从根本上来说需要建立其专业成长机制。一是要加强学科建设，国家应加大对职业院校语文教学理论研究的扶持力度，吸引更多的教育理论工作者参与研究，逐步构建起职业院校语文教学理论体系，并建立独立的学科，为高职语文教师的教学实践提供理论指导。二是建立高职语文教学学术团体。现有的各级职业教育学会均应建立语文教学分会，针对高职语文教学所遇到的问题组织开展理论研讨、经验交流、课题研究等活动，为高职语文教师提供专业成长的平台。三是制订职业院校语文教师专业规范。国家教育管理部门可委托职业教育研究机构或高职语文教学质量高的院校制订职业院校语文教师专业规范，对职业院校语文教师的任职资质、能力要求、教学行为等方面设定标准。

（四）建立兼收并蓄的学者级别的教师队伍

由于大学语文的特殊性，它所涉猎的范畴比任何一个学科都更广阔。因此大学语文教师应该具有本学科完整、系统、扎实的学科专业知识；具有对本民族人文精神的深刻理解；具有对那些体现富有审美价值的精神遗产的鉴赏水平和审美表达能力；了解先贤们的思想感情、人格品德、审美情趣，尽力使自己成为专业的学者。大学语文教师还应具有丰富的历史、地理、政治、经济、文化、教育尤其是美学、哲学等方面的知识。因此，大学语文教师应该是综合素质很高的人才。要给学生一碗水，教师得有一桶水。作为大学语文教师，在知识结构方面应做到兼收并蓄、触类旁通。既要“精深”，又要有“广博”。既要有“书本知识”，又要有“生活经验”。要保持对现实生活的敏锐观察，主动去贴近当代生活，既要“教书”，更要“育人”，只要加强对相关教材的深掘和对时事的感悟，讲课时才会底气十足、风采动人。

（五）建立高学历的大学语文教师队伍

为提高大学语文教师的学历层次，应鼓励年轻教师进修硕士、博士学位，学历进修可以采用脱产与不脱产两种方式。此外，还可以把学历进修和短期交流结合起来，根据教师的不同情况进行安排，可以有针对性地选派教师参加骨干教师进修班、短期研讨班。这些活动时间短 讨论的问题针对性强，对于解决实际问题是很有帮助的。同行之间经常进行学术交流，潜心钻研、善于思考、勤于动笔，就会逐步具备更高能力与素质。

（六）建立稳定合理的梯队形大学语文教师团队

长期以来，大学语文教师难以做到“专业化”发展，也不能用专业眼光观察思考大学语文课程、教材、作品、授课方法和授课学生。有些高校并没有配备专职的大学语文教师，甚至一些高校启用青年教师从事大学语文教学来“练手”，等教学经验丰富后再回归专业课教师队伍，在这种情况下，很难有教师会热衷于大学语文教学，也难以在大学语文这条道路上继续深入发展下去。

因此要让高职语文教师具有一定的稳定性，提高教师水平，提高教学质量，可以采取一些具体措施。比如举办定期培训研讨班，以加强各同行间的联系，使教学资源共享也成为可能，使先进的教学成果得以迅速推广，为各高校大学语文教师之间的沟通和交流提供有益的平台。尤其要加强对青年教师的培养，给予他们更多的学习机会，并且建立相应的激励机制，充分调动大学语文教师的积极性与创造性。通过建设，进一步优化高职院校大学语文教师队

伍的年龄和学历结构，稳定骨干教师队伍，培养学术带头人，形成和聚集一批有名气的学术创新团队，建成一支整体水平较高、充满活力的适应学校发展需要的师资队伍，对于高职院校大学语文学科建设和发展有着重要的意义。

二、高职院校语文教师知识能力体系的构建

国家教育部高职（专科）基本办学条件指标“合格”标准规定：高职（专科）院校具有研究生及以上学力学位的教师必须占专任教师的15%，“双师型”教师必须占专任教师的20%。但是，目前我国高职院校尤其是2003年以后建立（升格）的处于转型期的院校，此两项指标距离达标还有不小的距离，为此，“各校都把提升教师队伍整体水平列为中心工作之一”。当前，教育理论界的共识是把提高教师的专业化水平作为提升教师队伍水平的主要途径。高职语文是基础课程，教师基本毕业于师范院校，学历是达标的，但并非不存在专业知识和教学能力不足的问题。要改变当前高职院校语文课程内容不够合理、学生学得厌烦、教师教得随便，导致语文课程所承载的职业语文能力养成和人文精神培养双重任务缺失的现状，必须首先建立比较科学的高职语文教师的知识、能力体系，这既能为教师个体的专业发展提供参照标准，对学校师资队伍建设也有一定的参考作用。

（一）高职院校语文教师的专业知识能力体系

高职院校语文教师的专业知识、能力体系应由学科专业知识、专业实践能力、教育专业知识、教学技能、专业态度和职业伦理六个部分构成。

1. 专业学科知识

从高职教育本位观发展趋势看，我国高职教育目前受能力本位观的影响还比较大，各高职院校对学生的职业能力相当注重。但是，能力本位观下的高职教育，对学生健全人格的塑造有一定的弱化，而语文课程因其内容富含人文性，可以在一定程度上弥补这样的缺陷。因此，在构建语文教师专业知识和能力体系时，要首先分析高职学生最后养成的四个特性：①具有形成技术应用能力的必备的专业知识；②具有较强的解决现场实际问题的专业技能；③具有良好的职业道德和职业伦理；④具有健全的心理品质和健康的体魄。归结起来，就是高职教育应使学生具有高等教育必备的知识储备，职业教育必备的谋生技能和职业素养。

要使学生具备高等教育必备的知识储备，具体到语文课程上说，就是要使学生为将来所从事的职业储备足够的职业语文能力，还必须使学生具备比

较丰富的人文底蕴，一定的社会适应能力及创新品质。这就要求语文教师首先要精通语文专业理论和知识、基本技能、掌握语文学科的基本概念、理论框架、娴熟地运用科学的探究方法分析处理问题，了解语文学科的发展趋势和前沿信息。另一方面，要熟悉相关学科，诸如历史、法律、哲学、心理学等，还要对学生的专业有一定的了解，例如给旅游管理专业的学生上课，就必须对地理、宗教、民俗、建筑、生态等方面的知识有一定的了解，将这些学科知识贯穿于教学之中，成为“通才”。一般地说，前者与教师学历状况密切相关，后者表现为教师的综合知识水平。

另外语文教师还应具备现代教育技术运用能力、一定的外语水平。从以上分析，可得出高职语文教师的学科专业知识构成为：①专业学历层次；②综合知识水平；③现代教育技术运用能力；④一定的外语水平。

2. 专业实践能力

专业实践能力一般被理解为高职院校专业课教师应具备的能力。语文课为基础课程，是否也需要专业实践能力？回答是肯定的。高职语文课承载的任务之一，就是使学生具备职业语文能力，这是高等职业教育语文课程区别于基础教育语文课程的重要标志。因此，培养学生职业语文能力的能力是高职语文教师专业知识架构的重要组成部分。教育部用“双师型”对教师的职业技能做出具体规定，是非常必要和科学的。语文教师可以同时具有秘书资格证书、文物鉴定师资格证书，可以同时是作家、诗人等；就如旅游管理专业教师可以兼有导游资格。在本质上，高职语文教师应该与其他专业教师“双师型”要求相一致，那就是符合了“双师型”标准，即说明教师具备了本专业的执业能力，表明教师能做本专业的实务工作而并非只懂理论。但“能够做到”并不意味能够清楚地表述“做到”的理据，这一点正是非教师专业人员与高职教师最根本的区别。对高职教师而言，不能只停留在“能够做到”阶段，而应该上升到“我知道怎么做”，进而能“指导别人去做”。

当前，高职院校语文教师有相当部分还停留在理论教学阶段，并不具备实践操作能力和指导能力。鉴于这一现状，高职语文教师的专业实践能力可由两部分构成：①理论教学能力；②实践能力和指导能力。

3. 教育专业知识

高职语文教师同样需要具备教育专业知识，他们不可能只凭经验解决教学中遇到的所有问题，尤其是非师范院校毕业的教师，更需要加强教育专业知识的学习。当前，达到合格标准的高职语文教师应该掌握的教育专业知识为：①一般教育学知识，包括课堂教学管理、知识学习的一般原则与策略；②课程知识，包括对课程、教材、概念的演化、发展趋势的了解；③语文学科教学法知识，即引导学生理解和转换语文学科知识所需要的专门教学方法与教学策略；④教育情境知识，即驾驭学生、家庭、学校以及社会等环境对教学活动影响的知识。

4. 教学技能

我国现行高职语文教学并未能摆脱传统语文教学的影响，表现为教师以课堂理论传授为主，教材内容比较陈旧，不适应高职教育的实际需要等，当前大部分教师也没有能力改变这一现状。对比职业教育发达的国家，职业院校教师都有比较严格的从业标准。例如美国，学生必须在高等院校完成专业知识和教学法学习后，有五年企业工作经历，经考核合格后才能当职业院校的教师。德国则要求从事职业教育的教师必须完成两个阶段的学习。第一阶段在理工大学接受四年的本科教育，第二阶段到职业学校和教师进修学院进行两年的教育教学实践训练及相关教学理论的学习。在我国，没有必要完全照搬外国的做法，但是，合格的高职语文教师，同样必须具备以下教学技能：①教学监控能力；②课程研究和开发能力；③科研能力和可持续发展能力。

5. 专业态度

专业态度是所有教师都应该具备的，它是教师基于对所从事的专业的价值、意义深刻理解的基础上，形成的奋斗不息、追求不止的精神。构成因素主要有三个：①专业理想；②专业情操；③专业自我。专业理想是教师对成为一个优秀的教育教学专业工作者的向往与追求，是推动教师专业发展的巨大动力；专业情操是教师对教育教学工作的价值判断和情感体验；专业自我是教师个体对所从事的教学工作所持有的接纳和肯定的心理倾向。教师专业发展的过程应该也是教师专业自我形成的过程。

6. 职业伦理

职业伦理同样是所有教师应该具备的，它规范专业人员的行为，使他们的专业知识和能力能够为社会服务，造福人类。教师职业伦理是指教师在教育、教学工作中必须遵循的道德规范和行为准则，由三个基本要素构成：①专业精神；②专业规范；③专业人格。专业精神主要表现为专业价值观、事业心、责任感和敬业精神。专业规范是在教育活动中规范教师职业行为的标准。专业人格是指教师在个性品质方面的自我素养，它包括了要求教师具备的多种优秀人格要素。

上述六个要素，分别从不同侧面反映了高职语文教师专业知识、能力体系的内在联系。学科专业知识和教育专业知识确立了高职语文教师的学术性和师范性；专业实践能力和教学技能则科学解释了“双师型”，突出了语文教师的“职业性”，区分了语文教师与其他专业从业（如文秘）人员；专业态度和职业伦理保证和提升了语文教师的社会影响。整个体系较为全面地涵盖了高职语文教师的专业内涵。应该说，这个体系对高职院校语文教师队伍的建设有一定的参考作用。

（二）高职院校语文教师专业知识、能力体系图解（图 5-1）

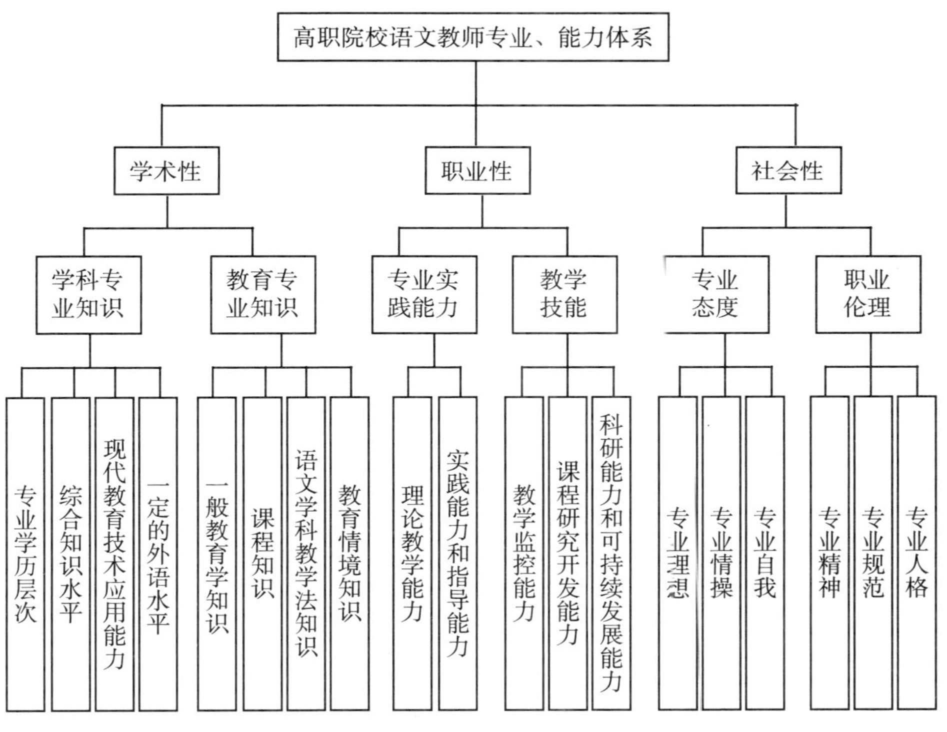

图 5-1

三、提升语文教师人文素养的策略

对于人文素养的传递、培植，在高职语文教育中，语文教师是一个非常重要的因素。一流的教育，要求一流的教师。只有一流的教师，才能培养出一流的学生。要求学生具备一定的人文素养，首先语文教师自己也应是一个

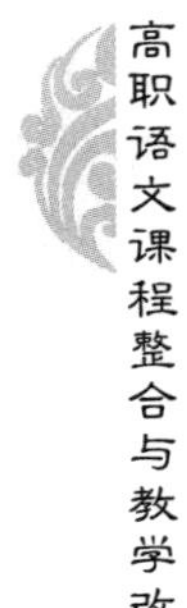

人文素养很高的人。高职语文学科要落实教育的“人本”理论——提高学生人文素养，培养学生人文精神，完善学生健康，为学生今后跨入职业人生打下扎实的基础。如果我们的语文教师观念陈旧，不重视自己人文素养的提高，则很难说能培养出具有较高人文素养的学生。根据实际情况，加强师资建设，应该在以下三个方面提高语文教师的人文素养。

（一）人格力量

古人云:“学高为师，身正为范”，教师应该是一个具有高尚道德情操的人，这是语文教师人文素养的核心部分。只有具备了较高的人格，才能赋予知识，追求活的灵魂。表现在以下几个方面:①爱学生。正如苏霍姆林斯基所说:“我生活中什么是最重要的呢？我可以毫不犹豫地说：‘爱孩子’。“在他看来，这是“一种起决定作用的品质”。高职学生原本文化基础差，在中学阶段一直是不受人注意的“丑小鸭”，因而许多学生有自卑、自我封闭的倾向，这时，语文教师更应该施展全身的“解数”，施予这些学生以情感影响，让他们感受到老师的人文关怀，“丑小鸭”自然也能变成“小天鹅”。试想，教育如果没有爱，没有发自内心的关怀，就犹如池塘中没有水，这池塘又怎能生机盎然呢？我们在教学实践中也发现，如果经常和学生平等地交流，试着去理解学生的处境和心情，走进他们的心中，学生也是非常能够接受你的。因此，语文教师要想使自己的教学工作取得好的效果，就必须真诚对待学生，给予学生满腔的爱。②爱事业。人们都称教师是“太阳底下最光辉的职业”，其实，现实生活中教师的艰辛苦楚，只有教师自己知道。很多时候教书只不过是一种谋生的手段。尤其是在职业学校教书，学生大都是升学失败以后不得已才踏进校门的，教师的工作在很大程度上得不到学生、家长及社会的认可，其尴尬境遇可想而知。因此，作为语文教师要甘于清贫、甘于寂寞，甘于奉献，要真正热爱自己的事业，只有这样，教师的潜能才能尽可能地发挥出来，在教学过程中与学生的思想擦出火花，产生共鸣，收到苏霍姆林斯基“把整个心灵献给孩子”理想的教学效果。③爱语言。即热爱祖国的语言文字。每一个学生在掌握祖国语言的同时，也是在学习千万代祖先思想和情感的成果。对于文化基础极其薄弱、缺乏学习热情的高职学生，语文教师应该要培养学生热爱祖国的语言文字，为今后在社会上的发展奠定基础。那么，首先语文教师要热爱自己的语言文字。“热爱是最好的老师”，一旦爱上了这些语言，语文教师就能在他的教学过程中处处感受到语言文字的美，从而感染学生，激发学生学习的热情，使他们也受到无形的影响。

（二）知识储备

知识储备是语文教师人文素养不可缺少的一部分，人文素养的提高是以一定的知识储备为基础的。作为当代高职教育的语文教师，既要具备相当的专业知识，还要具备与语文学科相关的其他人文学科的知识。不难想象，如果一名语文教师没有一定的知识储备，在教学上是做不出什么成绩来的。也许一些人会认为，高职学生基础很差，给他们上课，随便应付就可以了，用不着费很多心思。高职学生基础差是事实，但如果语文教师以这样的理由放任自己，不加强知识储备，其结果是不仅自己的人文素养水平得不到提高，而且也阻碍了学生人文素养水平的提高。叶圣陶先生认为，语文教师对本学科知识“宜为研究者，并为熟习者。”蔡元培先生早在上世纪20年代就曾指出：“习文科各门者，不可不兼习理科中之某种”。任何阶段的语文教育，其最终目标都是促进受教育者的全面发展，因此，现代社会对具有较高人文素养的语文教师的要求日益提高。当我们赞叹一批批语文教师如钱梦龙、魏书生、于漪等取得的辉煌成就时，我们更应该赞叹是他们常年累月的知识积累，使他们具备了丰富的文化底蕴和博大精深的知识内涵。高职学生在高校学生中占有相当的数量，对于社会的发展起着举足轻重的作用。因此，高职语文教师的任务任重道远，更应该博览群书，兼容并蓄，不断积累。

（三）人文理念

语文教师应该明确地认识到，人文主义是以人为本的世界观，集中表现为对人本身的关注、尊重和重视，它着眼于对人的生命的关怀，着眼于人性，注重人的存在，人的价值，人的意义，尤其是人的心灵、精神和情感。人不同于一般的“物”，他是社会的主体，也是其自身存在的价值主体，语文教学的根本精神，是人的发展。因此，在高职语文教学中，既要注重知识的传授，能力的培养，更要关注学生的精神，学生的情感。高职语文学科教育可以定位于情感教育。作为一名高职语文教师，应该是一个充满人文情感的人，他“登山则情满于山，观海则意溢于海”，他应该认识到“生活是一切文学艺术的取之不尽、用之不竭的唯一源泉”，从而关注生活，关注作品中人物的命运。一些高职学生由于种种主客观原因，对于外界的一切都感到漠然、不热心，自我意识严重，语文教师更应该在平时的教学中联系自己对生活的情感体验，重视提高学生的品德修养和审美情趣，在他们的心灵上，产生一种“抚摸”和“触动”，从而帮助他们逐步形成良好的个性和健全的人格。因此，高职语文教师在拓宽自身知识面的同时，还要加深文学原理、批评等理论知识。套用王国维的“三境界说”，要想让学生进入第一境界，则语文教师得先进入第二境界甚至第三境界，让自己先成为一个充满人文情感和人文理念的人。人文教育是潜移默化、无处不在的，学生素质的提高要靠全体教师的共同努力。因此建立一支离素质、高水平的语文教师队伍至关重要。语文教师要通过不断学习文、史、哲、艺等人文学科知识，提高自身的人文素养。各高职院校也要扭转观念，重视语文教师的培养，如送教师出去进修、深造，在校内举办专题人文讲座，为广大教师提供学习的机会。

第三节 “双师型”语文师资队伍的建设

职业教育的发展，关键是教师，是“双师型”教师队伍的逐渐壮大。开放高校作为高等教育大众化发展的产物，兼有普通高等教育和职业教育的特点，其内涵为一方面要培养职业专门人才的学科理论知识，另一方面又要突出职业能力的培养。开放大学在专业设置、课程体系设计和教学方法等各个环节强调学科理论和实践应用两个方面，具有“双师素质”的教师是开放大学教师的核心力量，“双师型”教师的培养是高职语文师资队伍建设的必由之路。

一、“双师型”教师是师资队伍发展建设的必由之路

（一）语文教学呼唤“双师型”教师

随着新世纪语文教学改革的深化，新课标背景下的语文教学对语文教师提出了更高的要求，一部分在职语文教师由于学历相对较低，观念陈旧，实际教学水平达不到规定要求，不能满足新的语文教学提出的能力需求，在教学工作中遇到了很大困难。概括起来，主要表现在实际教学工作中存在以下几项能力缺陷：一是缺乏口才。教师承担教学任务，需要良好的口才。但由于以前在高校没有对此进行过专业训练，许多教师的口语表达能力不强，教学重点不突出，虽完成教学任务，但达不到教学目的。二是文才有限。部分语文教师写作水平不高，文不达意，对文法、语法、结构等不太了解。三是教育心理学应用能力不强。在教学第一线工作的教师，教育心理学应用能力的缺失成为其成长为合格教师的短板。四是教材教法知识的缺乏。因材施教提倡的是教学方法的探究。但是由于近年从事教师行业的部分教师没有接触过教材教法知识及课程，教学方法单一僵化，提不起学生的兴趣，影响教学效果。这些缺陷和不足，阻碍了他们成为“资深语文教师”的梦想。要胜任

新时代的语文教学，教师们就应重塑自我，努力重建与现代语文教育相适应的能力与素质结构。开放大学是培训在职中小学语文教师的主要阵地。面对这些语文教师当前的尴尬处境，开放大学的汉语言文学专业（师范方向）教师应积极关注中小学语文教育状况的变化，主动适应教学改革的需求，寻求实践性、应用型和创新的语文教学之路，从而促使这些在职进修教师的语文专业素养和教学实施能力得到提高，以适应新时期语文教学改革的需要，并在实际工作中有所建树，更好地促进语文教育的发展。

为了满足语文教师在教学方面的可持续发展需求，开放大学汉语言文学教育改革必须最大限度地体现其应用性的特点。根据学生再就业时的能力需求，开放大学汉语言文学专业（师范方向）必须构建一个以能力为核心的培养目标。这种以能力为中心的培养目标应包含高素质、应用型两个关键要素。“高素质”是基础，包含了专业素质和身心素质等方面的内容，其基本内涵是实现开放大学教育的树人目标，尤其对于汉语言文学专业（师范方向）的学生来说，高素质不仅意味着自身人格的养成，而且因为将来出去从事的是语文教育教学工作，这种素质还要求他具有推广传播功能，把现代人文精神传播到学生中。“应用型”是提高，即基于一定的语文知识体系，以实际的操作技能来展示其教学能力水平。

针对现行语文教育教学这些新的特点，它对开放大学汉语言文学专业（师范方向）教师“双师”化提出了一些具体的要求：

首先，面向生活，锻造实践教学能力。语文实践性课程的构建可以充分发挥教师的实践智慧，开设灵活而实用的第二课堂活动，精心设计融学术性、专业性、知识性、综合性和实践性于一体的系列讲座。在具体的实践环节上，则可以通过汉语言文学教育实践、社会调查、阅读实践（作品鉴赏）以及论文撰写等活动，锻炼和提高学生教学能力及写作能力。而在中小学语文教育中，强调“生活即课程”，引导学生走出课本、走出教室、走进社会，从生活中积累素材，运用知识，并积极地观察自然、了解社会、思考人生，充分体现语文的工具性和人文性的统一，发展学生的语文综合素养。

其次，掌握现代信息和媒体技术在语文教学中应用的能力。在各层次语文教育中以多媒体为主的现代教育技术得到了广泛的运用，并显示出它独有的优势，成效显著。语文多媒体教学能激发学生的学习兴趣，培养学生的想象力，增强学生的写作兴趣，提高学生对课文的赏析能力。但对于农村中小学语文教师来说使用现代教育技术教学却是一个薄弱环节。而开放大学的现代远程教育，各种教学活动的开展，学习过程的进行和学习资源的整合，等等，均与现代信息技术的使用紧密地联系在一起。这就要求汉语言文学教师

具备驾驭现代信息技术进行教学的能力，熟悉现代远程开放教育的全部或相关技术手段，包括制作网页，制作、运用课件，操作自动答疑系统、交流系统，使用多媒体技术进行网上教学等。

再次，具备语文课堂实际教学操作、掌控和生成能力。这一能力离不开语文教学方法的运用。语文作为基础工具学科，其教学方法尤为重要。一名合格的语文教师，除应要从理论上掌握教学方法外，还应在实践中灵活地运用，善于在完成教学任务的同时，还教会学生如何获得知识。这是语文教学改革的需要，也是当前开展素质教育的需要。这就要求开放大学汉语言文学专业（师范方向）的教师精通语文教学的各种方法，学会关注学生的学习动态，随时调整课堂教学方式，让课堂教学在学生主动探索的状态下轻松形成。

（二）培养"双师型"教师是开放师资队伍建设的必由之路

目前开放大学师资队伍建设的现状是：中青年骨干教师为主体，热爱本职，进取敬业，这是主流。但仍存在不容忽视的问题：理论型教师多，"双师型"教师比例偏低；某些教师缺乏专业实践经验和实践教学经验，缺少必要的专业技能，实践能力、动手能力、实训教学、现场指导等还处于弱势；缺乏完整科学的师资培训体系，因而实践教学能力不能及时提高，难以保证实践教学质量；甚至缺乏专业学科带头人，部分学科教师短缺，相应地造成跨专业教学，使这些学科的实践教学更差。教师是推动教育发展的根本保障。开放大学能否办出特色，关键在教师；开放大学要想提高教育质量，关键在教师；开放大学能否成为时代高等教育的引领者，关键在教师。建设一支高素质的"双师型"教师队伍是开放大学实现可持续发展的必由之路。

第一，建设"双师型"教师队伍是提高开放教育教学质量的关键。教育部文件多次指出："双师型"师资队伍建设是提高职业教育教学质量的关键。职业教育的教学质量应从理论知识和实践能力两方面进行衡量。但目前开放大学还普遍存在专业理论教师不能指导实训教学，实训教师基础理论薄弱不能讲授专业理论课的现象。专业理论课教师和实训教师分离影响了教育教学质量的提高和合格人才的培养，培养具有必要理论知识和较强实践能力的高素质技术应用人才迫切要求建设一支"双师型"教师队伍。

第二，建设"双师型"教师队伍是科技迅速发展和生产力水平提高的要求。当今世界科学技术迅猛发展，生产力水平提高很快，科技含量高的高新技术装备应用广泛，如加工中心和数控机床，操作此类先进的设备，必须具备较高的理论水平和掌握新的科技知识。培养这种先进设备的操作者，要求授课者应是"双师型"教师，既能讲授专业理论，又能指导技能训练。专业理论教师和实训教师相分离的状况已经无法适应教学的要求。

第三，建设“双师型”教师队伍是开放大学改革和发展的根本措施。以往开放教育中暴露出的种种弊端使得教育改革势在必行。开放教育改革重要任务之一是改变以前只重视理论教学而轻视实践教学的现象。有了改革的意识还要有改革的主体，而推动开放教育改革和发展的主体是教师。这只队伍素质的高低是开放教育改革发展能否顺利进行的一个重要因素。

第四，建设“双师型”教师队伍有助于摆脱以往重理论轻实践的教育模式。以往的开放教育习惯于培养单一的学科型人才，这种培养模式已无法适应和满足市场化的人才需求。因此，这种与时代相悖的教育教学模式应逐渐被废弃，取而代之的是建立一支“双师型”师资队伍。

第五，开放大学“双师型”教师既要具备较高的理论知识，又要具备丰富的实践经验，还要具备熟练的信息处理能力，能采用“教学做合一”的教学方法指导学生实训。为此，一方面，要加强专职教师的培训，鼓励其参加高级职业资格考证，另一方面，以专业责任教师为带头人，骨干教师参与，聘请行业、企业专家共同组成专业指导委员会，并形成有效的工作机制，共建“双师型”团队。

学校发展，教师为本。师资力量是高校人力资源的主体，培育一支优秀的适应时代教育需要的“双师型”教师队伍，是开放大学追求发展、创新的不竭动力。

二、“双师型”教师内涵的梳理与界定

在我国，“双师型教师”这一概念最早是由工科类专科学校在实践中提出的，此后经过不断的发展变化而上升为政策层面的表述。2003 年教育部 16 号文件《高职高专院校人才培养工作水平评估方案（试行）》指出，“双师素质教师是指具有讲师（或以上）教师职称，又具备下列条件之一的专任教师：①有本专业实际工作的中级（或以上）技术职称（含行业特许的资格证书、及其有专业资格或专业技能考评员资格者）；②近五年中有两年以上在企业第一线本专业实际工作经历，或参加教育部组织的教师专业技能培训获得合格证书，能全面指导学生专业实践实训活动；③近五年主持（或主要参与）两项应用技术研究，成果已被企业使用，效益良好；④近五年主持（或主要参与）两项校内实践教学设施建设或提升技术水平的设计安装工作，使用效果好，在省内同类院校中居先进水平。”

自此，在教育部所规定标准基础上，众多研究者从各自研究角度纷纷作出解读，部分职业院校也制定了自己的“双师型”教师资格认证标准，对双

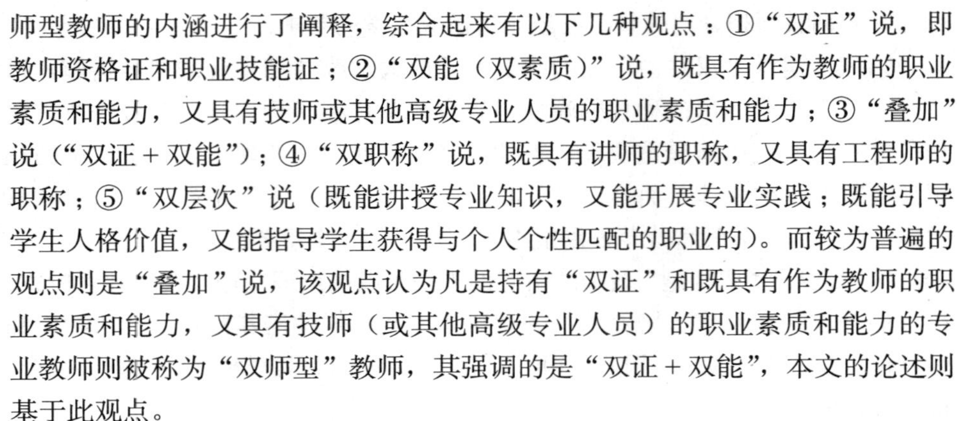

师型教师的内涵进行了阐释，综合起来有以下几种观点：①“双证”说，即教师资格证和职业技能证；②“双能（双素质）”说，既具有作为教师的职业素质和能力，又具有技师或其他高级专业人员的职业素质和能力；③“叠加”说（“双证＋双能”）；④“双职称”说，既具有讲师的职称，又具有工程师的职称；⑤“双层次”说（既能讲授专业知识，又能开展专业实践；既能引导学生人格价值，又能指导学生获得与个人个性匹配的职业的）。而较为普遍的观点则是“叠加”说，该观点认为凡是持有“双证”和既具有作为教师的职业素质和能力，又具有技师（或其他高级专业人员）的职业素质和能力的专业教师则被称为“双师型”教师，其强调的是“双证＋双能”，本文的论述则基于此观点。

三、高职院校“双师型”语文师资队伍现状及存在的问题

（一）缺少关于“双师型”语文教师教育培训计划及岗前培训机构

研究分析我国高等职业院校“双师型”语文师资的培养情况，有这样一个事实是不容忽视的,即在我国没有专门的教育机构和教育计划来对“双师型”语文教师进行系统的专业技术职能岗前培训。

目前，我国高等职业院校教师的来源渠道比较单一。绝大多数语文教师是从普通高等院校的语言、文学、新闻等专业毕业的本科生、硕士研究生，毕业后直接进入高职院校任教，整个语文教师队伍结构呈现年轻化特点。这些没有经过专业职业培训的语文教师素质、能力距离“双师型”教师的基本标准（“双证＋双能”）还差得很远，明显达不到要求。他们的知识结构是按照其所就读的普通高校的教学计划和培养目标培养建立起来的。这些教师虽大多毕业于师范及相关综合类院校，但师范院校主要是培养中学教师的，其培养目标与“双师型”要求有较大差异。目前，国家、省、市级职业教育师资培训基地的主体仍然是学校，具备较强操作实践能力的文化新闻及相关企事业单位却很少作为培训主体,而培训“双师型”语文教师的机构根本就没有。

与我国高职教育师资培养不同，国外一些经济发达国家，像德国、澳大利亚、日本、韩国等，则有专门的教育机构、教学计划，按严格的职业性要求来培养职业教育教师。如，德国在综合大学的技术师范学院或系以及技术大学的教育学院为职业教育培训教师；澳大利亚则在独立设置的职业教育学院、职业大学对职业教师进行专门的培养；而日本在职业能力开发综合大学，韩国在国立中央职业训导院等来培养他们的职业教育师资，这些专门机构，实施专门的职业教育师资培养计划。和这些国家相比，我们的职业教育培训

明显不足，影响了高职教育的健康发展。

（二）在职“双师型”语文教师数量不多且质量不高

在我国，由于现代意义上的高职教育办学历史比较短。大部分高职院校是由原来办学较好的中专升格而来，就其“双师型”语文师资来看，不论是数量还是质量都存在问题。在现有大多高职院校的师资结构中，语文教师普遍缺乏“双师”素质，即语文类专职教师很少有同专业方向一致的从业经历，而兼职教师又不具备教师应有的基本素质和教学经验。据调查，我国高职院校中双师型教师占专任教师总数的27%，而这27%也基本都是工科类、金融类、法律类、计算机类教师，语文类寥寥无几，西方发达国家这一比例一般为50%以上。另一方面，取得“双师”资格认证的教师不具备“双师”素质的教学与实践能力。目前，双师型教师主要是通过考取相应的职业资格证书而获得认证，而职业资格证书只是一种曾经接受过相关职业培训的证明，并不代表一定具备了相应的职业实践能力。因此，实际教学中，很多语文教师纸上谈兵的工夫很强，谈写作理论、写作方法，谈鉴赏理论、鉴赏方法头头是道，真正写材料、写评论的能力却不强。讲公文写作的教师根本就没有在新闻单位及相关企事业单位工作的经历，即在实践中不具备教学与实践的“双师”能力。

（三）影响“双师型”语文师资队伍建设发展的几个因素

（1）缺乏思想认识高度。在国家教育部有关发展高职教育的相关文件中，虽然对我国高职院校双师型教师队伍建设提出了迫切要求和实施方案，但很多教师对高等职业教育的性质、地位、培养目标及培养模式还缺乏足够的认识，在实际教学中依然沿袭传统的注重理论讲授，注重知识的系统性、完整性，而没能很好地体现基本素质、技能、技术应用能力这一培养主线，语文授课内容陈旧、形式枯燥，缺乏创新活力。

（2）缺乏同语文相关专业相符的社会配套机构，语文教师很难取得相关的技术等级证书。随着社会的发展，很多新兴的热门职业不断出现，如主持人、礼仪公关、营销等。学校为适应市场需求，在没有师资的情况下，就地启用在职语文教师授课。但社会却不能提供配套这些新专业的知识标准、权威的培训单位和资格认定考核部门，教师没有机会参加学习培训，无法取得这些专业的资格证书。

（3）相关政策不完善，师资队伍建设导向不明，影响了教师提升自我素质与能力的积极性。一些高职院校在校内评优上只注重课堂教学质量及学生、同行对教师的评价而忽视了实践环节的经历和工作成效。职称评定上沿用的

还是普通大学本科的标准，注重考核教师的科研能力而不顾及其专业实践和科研成果的推广。为完成职称晋级，教师将大量时间、经历用在编著作、写论文上而忽视了自我专业实践能力的提高。

（4）缺乏资金，培训经费没有保障。一些高职院校主要以学费收入维持学校运转，能从政府财政得到的支持比较有限，其资金短缺、运转困难是一个普遍性问题。目前政府、社会对高职院校培养“双师型”师资没有专门的资金支持，一些办学能力较弱的院校，自身生存困难，无力承担提供教师的继续教育、知识更新任务。仅靠学校单薄的力量，难以开展保质保量的师资培训工作。

（5）教学任务重，语文教师疲于应付日常教学。在一些专业性的高职院校，语文教师从事的是公共课教学，学校不重视，师资相对短缺。一些新教师，甚至没有经过简单的岗前培训，就投入到紧张的教学一线，开始高负荷运转。也有很多教师成了教学“多面手”，今天讲公文写作，明天讲公共关系、后天可能讲文学鉴赏。紧张、繁忙的教学工作，占用了教师的时间和精力，留给师资培训的余地很少。

四、高职院校“双师型”语文师资队伍建设的途径

（一）加大对在职语文教师的培养和培训的力度，提高其实践能力

（1）注重对在职教师的培养与培训。这是我们打造高等职业院校语文“双师型”教师队伍的第一任务。对于理论课教师，要注意在不断提高他们学历层次和理论水平的同时，要有计划地提高他们的实践能力，到文化新闻单位和一些相关的企事业单位去工作一段时间，锻炼自己的言语及文字表达能力。或在学校内部多展开学术交流，实行互相听课、说课、评课制度，以提高他们的教学技能与教学方法，使他们逐渐成为具有语文“双师”素质的教师；对于讲课技巧娴熟的语文教师，要注意在不断提高他们实践能力的同时，更要强化对他们的理论培训，努力提高他们的学历层次和理论水平。

（2）加大资金投入，鼓励语文教师走出去做兼职，锻炼其实践能力。语文教师与工科类及其他人文、社科类专业教师不同，在社会上从事过记者、编辑、秘书等职业的人很少，他们往往具备很高的理论素养但缺乏一定的文化新闻及相关企事业单位的从业经验。应该鼓励教师走出去，培养自己的实践能力。高职教育规划纲要也明确规定了要完善教师定期到企业去实践的制度，高职院校可以设立教师成长专项基金，主要用于职业院校任课教师的培养和培训。有些学院经费有限，不愿意拿出专项资金来培养自己的教师，另

外他们也担忧自己辛辛苦苦培养出来的老师可能会被挖走。但是，学院应该立足于自己长远发展的高度，放眼未来，必须花大力气培养学院的教师，可资助教师利用假期到文化新闻及相关企事业单位兼职锻炼，让其成为高素质的“双师型”教师，以促进学院的可持续发展。

（3）提高在职语文教师的思想修养，加强其自身的业务素质。在职语文教师要提高思想认识，不断地向那些经典学习，丰厚自己的文化底蕴与人生智慧。向那些具有专业技术的人员学习，不但要学习他们的业务技能，更要学习他们的职业道德与职业素养。向学院的学生和同事学习，不断地改进教学方法，提高自己的业务水平与业务能力。要不断在反思中学习，反思成长过程中成功的教学经验与失败的经验教训，反思讲过的每一堂课、每一次课外实训，反思近期的工作目标的制定和未来的专业发展规划等。

了解并学习高等职业教育思想、最新最近的教育发展动态，尤其是具有丰富理论知识与教学经验的教育家们对职业教育深刻的见解。学习并理解当前职业教育政策、方针和职业教育的发展趋向，明确高等职业教育改革和发展的目标。

要在专业发展上下苦工夫，掌握系统、夯实、全面的专业知识和具备专业的教学能力，熟悉国内外本专业的先进技术理论，了解本专业的学术前沿动态。要提高本专业的实践能力，通过到相应文化新闻及企事业单位学习和工作，获取来自实践的生动案例。要不断探索、总结和推广教育教学的新模式、新方法，将实践教学、课堂教学结合起来，将案例式教学和情境式教学等模式引进课堂。

学习现代化教学技术，熟练使用现代化教学工具，运用新的教学手段，提高语文课堂教学效率。要把握各种培训机会，认真去学习，以更新知识，了解最新信息，使教育内容能适应现代化发展的需要。

（二）注重引进具有语文“双师”素质的优秀人才到高职院校兼职任教，充实语文教师队伍

1. 引进“双证”人才

目前，国内大多数高职院校大多通过引进高学历人才以及面向社会公开招聘的具有较高水平的优秀教师来充实高职院校师资队伍。但是，仅有高学历和较高理论水平是远远不够的，我们在引进教师的过程中还应着重考查教师的应用技能，严格审核他们的能力，应该多引进一些有实践经验的业务骨干。他们一般应具有中高级的技术职称，或有五年以上工作的经验，经过教师资格培训，获取大学教师资格证，取得在高职院校的任教资格。这样，他们既

能做专业实践课的教师，也可以胜任专业理论课，成为“双师型”语文教师队伍的重要组成部分。

2. 引进“双能”人才

与文化新闻及相关的企事业单位进行多方联系合作，加快“双师型”语文师资队伍建设步伐。这种合作能有效地解决优秀人才引进的渠道问题和对优秀人才引进前的考察问题。首先，通过调查了解合作的文化新闻单位及相关企事业单位内部的从业人员业务能力，根据其业务熟练程度和运用的水平以及教师的基本素质建立起兼职教师备选库；其次，由合作的文化新闻及相关企事业单位根据学院的筛选结果在兼职教师备选库中选派符合条件的业务人员到学院兼职，参与学校的课程设计，校本教材的编写与修订以及参加课堂教学。以这种合作为基础，培养和选拔优秀人才来做兼职教师，不仅有利于优化语文师资队伍结构。提高高职院校教学质量，这部分优秀的兼职教师还能对本校专任教师进行培训，从而提高专任教师的实践教学能力，使“双师型”语文师资队伍建设更加趋向于科学合理。

第六章　改革高职语文教材建设

大学语文，作为高等职业技术教育的一门基础课，它应具备职业教育的特色，与一般本科院校的大学语文有所区别，同时它还应承担培养学生文化素养和人文精神的任务。但是在涉及高职大学语文教学的探索过程中，却深切感受到现行大学语文教材与高职层次一些专业不相适应与匹配的问题。基于此种认识，我们认为有必要寻找高职大学语文教材建设的新思路，即在编撰教材时，能尽量考虑到不同专业的特点，形成一整套高职大学语文教材，以此来提高学生的文学素养和人文精神，同时又为学生今后的职业做准备。

第一节　高职大学语文教材现状

构建21世纪有中国特色社会主义教育体系的纲领性文件《中共中央国务院关于深化教育改革全面推进素质教育的决定》自1999年6月13日颁布以来，素质教育已成为各级各类教育普遍关心的焦点，也成为全社会共同关心的话题。我国高等教育这几年来围绕“深化教育改革，全面推进素质教育”方针进行了多方面的实践与探讨，也取得了一些成绩。针对我国高等教育当前人文教育薄弱的状况，教育部提出通过加强对大学生进行文史哲艺术等人文社会科学方面的教育，提高全体大学生的审美情趣、文化品位、人文素养和科学素质。从这里看，在高等教育中，素质教育实际上是指人文素质教育，其目的有二：“一是力图纠正专业分得过细，学生知识结构单一的问题；二是纠正把大学教育仅当作职业教育的倾向，强调大学教育仍然是一种普遍教育，应该为学生成为一个名副其实的文化人而打基础，也就是说，大学教育要着眼培养通才，培养具有广博文化素养和深刻人生修养的人。”

我国高职教育的本质是职业教育，其培养目标是生产第一线的高等技术应用性专门人才，其最典型的特征是对市场的适应性和对功利性目标的要求，但同时它又是高等的职业教育，属于高等教育的一个有机组成部分，其培养的人才还必须是德、智、体、美等方面全面发展的。这是因为仅有专业知识和技能是不够的，市场的竞争最终是人才的竞争（“人才”指一个人不仅有“才”还应“成人”），人才素质的高低关系到一个企业今后的发展，关系到一个国家在世界格局中的地位，关系到一个民族是否能立于世界民族之林。而高职大学语文在提高学生的人文素质上，无可辩驳地承担了主要任务。

但在实际教学过程中以及和其他高职院校的语文教师交流过程中发现，相当一部分学生对语文的学习兴趣并不大。究其原因，主要有：一是一些高职大学语文教材内容与现实脱节。例如有些版本教材篇目大部分是古文，学生学来觉得深奥难懂；而觉得较有意思的现当代文章又非常有限，尤其是与我们现实生活息息相关的基本上没有见到。二是语文教师的整体素质有待提高，教师的教学方法有待改善。高职教育体系中的大多数职业技术学院是由中专升格而成，原来的学生生源主要来自于初中，学生毕业后都有工作分配，对教基础课的教师要求不高，因而语文教师相对来讲压力较小，进取心亦不强。高职学生从整体来说在高考中分数不高，但毕竟已受过系统的中学教育，如果高职语文教师仍是采用中学的教学方法，甚至有的中学教师的课远比高职语文教师的课讲得精彩，那么学生又怎么会对语文课感兴趣呢？三是现行的考评制度制约了学生语文思维的发展。很多高职院校把建设“试题库”作为今后考评的重点，认为它能比较客观、标准地评价学生，但是作为思想性和人文性最强的语文，它那些题目是不是只有唯一答案？这种做法会不会扼制了学生灵性的发挥，使其成为一个人云亦云的人？四是由于大学语文是在潜移默化中影响学生，它在短时期内看不出明显成效，从表面看对学生实际作用不大，在追求功利性目标的高职教育中，客观上导致了学校领导对语文的不重视，也影响了学生学习语文的兴趣。

一、高职大学语文教材的定义与内涵

高职大学语文教材就是根据高职语文教学大纲和语文教学实际需要，为高职师生应用而编选的语文材料。广义的高职大学语文教材泛指一切可以教和学的语文材料，包括语文教科书、语文教学指导书、参考书、课外阅读书目、投影片、磁带、光盘等。狭义的高职大学语文教材专指高职语文课堂教学的范本，即语文教科书。

二、高职大学语文教材现状

1998年以前，我国的高等职业技术教育由于各方面的原因一直发展得较为缓慢。随着经济的发展，产业结构的调整，社会对职业技术人员提出了更高的要求。1999年高校扩招后，我国高等职业技术教育迎来了发展的春天。1998—2002年，全国新批准独立设置的职业技术学院就有459所，2002年全国高职高专院校共招生781万人，为高校招生人数的53.4%，首次超过本科院校。而且今后职业教育办学规模将进一步扩大，教育部指出到2007年，高职教育招生规模应占高等教育一半以上。这一切都说明高等职业教育已成为我国高等教育的重要组成部分。

在2000年以前，由于我国高等职业技术教育刚刚起步，其教育目标、学科性质等正在探索之中，故课程的设置往往是参照本科院校的情况，其教材基本沿用一般本科院校的教材或是其压缩本。高职大学语文亦未逃脱这样的命运。这一时期使用的主要是徐中玉主编的《大学语文》教材（徐中玉主编的《大学语文》教材有“五类九种”之多）。1996年7月华东师大出版社出版的全日制高校通用教材《大学语文》（徐中玉、齐森华主编）被推荐为当年普通高校通用教材，影响较大。这本教材在编排体例上，试行根据作品实际内容或特色相对组合的方式，分为人格修养、人生感受、爱国情怀、社会政治、亲情乡情、恋爱婚姻、登临怀古、写景状物、谈艺论文九个单元。2000年在1996年版的基础上出版增订本，容量大大增加，选文增加了现当代文学分量，增加了几篇外国名作。编排体例仍按文章内容归类，只是分得更为规范，分品格·胸怀、为政·爱国、社会·民生、人生·世态、亲情·人性、爱情·婚姻、传记·逸事、怀古·咏史、写景·记游、论文·品艺等共十个单元，外加中国小说和外国小说两个单元。这两个版本的《大学语文》教材注重培养学生的文学鉴赏力和人文精神，对陶冶情操、净化灵魂、继承传统、丰富修养来说是大有好处的。但是在使用过程中，许多教师却感到：①教材选文以古代文学为主，远离学生的实际生活，学生提不起学习的兴趣；②因为每篇文章自有主要内容与主旨，又不只有一端意义，必会有交叉现象，这种新的编排体例不适于拓展学生思维；③选文非常经典，但与中学重复的篇目几乎占到三分之一，浪费了许多篇幅。而大学语文应与中学语文有所区别，并要高于中学语文;④对学生的写作知识和技能训练不够重视，缺乏职业教育特色。

随着高等职业技术教育的迅速发展，高职高专教育系列的教材建设也被提到了工作日程。2000年教育部高等教育司颁发了《关于加强高职高专教育教材建设的若干意见》（教高司[2000119]号），提出了“力争经过5年的努力，编写、出版500本左右高职高专教育规划教材”的目标。2002年教育部确定了普通高等教育“十五”国家级教材规划选题，将高职高专教育规划教材纳入其中。在这种历史背景下，许多专家、学者及站在教学第一线的语文教师都开始思考高职大学语文教材的编撰问题，寻找大学语文与高职教育的切入点，使大学语文能更好地为高职教育服务。新编的高职高专系列的大学语文教材如雨后春笋般涌现。2001年6月由高等教育出版社出版的高等职业教育通用教材《实用语文》（周治南、桂裕胜、李卫光主编），是较早的一本探索高等职业教育的大学语文如何编写的教材，是全国教育科学“九五”规划重点研究项目《中专语文教材整体优化新模式研究与实验》向高职高专教育滚动研究的一项应用成果。它强调在职业环境下运用语文的能力，强化语文技能教育。教学内容主要由四个模块组成：①实用阅读；②实用写作；③实用口语；④实用书写。从具体内容的编排来看，大部分是应用写作，另外增加了口语和书法。这本教材打破了过去以文学作品为主要内容的编排思路，突出了语文的实用性，侧重于培养学生的语文实际运用能力。由李竹林、邸艳妹主编的《新编大学语文教材》属高等职业教育基础类课程规划教材系列，于2002年2月由大连理工大学出版社出版，2003年8月在原有基础上做了适当调整。这本教材主要是凸现语文的工具性、应用性特征，编写宗旨上注重培养学生的应用能力，编写原则上强化实用知识的介绍，编写体例上分口语表达、文字表达、文献阅读、文学欣赏四大模块，选文上追求前沿知识和富有时代气息的新作品的引入。孙听光主编的《大学语文》于2003年7月由高等教育出版社出版，是普通高等职业教育高职高专部分“十五”国家级规划教材。这本教材有两个特点：一是基本内容分为两大部分：上编为阅读部分，以文体为单元，每单元附有关于文体的阅读技巧、方法和专门知识的讲解；下编为写作部分，较系统地介绍有关写作的基础知识；二是专门为教师编写了光盘，可供教师在多媒体教室上课时使用。此外还有很多其他版本的《大学语文》教材，这里就不一一介绍了。总的来说，近几年出版的高职大学语文教材有一个突出特征，就是注重对学生语言的实际应用能力的培养。

三、现行高职大学语文教材存在的问题

（一）日益注重学生语言应用能力的培养，却忽略了学生人文精神的养成

我们知道，语文学科有两个基本属性：一是工具性，二是人文性。学校语文教育，实际上就是帮助学生学习和掌握语言这个人类交际和交流的工具，同时帮助学生养成健全的人格。我国传统的大学语文教材偏重语文基础知识

和文学知识体系的传授与学习，忽视了语文对其他专业后继教学的工具性质，忽视了对现实生活和工作大有用处的语言应用能力的培养，使学生毕业后走上社会仍是“呐于言”的人，这固然有它片面性的一面，但也不能纠枉过正，使高职大学语文教材又走向另一个极端，只注重培养学生的口头表达和应用写作能力，只注重为学生的未来就业服务，而忽略了对学生独立人格的培养，忽略了学生人文精神的养成。仅在我收集到的几套新近几年出版的高职大学语文教材，就有超过 70% 的有这样倾向。而且在平时的随机调查中，我发现不仅相当多学生，就是很多其他专业的教师也认为，高职大学语文应该教给学生一些实际应用的能力就足够了，其他文学作品的学习对学生没有什么作用，纯粹是在浪费时间。

（二）大学语文教材注意的多是语文学科的共性，忽略了不同专业所需语文学科内容的不同

教本，教学所本，就说明教材是教学的凭借、依据。教学，没有教材不行。高职大学语文教材虽然没有中小学语文教材那般重要，教师与学生可以根据需要对内容有所选择增删，但它还是教师上课的主要依据。中小学语文教学主要任务是教学语文基础知识，训练语文基本能力，而且中小学没有分科，故其语文教材对一般学生来说都是适用的，可以大面积通用。高职教育不同，它培养的是未来各种不同职业的专业技术应用性人才，学生一入学，就初步确定了今后的职业，他们的兴趣爱好也基本朝着这个方向发展。但是现行的高职大学语文教材大多都是通用类教材，各个专业通用，注重的是各个职业人群所共同需要的口语表达和应用写作，忽略了学生所学专业的不同特征，忽略了不同专业学生所需语文学科内容的不同。

（三）往往只有一本教科书，缺乏配套的教学指导用书、参考书、磁带、光盘等教材

从笔者收集到的高职大学语文教材和所了解的情况看，除了孙听光主编的《大学语文》配有光盘外，其他教材大多就只有一本教学用书。也许对于本科院校的大学语文教师来说，这算不得什么，因为他们大都是硕士、博士，学有所专、所长，且本科院校图书馆馆藏比较丰富，寻找教学资料比较方便。可是对于刚由中等专业学校升格为高职院校的大部分语文教师来说，这无疑是一个大大的难题。因为虽然身份变了，但是学识并不是在短时间就可能形成的。教师面临的困难首先是自己所学有限，其次是学校图书馆馆藏有限，且大多是专业书籍，难以搜寻到大量的较丰富的资料；再次是受中学和中专的教学模式影响较大，教学方式引不起学生的兴趣；此外还缺乏像中学那样

庞大的网络课件的提供。笔者曾试过到互联网上去搜索教学参考书、教学用课件等教辅资料，却在键入高职大学语文几个关键词后发觉无此内容；也试过到书店寻找，却也是空手而返，后来还是在导师的指引下，购得了由湖南省广播电视大学委托佳园科技制作的一个《大学语文》光盘。

（四）教材出版、订购的相对自由，导致教材良芳不齐、龙蛇混杂

目前高职大学语文教材的研究刚刚起步，尚未形成公认的较权威的教材，同时高职教育属于高等教育的一部分，教材的征订主要由各院校自己掌握，随机性很大，而当前就读高职院校的学生众多，有些商家就瞄准了这里潜在的商机，或以出版社的名义邀请各个院校的教师参与编撰教材并给予一定的报酬，或请人编好教材后把各个院校的教师名字印上去并付予一定的酬金，或给各个学校征订教材的一定回扣，条件是征订自己的教材，据说回扣往往达到教材订价的15%以上。这样的教材，质量可想而知。当然也有许多有识之士致力于编撰具有高职特色的教材。这样，就形成了当前高职院校大学语文教材良芳不齐、龙蛇混杂的局面。

第二节　高职大学语文教材与专业相结合的必要性和可行性

“语文教材是语文教育的一个机制，任何教学思想、教学主张、教学方式都是通过教材去实施的，没有好的语文教材一切都无从谈起。”教材编得好，学生有兴趣学，教师有兴趣教，何愁达不到最佳学习效果呢？正是基于此种认识，我们认为高职大学语文教材的编写应针对高职教育的特点，尽量贴近学生的专业，为学生学习专业服务，同时也应保持其较强的思想性和人文性，为学生“成人”服务。

一、高职大学语文教材与专业相结合的必要性

（一）各学科之间的相互渗透与结合是时代的要求

人类从农业社会进入工业社会，发生了翻天覆地的变化。一方面，人类创造了丰富的物质财富，改善了生活条件；另一方面，人类也逐步摆脱了蒙昧，走向文明昌盛、技术发达的时代。这反映在教育层面上，入学普及率得到了极

大提高，专业划分也更细化，由此人们在科学上取得的成绩就越来越多，但在一门专业上取得新的成就也越来越难，只有走各学科互补之路才能在某方面做出一定的成绩。我们往往会发现有的学者本科读的是这门专业，硕士读的是那门专业，博士攻的又是另一门专业。美国有关学者曾经对1311位科学家进行过长达5年的跟踪调查，对他们的论文、成果、获奖、晋级等进行了多方面分析，结果发现，有成就的科学家很少是精通一门的“专才”，而是博才取胜。

当前世界各国大学教学改革的普遍趋势也是开始注重文理互补、理工互补，注重加强文理工学科的相互渗透与结合。我国著名的教育家蔡元培先生也主张沟通文理科，他在《我在北京大学的经历》一文中说到：“那时候我又有一个理想，以为文理是不能分科的。例如文科的哲学，必植基于自然科学，而理科学者最后的假定，亦往往牵涉哲学。从前心理学附入哲学，而现在用实验法，应列入理科；教育学与美学也渐用实验法，有同一趋势。地理学的人文方面，应属文科，而地质地文等方面属理科。历史学自有史以来，属文科，而推原于地质学的冰期与宇宙生成论，则属于理科。”当代诸多边缘学科的兴起，不也正是各学科之间渗透与结合的结果。又譬如鲁迅先生，从小就在私塾中苦读，稍大点又进了学习时务的学堂，后负笈东渡日本学医，希望能医治中国百姓肉体上的病痛。可当他在电影里看到一些麻木的中国人面对同胞受侮辱竟能做看客时，受到极大震动，决定弃医从文，认为疗治中国人的第一要著在于改变精神。试想，如果他不是有深厚的古文功底和较好的文学修养，又如何能转型成功，并成为中国现代文学史上的一面旗帜。他创作的第一篇白话小说《狂人日记》能获得巨大成功，在于他塑造了一个典型的“狂人”形象，而“狂人”实际上是一个精神病患者，这个形象的塑造成功，实际亦得益于他当年的学医经历。

（二）大学语文教材与专业相结合是现实的要求

大学语文作为高职学生学习的仅有的人文学科课程之一，它由于在选文上注重文质兼美，具有潜移默化、春风化雨的作用，它不是板起脸来说教，因而在培养学生的性格和人生态度上具有举足轻重的作用。大学时代还是学生的人生观、世界观、价值观形成并稳定的阶段，那些能唤起人们美好情感、关注人的价值与尊严的美文，会让学生对我们人类生存的这个世界充满了爱，从而也能用爱心来对待我们的这个社会。随着社会发展、时代变迁，一个人一辈子只在一个单位，只做一种工作的情况将会大大减少，人们会为了改善生活，获得更高报酬或体现自身价值而更换自己的工作岗位。为了适应社会的发展，更为了自身全面发展的需要，高职学生在学校里不仅要学好一门专业作为自己步入社会的立身之本，同时还应具备宽厚的知识基础，一定的文化修养。学校的任务不仅是发现人的才能，训练他们并推重他们，而且尤其要培养学生的性格和态度。美国品德教育联合会主席麦克唐纳曾说过，光有品行没有知识是脆弱的，但没有品行光有知识是危险的，它是对社会的潜在威胁。用人单位也一致提出，学生首先应学会做人。做人是做事的基础，如果人都做不了，还能做什么事呢？只会是做坏事，只会是害人。而大学语文作为一门人文科学，它能够陶冶人的性情，提升人的气质和人生境界，在高职学生选择人生道路上仍然有着特别影响。其实这也正是当年开设大学语文课程的初衷。1978 年，南京大学校长匡亚明倡议重新开设大学语文课，得到社会有识之士的广泛响应，全国各高校开始设立大学语文课程，其目的有四：①提高大学生汉语水平和运用能力；②传承传统文化精髓；③提倡精神文明；④在改革开放的时代背景下，用中国优秀的传统文化影响世界。在今天看来，这四点对高职院校学生同样有着很强的现实意义。

但实际情况又怎样呢？作为公共基础课，大学语文课几乎在每一所高职院校都开设，但事实上，大学语文既缺乏政治思想课的权威性，也没有英语四、六级考试那样的“尚方宝剑”。有人说，我们的学生在毕业时对他们的英语水平有一定要求，但他们的汉语水平实际情况又怎样呢？笔者曾经要求学生写一篇调查报告，结果许多学生达不到要求，出现错别字或语句不通顺的情况超过 95%，有的不知道成语“邯郸学步”“东施效肇”是什么意思。随着高校的扩招，形势会更加严峻。

高职院校培养的是复合型的高级专门应用人才，他们就业的岗位，是在我国物质文明、精神文明建设的第一线，其文化素质品质的高低，将直接影响社会对他们的认可。那么如何解决这一矛盾？最好的途径便是走大学语文与专业相结合之路，使学生“自觉地将对人的尊严与使命，人的权利与责任，人的理想与品格，人际关系和谐与协调，人类发展的需要与追求等问题的思考与自己所学专业联系起来，以确立自己的责任感和使命感，完善创业与创新思维，增强非智力因素，即在广阔的视野内，确定正确的人生追求与价值”。

（三）大学语文教材与专业相结合不仅能培养学生的“形象思维”，而且有利于专业的创新

高职学校是为培养高级应用人才服务的，但各专业的高职学生如果只专注于自己的专业，常用一种思维方式，长期使用后会形成一种思维定势，观念在一时间难以转变，对专业的新知识在学习上难以融会贯通，不利于专业的创新。

高职各门课程的开设都是为专业服务的，大学语文的开设也是如此。高

职学生学习大学语文，我认为与学习中小学语文的区别在于其学习的最主要目的是培养学生的一种文学的思维方式。文学因为源于生活，能具体生动地表现复杂变化的现象，而且由于这是作家辛勤汗水的结晶，不可避免地带上了人的主观感情色彩，容易深入人心。如果我们在编撰大学语文教材时注重其与专业的结合，所选内容不仅文质兼美，具有时代性、思想性和艺术性，同时具有专业性，那么学生在学习时，不仅可激发他们驰骋的想象和联想，在不知不觉中受到作者思维的影响，在潜移默化中实现“形象思维”的培养，而且文学作品中的想象、联想、灵感等活动，可以促进学生专业思维活动，有利于学生的专业学习。其实历史上就有很多科学家，他们的文学修养都很高，他们都说深厚的文学修养对他们本身的科技工作促进很大。大学语文教材与专业相结合，使我们高职学生既培养了文化素养，提升了人文精神，同时，对他们的专业学习起到良好的推动作用，从而获得良好的学习效果。

二、高职大学语文教材与专业相结合的可能性

（一）文学具有巨大的包容性

前面我们已经说过，大学语文与中小学语文学习的最主要的不同在于前者是培养一种文学思维，而文学艺术起源于人类的生产劳动。鲁迅在《且介亭杂文·门外杂谈》论述诗歌起源时说：“人类是在未有文字之前，就有了创作的，可惜没有人记下，也没有法子记下。我们的祖先原始人，原是连话也不会说的，为了共同劳作，必须发表意见，才渐渐地练出复杂的声音来。假如那时大家抬木头都觉得吃力了，却想不到发表。其中有一个叫道‘杭育杭育’，那么这就是创作……倘若用什么记号留存了下来，这就是文学；他当然就是作家，也是文学家，是‘杭育杭育’派。”中国文学自古就有文史不分家的传统，如《左传》《战国策》《国语》《史记》《汉书》等，它们均既是文学作品，同时又是历史著作，包含了当时的经济、文化、政治、军事、外交等内容，而诸子百家的著作不仅是文学作品同时又是哲学著作。文学本是人们物质生活与精神生活的结晶，可以说文学的外延等于生活的外延。而生活本身是广阔的，涵盖面极广，古今中外，天文地理，人情世态，无所不包，从纵的方面说，它包括了从古代到现代一切文化的具体演变过程，从横的方面说，它包括了一切人类文化的具体形式和内容。《论语·阳货》中有“子曰：小子何莫学乎诗？诗，可以兴，可以观，可以群，可以怨。迩之事父，远之事君，多识于鸟兽草木之名。”意思就是学生们为什么不学诗呢？学诗，可以培养想象力，可以提高观察力，可以养成合群性，可以学得讽刺和幽默。近则可以

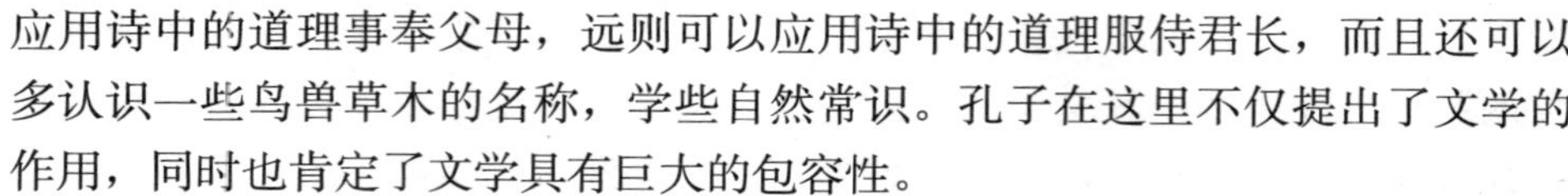

应用诗中的道理事奉父母，远则可以应用诗中的道理服侍君长，而且还可以多认识一些鸟兽草木的名称，学些自然常识。孔子在这里不仅提出了文学的作用，同时也肯定了文学具有巨大的包容性。

文学语言是以语言文字的形式出现在人们眼前，可以激起人们无穷的想象和联想，而且每个人由于出身背景、生活经历、思考方式、阅读背景不同，也由于每个人所持立场、观点不同，对作品的理解也往往有差异，所以同是读莎士比亚的《哈姆雷特》，一千个读者心中会有一千个哈姆雷特；读曹雪芹的《红楼梦》，“经学家看见易，道学家看见淫，才子看见缠绵，革命家看见排满，流言家看见宫闱秘事”（鲁迅《集外集拾遗·〈降花调主〉小引》）。很多文学作品存在着“意义空白”点，含不尽之意于言外，更能使读者发挥驰骋的想象，有时作者创作的形象还会高于其寄寓在形象上的思想，即“形象大于思想”。这些也从一个侧面证明了文学具有具大的包容性。正是文学具有的这种巨大包容性使高职大学语文教材与专业的结合提供了先决条件，使其成为可能。

（二）从学生的生理与心理发展角度看，高职大学语文教材与专业结合是可能的

高职属于高等教育的一部分，培养对象一般是十七八岁左右的青年，他们已经具备高度发展抽象思维能力的生理基础与心理基础，受过普通教育的训练，并有一定社会经验。这些学生在学习上有几个特点：一是自学方式日益占有重要地位。中学阶段，学生是在教师直接组织和指导下进行学习的，进入高职院校后，自学逐渐成为学生的主要学习方式。这是因为一方面学校课程不是安排得太满，留有较多自学时间；另一方面教师不可能讲授教材的各个方面，而是布置各种思考题或介绍参考书供学生自学。二是学生学习的独立性、批判性和自觉性不断增强。高职学生不再像中学生一样一切以教师说的为真理，他们不迷信专家权威，不轻信课本内容和现成的结论，总是以批判的态度对待学习。喜欢讨论、争辩，表达自己独到的想法、见解和观点。学习自觉性也较强，能较清醒地认识到自己肩负的责任和使命，明白学习的意义价值，目的明确，态度端正。三是课堂学习与课外学习相结合，课堂不再是学习唯一的主要途径，他们还要参加学校各种丰富多彩的活动，还要完成实验与生产任务，有时还走上社会与社会近距离接触。他们理智地选择和创造自己的未来。而他们所学的专业往往是自己感兴趣的，是准备走向社会的立身之本，他们倾注了极大的热情投身到其中，而且这种兴趣因为与自己的未来相联系，故而比较稳定而持久。

目前高职层次课程改革方向就是围绕专业设置课程，达到“够用为度”，

即使是必须的专业基础课程的内容亦有所选择，如经贸专业的英语、数学教材就是围绕专业所需内容编撰的，其教材名称亦称作经贸英语、经贸数学；就连应用文也是围绕专业进行编写，有旅游应用文、财经应用文之分。虽然有些内容学来较为枯躁，但因为专业所需，学生还是认真在学。英国教育家阿什比曾举例说，一个想做物理学家的学生花费时间去学习西方文化遗产，他可能会很不耐烦，假如叫他以物理学为学习中心，探讨物理学在历史上的影响，物理学对社会产生的结果以及物理学与伦理学之类的科目，那他就会注意了，这种课因与学生所学主干专业联系密切，有很强的综合效果。兴趣是最好的老师，它能充分调动学生学习的积极性，而良好的兴趣更是推动高职学生学习进步的最大助力器。那么，我们的大学语文教材正可以利用高职学生对专业的兴趣，在内容的选择、形式的编排上尽量贴近学生的专业，突出其专业特色，使我们高职大学语文更富魅力和特色，从而激起学生更高更浓的学习兴趣，以此实现高职大学语文既为专业服务，又达到培养学生文学素养和人文精神的作用。

（三）实践证明高职大学语文教材与专业相结合是可行的

笔者刚任教高职大学语文课时，曾被这样的情况弄得窘迫不堪：精心准备的一堂课，往往教师在唱独角戏，学生要么身在教室心在外，要么干脆人不见，难得有几个在认真听的，和其他语文教师交流，竟大多有笔者同样的感受和体验。这种状况使笔者深陷失望之中，直到后来听到一次语文公开课，才让笔者重新对上好大学语文充满了信心。这是一个美术班的口语表达课，教师首先布置了作业—介绍自己创作的一幅作品，然后给学生 10 分钟准备时间，接着全班分成六个小组分头进行筛选，最后每个小组推选一个说得最好的再在全班进行决赛。整个过程中，教师只起一个引导的作用。但从实际情况看，由于是自己喜欢、熟悉的对象，全体学生都踊跃参与其中，获得的效果竟出人意料地好。语文课竟然可以这样上，这让笔者茅塞顿开。于是自己开始有意识地把上课内容与专业相结合，但由于目前并没有一种具有专业特色的高职大学语文教材，全靠自己在教学中摸索，久而久之也掌握了一些规律，即在选材上注重与专业相结合，或在授课内容上注意与专业相结合，或在教学方式方法上注意与专业相结合，或在布置作业上注意与专业相结合，这样不仅教师教起来不累，而且学生学起来也兴趣盎然。下面笔者便以自己在美术专业授课的情况来作说明。

中国人喜欢“诗情画意”的境界，中国诗歌艺术与绘画艺术在中国文化发展史上亦形成了形影相随而又同生共济的微妙关系。作为美术专业的学生，绘画是其专业课程，其大学语文教材选材应以诗歌为主，选择每个时代较具代表性的诗人的情景交融的诗作来解读，同时从中体悟中国诗画美学的“平淡冲和”之韵味。如杜甫《登高》：风急天高猿啸哀，诸清沙白鸟飞回。无边落木萧萧下，不尽长江滚滚来。万里悲秋常作客，百年多病独登台。艰难苦恨繁霜鬓，潦倒新停浊酒杯。这首诗前四句写诗人秋日登高的所见所闻（景），后四句写诗人登高的感慨（抒情），达到了情景交融的地步。尤其是前四句诗与美术关联，教师上课时便重点讲授：首联从细处着笔，写了六件有代表性的具体景物，是一幅工笔画，整个画面惨淡凄清，与诗人孤独、悲凉的心境相吻合；颇联则从大处落墨，写整体景物，是一幅写意画，写出了秋意之深。这四句诗有仰视、俯视、全景观察，从声、色、静、动等多方面进行写景，构成了一幅生动绝妙的秋景图。课后思考题，或以一幅画要学生以诗概括内容，或写一句诗要学生画幅画，这样既考察了学生的构思立意是否巧妙，也旨在以诗意入画来提高学生的美术趣味。如“蛙声十里出山来”，有的学生画了一个荷塘，几只青蛙立在荷叶上；更有学生画了一幅写意山水画，几只蛾蚌沿着远山中的峡谷从容游过来，留给人更多的联想、回味，令人叫绝。另外我还收集了一些光盘（如《唐之韵》等）给学生播放。一个学期下来，学生竟不由喜欢上了这样的语文课，还老问：“老师，下学期还有大学语文课吗？”

在收集高职各种版本的大学语文教材时，见到了一本李玉芝主编的《文学与美——中国古代文学鉴赏》。这本书主要在文学与美的关系上进行了探索，介绍了中国古典文学形式（包括诗经、散文、楚辞、唐诗、宋词、元曲等）一些文学大师的名作，以现代艺术鉴赏方法，阐释作品中蕴含的生活美、哲理美、艺术美与民族美德，并把它与世界文学进行对比，从而使读者对中国的传统文学有较清晰和较感性的认识。这本书实际上就是北京服装学院学生修习的大学语文教材，它在文学与专业的结合上作了可贵的探索。不过作者认为这本书过于侧重文学史，选文篇目数量上还是少了点，而且选的内容基本是诗词，时间只到元代，没有明清文学内容，更没有现当代文学与外国文学内容，拘囿了学生的视野。

第三节　与专业相结合的高职语文教材建设

在自己的实际教学中，我们感到现行的高职大学语文教材不太适合高职层次学生。李玉芝主编的《文学与美——中国古代文学鉴赏》和自己的教学实践给了我们很好的启示，认为可以根据高职层次各个专业的现实情况编写一套高职系列的大学语文教材，这套教材以专业特色来区分，在内容上注重文学性、应用性与专业相结合。

一、教材的编写原则

1. 其基本定位应体现实用性、针对性

高职层次培养的学生毕业后主要是充实到生产第一线，是应用型高级技术人才，职业要求他们一毕业就能胜任工作，独挡一面，没有什么过渡期，在学校里他们就要学会如何与人交流，如何处理好人际关系，怎样写各种应用文书，达到学以致用，而不是等到走上工作岗位后再来学。况且社会竞争愈加激烈，求职压力越来越大，多一门技能在身就多一份保障。故大学语文教材应体现实用性。

高职大学语文教材在编写时还要具有针对性，要明确我们的教材是为哪个专业学生编写的，他们这个专业有什么特点，我们的教材怎样编才算是为专业服务。当然，这里所说的针对性是相对的，就大学语文这门涵盖内容较广的教材来说，不宜分得过细，既要顾虑到各专业大学语文课程之间的个性，又要考虑到不同专业的大学语文课程的共性，毕竟大学语文是一门公共基础学科。

简约性与及时性也是对高职大学语文教材基本定位时应考虑到的。高职学生专业课程繁多，还要参与各种各样的实践生产活动，外界的诱惑又太大，大学语文教材要想吸引学生的目光，不能编得繁琐复杂，再则“教材无非是一个例子”，主要目的是培养学生的举一反三、触类旁通的能力。故编撰语文教材时要给语文教师留出教授的空间，也给学生留出思考的余地，不宜介绍得过于详细。高职大学语文教材还应及时反映当代文坛创作及文学评论，与时代脉博同呼吸共命运。我们很多大学语文教材，往往是古代作品占有大量篇幅，现当代作品只是稍有涉猎，真正能反映20~21世纪生活的作品确实难以见到。

2. 根本要求体现科学性，力求做到生动、直观，具有可读性、启发性

我们的教材编写体系是否切合了高职学生的专业需要，是否促进了学生身心的发展，符合马克思的关于人的全面发展理论的需要，这在编写时都应进行论证，看其内容的选择、比例的搭配、编排的方式等是否体现了科学性。

在科学性的基础上，力求做到生动、直观、具有艺术美感。一般的大学

语文教材，往往就是一本教科书，且从头到尾全是文字，没有一幅插图，也没有用一些粗大的字体来突出诗歌、美文中的优美章句，总是让人看起来就是一本沉甸甸却无法从感官上给人强烈震撼，让人一眼就喜欢的书。新的高职大学语文教材，应从整体设计上体现与专业相结合的特征，除了教科书外，还要有教师教学参考、录音磁带、光盘等教材，使大学语文教学不再是一支粉笔、一块黑板的单一教法一统天下，除了文学还有音乐、舞蹈、绘画、建筑等都将走上高职语文课堂，使学生在学习的过程中潜移默化地得到艺术和美的享受。在每篇课文后布置具有启发性的思考题，培养学生自学的习惯。

3. 必须注意作品的思想性和可选择性

高职大学语文教材实际上是一种中介，通过教师的教学，指导学生阅读、思考、讨论、辨析、导引等方式，让知识、激情、审美相互结合所产生的能量撞击学生的心灵，唤醒和触动他们作为人的自我和类本质意识，树立人的自我精神与人格，在情感和情操的陶冶中塑造，出一个不同于他人，而又与他人、社会、时代文化相互交融的真正自我，从而有助于学生扩大视野，树立远大目标，确定自己的正确人生追求和价值标准。所以不管是针对哪种专业编的大学语文教材，在选文上必须注意到作品的思想性，即对学生进行德育、科学思想、人文思想、心理素质教育，这是由语文这门学科的非功利性决定的。

另外，还要注意到教材内容的可选择性。教材所选内容，应以不同的专业为出发点来倾斜，但也应考虑到高职层次学生水平参差不齐，有时甚至差距较大，所选内容要具有弹性，确定中等偏上水准，对基础好、有学习欲望的学生提供进一步学习的有关材料、索引、提示、注释等，对基础差的学生无形中形成一种压力，逼着他们要去努力学，这样可顾及不同学习对象，从而达到共同进步。

二、教材的编写体例

从现行高职大学语文教材的编写体例来看，一般是分为几大部分，或以模块的方式出现。其中关于文学作品的编排不外乎三种情况：一是按时间顺序编排，二是按不同文学体裁编排，三是按文章内容编排。每种编写体例都自有其优点，亦有其缺点。按不同体裁编排，可以不断强化某种文体的特点、基本结构等方面，对初学写作的学生是很有好处的，但多了不免给人厌烦之感，而且自小学到中学的语文课本也多是以这种形式出现；按文章内容编排，可以突出文章人文精神的一面，可文学作品每篇自有其主旨，但又未必只有一端的意义，容易引起交叉，若只突出其主旨，在某种程度上却是扼杀了学生的创新思维。在笔者看来，按时代发展顺序来编排文学作品比较恰当。虽然早期的作品因距离现代较远显得有点难懂，但高职层次的学生大多是从中学而来，经过中学6年的学习，一般的文言文知识均已掌握，再经过教师的点拨，基本上能读懂一般的文言文，而且按照这种时代更迭的顺序来学习文选，比较符合中国人的思维和心理习惯。在选篇上不能厚古薄今或厚今薄古，应根据专业的需要恰当搭配。这样会更使学生感受中国文化的源远流长和博大精深，懂得今天幸福生活的来之不易，能更深刻体会文化素养与人文精神的培养对一个人的重要性。

应用文包括的内容较多，有事务文书、礼仪文书、财经文书、科技文书等，因其实用性强，对高职学生有现实意义，故学生虽觉得学起来较枯燥还是努力把它学好。但笔者认为并不是每个专业的学生所需的应用文体都相同，如经贸专业的要学财经应用文，专业性较强，其他专业的就没这个需要。因此各个不同专业可以根据自己专业的特点，选出本专业需要学习的应用文体，而且应用文有程式化的特点，各文体之间还有许多相通之处，学生完全可以根据自己学过的内容举一反三。这样既节约了学生和教师的时间，同时又增强了学生的自学能力，可以大大提高学生的应聘成功率。

三、教材的内容选择

作为高职层次的学生，他的身份首先应是文化人。作为文化人，在社会生活中，有继承传统优秀文化，创造传播优秀文化的作用。而作为文化人，他们就业的岗位是在我国物质文明、精神文明的第一线，其整体素质的高低，将直接影响到社会的认可与否。

中华民族有上下五千年的悠久历史，创造了光辉灿烂的传统文化。在当今竞争激烈的国际社会中，任何一个国家和民族，要想永远沿着和平与发展的方向不断进步，永远立于不败之地，就必须解决好继承与发扬传统文化的问题。所以在各国大学里，都开有本国语文课。将传统文化作为当代大学生的必修内容，是举世公认的正确选择。除了学习本国优秀的传统文化外，还应涉猎外国的优秀文化，它等于是给大学生们打开一扇窗口，让大学生们看到除了自己花园花香郁人外，别人的花园也是美不胜收。总之，大学语文课它可以扩大学生的视野，提高学生的品味，对学生的世界观、人生观、价值观的形成都有极大的影响。高职教育属于职业教育，我们的高职大学语文教材的具体内容的选择也应是围绕专业服务。下面就以旅游酒店管理专业为例，来说明高职大学语文教材如何与专业相结合。

（一）旅游酒店管理类语文教材的选择

孔子说："诗言志。"自从陆机在《文赋》里第一次提出"诗缘情而绮靡"，中国诗歌便开始有了独立的自觉意识。到中古晋宋之际，陶渊明大量写作田园诗作，促成山水诗的兴起，使中国诗歌真正发现了"江山登临之美"，这一新兴的艺术因素使由"诗言志"这早期诗学观发展而来的"诗缘情"观再度发生变异，由单纯的言志抒情变为追求情景交融。后世的文人骚客为了开阔自己的眼界，到各地漫游，留下了很多墨宝，对各地的名胜古迹也起了很好的宣传作用。如李白"一生好入名山游"，写下了许多脍炙人口的诗句，岳阳楼因为范仲淹的一篇《岳阳楼记》而名动天下（虽然范氏未亲历现场），杜甫一生到处飘泊，四川的杜甫草堂仍是当今人们瞻仰的胜迹。

笔者认为，这本教材对文学史的介绍要详细些，选文应以诗歌、散文、楹联为主，培养学生较深厚的文化底蕴。编选目录如下：

第一部分　文学作品

一、中国文学史概述

二、诗歌

饮酒——陶渊明

滕王阁序——王勃

登幽州台歌——陈子昂

春江花月夜——张若虚

送梁六自洞庭山——张说

望洞庭湖赠张垂相——孟浩然

终南山——王维

蜀道难——李白

登金陵凤凰台——李白

长沙过贾谊宅——刘长卿

望岳——杜甫

同诸公登慈恩寺塔——杜甫

再游玄都观——刘禹锡

石头城——刘禹锡

题乌江亭——杜牧

大林寺桃花——白居易

饮湖上初晴后雨——苏轼

沈园——陆游

三、散文
《老子》二章——老子
《墨子》二章——墨子
七发·观涛——枚乘
上林赋——司马相如
五柳先生传——陶渊明
始得西山宴游记——柳宗元
墨池记——曾巩
书洛阳名园记后——李格非
峨眉山行记——范成大
大龙湫记——李孝光
游龙门记——薛暄
极乐寺记游——袁宗道
虎丘记——袁宏道
游黄山日记（后）——徐宏祖
西湖七月半——张岱
湖心亭看雪——张岱
游三游洞记——刘大櫆
游珍珠泉记——王昶
登泰山记——姚鼎

第二部分　楹联

一、楹联知识简介
二、名胜古迹联
江西滕王阁题联
成都望江楼濯锦楼
北京潭柘寺弥勒殿联
山海关孟姜女庙联
承德避暑山庄万壑松风联
苏州寒山寺联
杭州岳王庙岳飞墓联
南京莫愁湖郁金堂联
扬州二十四桥联
湖南岳阳楼联
成都武侯祠联
成都杜甫草堂联
骊山华清池联
昆明滇池大观楼联

第三部分 应用写作

概说
计划、总结
旅游广告
导游词
旅游指南
合同
调查报告
毕业论文

第四部分 附录

中国文化常识

（二）艺术类（包括音乐、舞蹈、绘画、影视剧等专业）语文教材的选择

在中国艺术中，音乐、舞蹈、诗歌长期是三位一体地共同实现它们的实用价值和审美价值，我国的第一部诗歌总集《诗经》共305篇，篇篇都可入乐，故中国往往“诗歌”并称，后来的楚辞、乐府、唐诗、宋词、元曲等无不与音乐有着千丝万缕的关系。中国许多伟大的音乐作品就是从古代诗歌中汲取了创作灵感。现代许多流行音乐中的一些优秀歌曲亦是借助优美而有意境的歌词来打动听众。

中国古代文论论画时常说“诗画同源”，这源便是诗人与画家独特的审美观念。中国的文学讲究含蓄有余味，贵出天然，绘画则注重虚实相生，无画处皆成妙境。苏轼观王维的“蓝田烟雨图”说：“味摩诘之诗，诗中有画；观摩诘之画，画中有诗。”这种诗画参融的观点，形成了诗情画意浑然一体的东方艺术模式，确立了惟尚萧条淡泊、闲和严静的文人艺术规范。

影视剧属于综合艺术，文学是这类综合艺术的主干部分。其对白和唱词语言本身就是文学，而且它们在拍摄或排演之前还须有剧本这一文学形式。一般来说文学可以离开其他艺术形式而独立存在，而其他艺术却往往有赖于文学的助力。而且它们主要是以故事性取胜，而这故事性主要取自于文学作品中小说的结构技巧和情节安排。尤其是戏剧的表演受舞台限制，其时间、空间有限，故事情节也是高度浓缩，更需要较高的文学素质。

神话可以说是中国文学的源头，我国早期的不少神话反映了母系氏族社

会以歌颂女性为中心内容的情况，如女娲造人、女娲补天、精卫填海等；到父系氏族社会就以歌颂男性或英雄为中心内容了，如鲸禹治水、夸父逐日、羿射十日等；到部落及联合部族的出现，带来了彼此之间的争战，又出了关于争战的神话，如共工与颛顼之战。后世的积极浪漫主义文学家纷纷从我国神话里汲取养料，从素材、思维方式、创作风格和手法方面借鉴，使作品呈现出纵横驰骋的奇想，博大精深的意蕴，历久弥新的活力，瑰伟多姿的风貌，可以说没有原始神话，就没有今天的文学艺术，原始神话可以说是很多创作的母题题材。

从专业出发，笔者认为这本教材应分三个部分：文学作品主要以神话、诗歌、小说、戏剧为主；应用文主要以广告、调查报告、毕业论文为主；附录介绍中国文学史和中国书法。编选目录如下：

第一部分　文学作品

一、神话（多种选本）
盘古开天辟地
女蜗补天、传土造人
鲸禹治水
夸父逐日
羿射十日
共工与颛顼之战
二、诗歌
关雎——《诗经》
兼霞——《诗经》（附《在水一方》歌词）
春江花月夜——张若虚（民族弦乐《春江花月夜》）
山居秋暝——王维
独坐敬亭山——李白
观公孙大娘弟子舞剑器行并序——杜甫
饮中八仙歌——杜甫
枫桥夜泊——张继（附《涛声依旧》歌词）
听颖师谈琴——韩愈
长恨歌——白居易
李凭笙模引——李贺
王维吴道子画——苏轼
水调歌头——苏轼
秋思——马致远

凤凰涅槃——郭沫若

再别康桥——徐志摩

雨巷——戴望舒

神女峰——舒婷

面朝大海春暖花开——海子

三、散文

《老子》二章——老子

洛神赋——曹植

兰亭集序——王羲之（附《兰亭集序》拓本）

垓下之围——司马迁（民族弦乐《十面埋伏》）

苏武传（节选）——班固（附“蝴蝶梦中家万里”—苏武牧羊假寐之画）

桨声灯影里的秦淮河——朱自清（附俞平伯《桨声灯影里的秦淮河》）

丑石——贾平凹

珍珠鸟——冯骥才

四、小说

俞伯牙摔琴谢知音——冯梦龙

武松醉打蒋门神——施耐庵

青梅煮酒论英雄——罗贯中

黛玉葬花——曹雪芹

婴宁——蒲松龄

阿 Q 正传——鲁迅

围城（节选）——钱钟书

五、戏剧

张君瑞害相思——王实甫（《西厢记》）

游园惊梦——汤显祖（《牡丹亭》）

茶馆——老舍

原野——曹禺

关汉卿——田汉

潘金莲——魏明伦

第二部分　应用写作

概述

计划、总结

调查报告

产品说明书

商业广告

传播文案

综述与评说
毕业论文

第三部分 附录

中国文学史概述
书法鉴赏知识

除了以上教科书的具体内容外，还应录制与教科书同步的电子版教材，另有作为教辅资料的教师参考书、光盘等教材与教科书配套使用。光盘的录制内容可包括音乐、绘画、雕塑等作品，到各地拍摄的名胜古迹，电视台录制的电视散文，还有如《唐之韵》的专题片等，使大学语文教材内容丰富、包罗万象，学生用起这样的教材一定会惊喜万分，再不会说高职大学语文课枯燥无味了。

四、教材的编写与推广

上面提到的高职大学语文教材的编撰到目前为止可以说还仅是作者的设想，因为教材的编写牵涉到方方面面，单靠笔者一己之力显然是无法完成的。笔者认为编写这样一套教材应包括：语文教师、专业教师、相关专家、出版商、多媒体制作人员、行政主管部门的专家等。只有经过上述人员的默契合作，才能制作完成我们这套系列教材的编写，才能比较全面地体现各专业特点，才能符合学生的需要，在这里，出版社应成为组织教材编写的主体，利用其独特的经营管理机制和资源完成我们教材的编写任务；行政主管部门的专家则应把好关，保证高职大学语文系列教材的质量。

高职大学语文系列教材编写完成后，可先在一部分院校专业中进行试点，看看教师的教与学生的学情况怎样。如果反馈意见比较好，可以逐步大面积推广；如果效果不佳，要调查研究分析存在什么问题，原因出在哪，再对症下药进行改进。一个新的事物产生后不可能是一帆风顺的，总是会遇到挫折或波折的。但笔者坚信，高职大学语文教材走与专业结合的道路是适应时代发展需要的，是可行的。

综上所述，高职大学语文教材近几年来有了较大的发展，开始逐步摆脱本科院校教材附属品的角色，初步形成自身特色，其所取得的成绩是有目共睹的。但当前高职大学语文教材中仍存在与一些专业不相适应与匹配的情况，导致学生兴趣缺乏，学习效果不佳。

本书结合高职教育的特点，在观照时代和现实的基础上，对高职大学语文教材与专业相结合的必要性和可行性进行了一些有益的探讨，并从教材的编写原则、教材的编写体例、教材的内容选择以及教材的编写与推广四个方面研究其实施的具体化和可操作性，以期达到提高学生学习兴趣、培养学生人文素质的目的。希望能对当前的高职大学语文教材的编撰起到一定的启发、借鉴作用。

第四节　对高职语文教材编写的反思与建议

一、对高职语文教材编写的基本理念的反思

教材编写的理念决定了教材内容的选取、体例的安排等各方面，直接影响教材质量水平。高职大学语文教材的编写应贯彻以人为本、注意整合、倡导开放的理念。

（一）以人为本

人本主义的教育价值观认为，教育应以育人为本，重视人的全面自由和谐发展，确立教育者在教育活动中的主体地位，把人的发展作为教育的核心和目的。

随着商品化的进程，中国正进入一个技术化社会，商品意识、科技意识、纯技能意识向社会各领域全面渗透，不可避免地带来诸如人的生命意义、存在意义严重挑战等问题，因而塑造全面完善的人格极为重要。

爱因斯坦说过："专门知识和技术虽然使人成为有用的机器，但是不能给他一个和谐人格。最重要的是，人要借助教育获得对于事物和人生价值的了解和感情"。鲁洁教授在剖析当代教育的弊端时指出："近一个世纪以来的教育，主要宗旨只是教人去追逐、适应、掌握、发展这个外部物质世界"，我们不能放弃了对学生进行"为何而生"的教育，而仅仅致力于传授"何以为生"的知识和本领。

1. 以高职学生为本

当前高职教育单纯"能力至上"以及"职业至上"的偏向，把目光着重放在培养社会职业所需的知识和技能上，把教育的主体放到了次要或被忽视的位置，容易导致高职生只在"实用"和"功利"层面上去思考问题，变成

工作机器。高职语文教学不能只当作语文训练，而是语文教育；不是单纯的语文学习，更是语文熏陶。高职教育与社会经济发展关系十分密切，这一特征决定了高职人才要想适应21世纪经济快速发展的需要，除了要具备较高的理论水平，较强的实践技能外，还须具备良好的职业素质，即积极生存发展、敢于承受风险、勇于开拓创新等心理素质和社会交往、与人共处、合作共事等"做人"的能力等。因此，高职大学语文教材的编写，应定位于以人为本的编写理念，以人的职业准备为中心，尊重学生的自主学习的精神，充分调动学习过程中学生的主动性与参与性，注重考虑教材的编写体例的是否合理、科学。具体说来，应注意以下几个方面：

首先，在编写目标上，要树立"两全"的教育观念，即以全体高职学生的发展为本，以每位高职学生的全面发展为本。这种全面发展既包括学生知识和能力的最大限度发展，也包括个性的良好发展，使学生在高中教育的水平基础上，进一步提高听说读写的能力，提高文学素养，格外关注高职学生的个性发展和未来发展即可持续发展。笔者曾在长沙市区高职院校做过调查，得知有的学校将大学语文课程就开成了应用写作的课程，对"有用"的几种应用文进行训练，而听、说、读以及其他文章的写作则不再涉及，认为这是有利于高职生就业的一种改革，笔者觉得这是一种急功近利的做法，违背了以人为本的理念。语文能力处于什么层次，一般与学生所受教育的人文含量以及文化品位有直接关联。语文教材作为一种载体，是用来培养学生交际能力的，只要有利于培养高职学生语文学习能力的，我们都可以选入教材，名家名篇可以选，学生优秀作文也可以选；文字可以用，图片也可以用；文学知识可以选，学习方法也可以编，一切都要以是否有利于学生的语文能力发展来定。

其次，在教材的重点、难点的确立上，要解决学生在教材内容中因缺乏感性认识而造成的知识和方法的障碍，注重认知规律对高职学生的影响，重视传统文化对高职学生的熏陶，重视对高职学生价值取向的判断，重视审美能力的培育，对高职学生的积极情感和美的心灵世界的培育，着力为高职学生的终身学习打下基础。

再次，在编排方式上，力求新颖、合理，适应高职学生的学习心理，注重培养高职学生语文学习的习惯，融知识、思想、能力、方法于一体，充分反映学生知识、能力递增的客观规律。充分考虑教材难易程度、可读性与高职学生可能接受的能力，部分之间的安排是否科学合理，学生的性别、年龄与地区因素是否对教材内容的接收性受到影响。如施也频主编的教育部高职

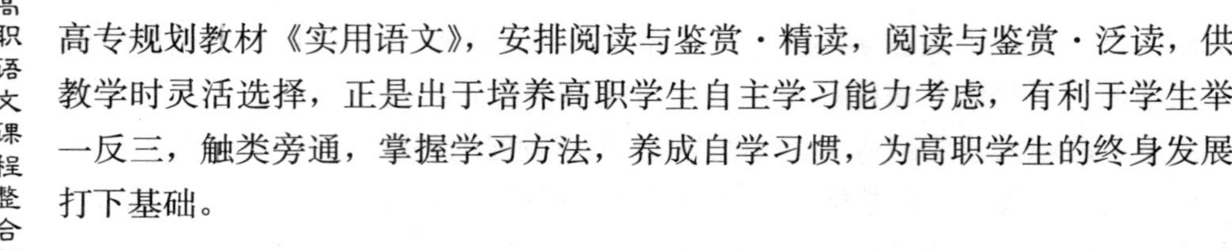

高专规划教材《实用语文》，安排阅读与鉴赏·精读，阅读与鉴赏·泛读，供教学时灵活选择，正是出于培养高职学生自主学习能力考虑，有利于学生举一反三，触类旁通，掌握学习方法，养成自学习惯，为高职学生的终身发展打下基础。

2. 以高职教师为本

以人为本，不仅以高职学生发展为本，还应包括以高职教师发展为本。我们的语文教师历来扮演的是知识传授者和教材使用者的角色，知识传授和技能训练，尤其是知识化的考试把教师变成了知识的奴隶。“知识化地看取教材，知识化地处理教材，不能掺杂个人的感悟；科学严格地传授知识，不能有丝毫的情感投入……‘标准化’的试题，一切的答案，不容许有个人的理解，多元的阐释和别致出格的判断与表达”。以知识体系为逻辑起点，把语文学习流水线化的语文教材，不能留给高职教师创造的空间，以往的语文教材作为文化传承的工具的逻辑，使得教师对文本的解读、阐释也服务于社会主流文化的话语体系，不提倡质疑、反思、批判，只要求接受、复制，这样的语文教材使得教师不能思考自我，不可能有自己的性格、使命。高职语文教材编写应当在现实与理想之间寻求平衡和张力，立足现实，追求理想，而不是放弃理想，在高职教师的适应和不适应之间寻找平衡，给高职教师一定的压力和挑战，使高职教师从原来单纯的教材使用者的角色转变为不仅是教材的使用者，而且是教材的评价者和开发者的角色，实现由“传授型”向“研究型”的转变，满足高职教师的精神探寻和实践创新的需要。另外，在大学语文教材出版的同时，还应专门为授课的教师提供教学光盘，录像带，教学软件等，其内容应包括教学要点、课文具体分析、名家评点资料、习题答案、试题汇集以及介绍阅读、口语交际能力与写作方法的大量资料等，多方面地为高职教师教学提供帮助和参考。如孙听光主编的《大学语文》，就专门为教师编写了光盘，方便教师授课，笔者在使用教材时就体会到这样有利于尽快熟悉教材，有利于教师获得良好的教学效果。

（二）注意整合

高职大学语文教材既具有语文学科的特点，又要符合高职教育的特点，这就要求高职教材的编写要注意整合拓宽语文学习和运用的领域，注意工具化与人文性的统一、知识与能力的融合、兴趣热点与专业实用兼顾。

1. 工具性与人文性的统一

语文学科作为一门人文应用学科，应该是语言的工具训练与人文教育的综合，这是新中国成立后一直到20世纪90年代，我国语文教育界对语文学科性质的认识，经历了时而偏重工具性、时而偏重人文性的曲折历程后达成的共识。高职大学语文教材的编写应实现工具性与人文性的合理整合，最大限度地提高高职语文教学效率，尽可能全面提高高职学生的语文素养。因为语文涉及语言和思想，人们只要活着，就离不开语言和思维；语言是交际的工具，同时也是思维的工具。语文教学不仅要教学语言的知识，更要重视思维训练。语文学科，因学习内容的广阔性，思想的深刻性，情感的丰富性，是最能够对学生精神素养产生深远影响的学科，而语文学科所有的精神养料，又蕴含在丰富多彩的语言当中，没有对语言的深刻理解也就无法领会人文的内涵。在高职语文教材编制中，必须考虑怎样在语文这个工具中渗透人文因素，人文因素如何在工具训练中得到兼顾，使二者统一融合，不能把高职语文教材编成政治教材，在关注人文性的同时，不能忘记语文学科特有的任务，即对学生言语技能及与此相关的思维技能训练，把养育高职学生的人文素养和发展高职学生的听、说、读、写能力有机结合起来。

2. 知识与能力的有机融合

高职教育和普通高等教育将并列成为重要的高等教育类型，其主要区别不在层次上，而在培养目标和办学模式上。培养研究型、理论型的人才是普通高等教育承担的任务，高职教育培养的是生产、工作第一线的应用型、技术型人才。其特点不是要求学生具有高深的理论知识而是具有较强的实践能力，能高质量地承担第一线的工作，这就要求高职教育必须由让学生获取积累知识，形成足够的储备性素质为主，转到让学生学会走入社会，学会做人与做事，具备较强的应用性素质上来。必须以培养能力为中心，让高职学生成为一专多能的复合型人才，使高职学生在依托专业立足的同时，还能更好的地应对生活，能思善辨，能说会写。高职语文教材编写语文知识时，要精当、准确、好懂、管用。要为高职学生学习专业提供必需的语文知识。如高职语文教材选编名人传记，从内容上可以使学生明白处世为人的道理，从文体上可以让学生学会自传、个人履历的写作。高职语文教材还可以编入一些有争议的作家作品。如周庆元主编的《大学语文》，江灏主编的《大学语文》，殷莉、肖石泉主编的《大学语文》，都选录白居易的《长恨歌》。其中周庆元主编的大学语文在第一单元古代韵文作品选读中不仅课文选录该首诗歌，单元知识“中国古代韵文的发展”介绍了诗词曲赋等韵文的有关知识，还在提示中提示了该诗主题的复杂性：“在诗中，作者对李杨爱情的悲剧结局充满了同情，但对唐玄宗的耽乐误国也不无讥刺，从而导致作品主题的复杂性。但从作品本

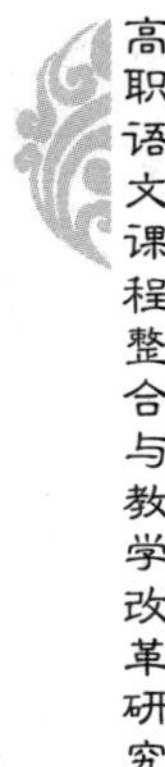

身及作者编集时将其归于感伤一类来看，显然同情多于讥刺”。在思考与练习中设计了“对《长恨歌》的主题，历代学者认识不同，你怎么看？”的问题，这样教师在课堂讲授时就可以介绍“讽喻说”“爱情说”“双重主题说”，引导学生思考讨论，达到培养学生的思辨能力的目的。

3. 兴趣热点与专业实用兼顾

高职学生一毕业就直接走入社会，职业需要是促进高职学生学习的首要动力，他们重视专业课程的学习，而把大学语文这门公共课看得无足轻重，要使他们喜欢这门课程，还得在激发学习兴趣上下工夫。同时，高职教育的针对性和职业性强的特点决定其语文教材的编写必须考虑不同职业岗位群的实际需要，根据相关职业的特点，选取一些古今中外表现优秀的职业人物的工作生活及至情感世界的文章，以展现高尚道德和职业品质，实现职业道德教育的潜移默化。教材编写时可以考虑把学生通常比较感兴趣的通俗文学，网络文学、影视文学、动漫文学等纳入到教材体系中来。另外，结合专业的特点，编写适应各专业需要的口语交际训练内容和应用写作内容，如复述、演讲、话题讨论、辨论、情境对话，导游词、解说词、欢迎词、欢送词。与学生所学专业联系比较紧密，在今后工作中经常用到的应用文文体，如社交书信、调查报告、论文、计划、总结，报告、请示、函等，教学中教师可结合本专业需要进行取舍，如进出口业务专业的外贸应用文，旅游专业的解说词、导游词，幼师专业的课本剧表演，公关礼仪的主持人大赛，模拟人才招聘等，使语文教学与专业教学结合，让学生体会到大学语文是学习专业知识的一个必要的平台。

总之，高职语文教材的选编内容应当具有相当的宽泛性、开放性，充分照顾到教与学的方面的实际需要，又具有选择性。高职语文模块的构成是一个生态系统、生命系统，各种整合不是简单的拼凑，工具性与人文性、知识与能力、热点与专业，有机地统一起来，按学生的心理发展逻辑整合教材。

（三）倡导开放

传统的语文教材将语文看成是一个封闭的系统，高职大学语文教材应顺应时代的要求，站在学科的角度，倡导开放，具有宽广的视野，注意教材的多元化。

1. 多元化

教材编写必须具有宽广的文化视野，把握好传统与现代，民族化与全球化的关系。注意吸纳多元文化，让高职学生触摸世界最优秀的文化经典，接受世界先进文化的熏陶。要注意两个方面。

首先是处理好传统与现代的关系。

大学语文是一门培养民族精神、民族文化传统、民族文化心理的重要课程，要让博大久远的中国文化，持续塑造中华民族的性格和灵魂。高职语文教材编写应注意引导学生认同祖先的传统文化，选择最能体现五千年民族文化精华的作品，让学生体会其中蕴涵的中华民族精神，为形成一定的传统文化底蕴奠定基础。学习从历史发展的角度理解古代作品的内容价值，从中汲取民族智慧；用现代观念审视作品，评价其积极意义与历史局限，使高职学生面对世界，既不因“我是中国人”而“妄自尊大”，也不因此而妄自菲薄。另外，高职教育为社会培养急需的高级应用型人才，学生学习语文的目的也是为了更好地领略时代的精神，把握时代的观念，在鲜活的时代语境中游刃有余地从事各项职业，处理人际关系，因此高职语文教材的编写也必须考虑到不同时代语文从内容到形式都具有极大差异。言语、词汇等都会反映时代的特征，随社会的发展而发展，是社会文化镜像，如果语文教材所展现的社会背景、时代精神、价值观念等与当代社会差距甚大，使高职学生所学的与现实面对的处在完全不同的时代语境当中，就不能达到语文教育的目的，因此只有选取符合当代语境特色的、适合提高学生听、说、读、写各方面语文能力的典范素材，既教给学生现代汉语的标准的发音、准确的书写，到位的表达、高效的阅读，又反映当代时代文化和精神，表现人文关怀和现代理念，让学生获得批判的眼光。只有这样高职语文课培养出来的学生才是真正适合时代需要的，具有一定的传统文化底蕴、能说会写、善于表达和沟通的新型复合型人才。

其次是处理好民族化与全球化的关系。

进入 21 世纪后，中国正在大步走向世界，世界也正在走向中国，地方和民族的自给自足和闭关保守的状态被各民族的各方面的互相往来和各方面的互相依赖所代替，各民族的精神产品成了公共的财产，世界多元文化以势不可挡的趋势冲击着本土文化，民族的片面性和局限性日益成为不可能。而全球经济一体化，教育国际化的大趋势更加突出了世界各国文化大融合的必要，教育必须打开国门，放眼世界，以实事求是的态度对待外国，改变对资本主义国家全盘否定的态度，向任何先进国家学习。在这一背景下，全球意识和综合性思考成为当代人思维方式的重要特征。另外，许多高职学生就业到外企，毕业后直接进入国外的市场及国外的文化中，要很快完全融入另一个国家或民族的文化，必须就有这样的意识和准备。而翻译队伍的壮大，翻译内容的多元化，翻译手段的现代化及大量的跨学科的译作出现，使高职语文教材外国作品的选材范围扩大，选材内容也呈现出五彩缤纷的局面，不管是文学作品还是非文学作品都能反映当代文化经济、科技、哲学等领域的先进成果，高职语文教材的编写必须顺应时代的要求和高职学生的需要，既要植根汉民族文化传统，又要增强时代气息和现代韵律，同时还要加强与国外文化的交流与融合，促使高职学生扩展思维、开阔视界，理解和尊重多元文化。

2. 生活化

倡导开放除了指高职语文教材编写要具有宽广的文化视野外，也指高职语文教材的编写要体现生活化、综合化的理念。生活化教材就是力求与学生的生活相联系，贴近学生的生活，贴近学生的情感，贴近生活的原生态，充满不加掩饰的原真气息，让学生在生活中学习语文，因为语文与生活的外延相等，丰富多彩的生活是语文教材的源头活水，能为学生的言语交际活动设置特定的对话情境，激发交流的欲望，使学生的言语交流获得一种持续、稳定的内驱力，只有与生活密切联系的语文教材才能唤起学生自主学习、自我探究和发现的原动力，才能促进学生的主体性发展，实现自我建构。这就要求高职语文教材的编写必须注意联系高职学生的现实生活和言语实践活动。从高职学生的经验和生活实际出发，创设生活情境，倡导生活化学习，选择学生最喜欢的，在学习中最有乐趣的文本和材料，设计学生主动参与的新鲜，活泼、有创意的生活化语文学习活动。编写高职语文教材要贴近高职学生的生活与心理发展水平，依据高职学生的心理特征和认知规律，使教材既紧扣教学内容本身的教育因素又符合学生的思想实际和生活实际，重视学生直接生活经验的重要作用，积极鼓励学生从生活中习得语文能力，形成思想观念。

从现有语文教材看，存在脱离生活实际的问题，对不断发展与丰富着的社会生活反映不够。课文中只有古代的过去的“人”和“事”，没有“现代人”和学生“自己”，没有选入贴近学生生活的学生感兴趣的现当代文章，如余秋雨、王跃文等当代作家的文学作品，反映人类科技最新成果的作品，如基因工程、生物工程、信息网络等，没有当今的社会图景和矛盾冲突，新思想、新理念以及体现建设现代精神文明的新的需求。由于高职语文教学的目的在于培养职业化的高级技能人才，高职语文教材不是象传统的语文教材提供的是一个宽泛的生活用语语境，应能够为学生展示职场语言应用的范本，拉近生活和语文教学的距离。

应用文训练和口语训练的活动设计可以以校园活动为主，以将来的职业活动为主，以社会活动为主。可以是商场竞争的一句充满智慧广告词，可以是生活中的一次演讲，一场辨论，求职时的一次竞聘，社会生活中的种种现象，对于个人前程、爱情、友谊等选题都应该涉及、让高职学生感受时代气息和亲切感，产生共鸣。另外，母语固然具有一定的稳定性，但随着时代的发展，也会相应产生新的语言现象，值得我们去记录、研究，如随着计算机的普及与网络的飞速发展产生以及随着改革开放的深入，外来语言渗透到汉语中形成独特的语言现象，这些具有时代特色的语言内容也应该成为语文教材编写者关注的对象。引导学生利用相关的语法知识对这些语言现象进行分析，从而丰富语言的累积。

二、对高职语文教材编写的建议

高职大学语文教材的编写体例既要符合高职学生的认知规律，又要体现高等职业教育的特色，即教材的科学性和创新性，与以文学发展为主线和以文体分类为主线来确立教材编写体例相比，建议高职大学语文教材的编写体例可采用以培养学生语文操作能力和良好的职业素质为主线，以模块组合为框架来编排。

（一）以培养高职学生语文能力为主线

操作力通常被理解为动手的能力，实行的能力和完成的能力。高职语文操作力的主要内容是满足专业所对应的岗位需要的汉语文的听说读写能力。随着信息社会的到来，语文操作力还包括汉语与其他语种之间的互译能力，汉语文的计算机录入能力等。为此高职大学语文宜以单元式编排选文。每个单元配套相应的知识短文和单元练习题。中学语文教材单元编排是每个单元讲授一个知识点，或一种文体，或一种写作方法，每个单元内选文之间的关系是“同”中显规律，“异”中见个性，纵比循序渐进。高职大学语文教材单元内选文之间的关系是同大时代或同大类别，其单元编排的特点是更重视单元之间知识的系统性。不再以课文为主要教学材料，而应以文学知识，口才知识和应用文知识体系为主要教学材料。如中国古代文学部分，要将上古神话，先秦策论，汉赋、唐诗、宋词、元曲、明清小说的文学特征、价值和主要代表作介绍给学生。练习题应引导学生课外广泛查阅资料 写作文学评论或是创作文学作品。“演讲与口才”和“应用写作”的编排，也是通过理论分析范例，

继而在单元练习部分强调模仿练习和模仿范文写作，培养口头表达能力和应用文写作能力。

（二）以模块组合为框架

高职教育针对性强，其培养目标具有职业性和实用性等特点，即要求在较短时间内培养出适应社会各行各业需要的实用型人才。高职学生就应具备熟练运用语言文字的能力，能说会写，善于表达和沟通，能游刃有余的开展工作，并具有高尚的职业道德。传统模式编写的语文教材对培养学生的文学素养和审美水平有较大的好处，但对于在较短时间内提高高职学生实际运用语言文字的能力就效果不是很显著了。先看传统语文教材结构框架（图 6-1）和高职语文教材结构框架（图 6-2）的区别。

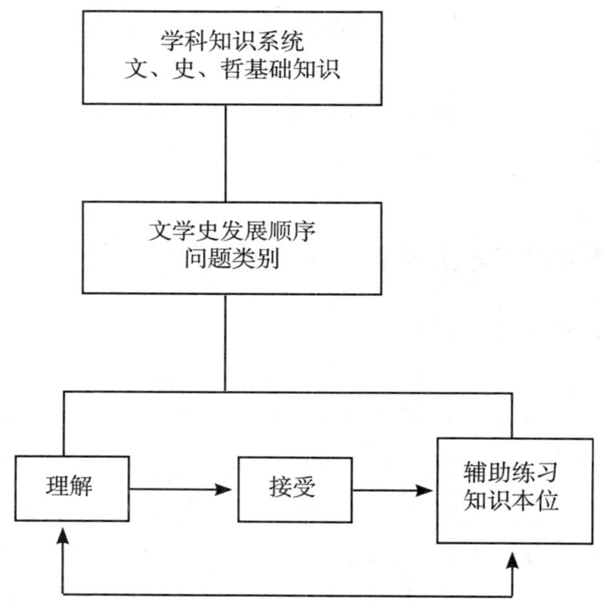

图 6–1

高职语文教材的结构框架如下：

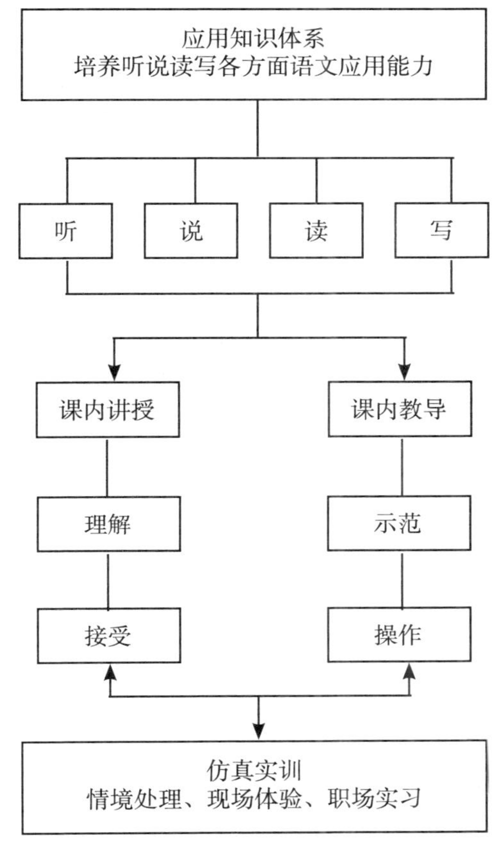

图 6-2

从上可见，高职语文教材是立体的开放式的应用结构体系。这个体系由听、说、读、写四大模块构建，这四大模块是前后照应，互相补充，成为有机的统一体。四大模块中，每一模块均包括两大部分，知识讲授部分分成理解、接受、应用三个层面；教导实训部分分成示范，解说、应用三个层面。其中，高职语文教材知识讲授部分不同于传统高教语文教材对文学常识的讲授，而是提供各种语言知识之间的关系，把细节置于更大的影响范围之中，而教导实训部分则为运用语言文字提供实境，并对细节作详细说明。这种框架与传统语文教学相衔接，又突出了高职语文教学的特色。

这样高职大学语文教材由“文学欣赏”“演讲与口才”“应用文写作”三

大模块共同组成教材的整体，又可以根据需要随时取舍。各自的范文和教学内容亦自成体系，又可删节。主要有三个原因：一是教材的专用性与通用性结合。高职语文教材既要考虑语文教育的主干内容对各专业均适用，具备通用性的特点，又要考虑不同专业的区别。如文秘专业，往往单独开设应用文写作课程，语文课就不必再讲述相关应用文的知识了。二是不断更新与相对稳定结合。现代科学技术发展极为迅速，语文虽属公共基础课程，知识具有一定的稳定性，但是也要时刻注意汉语言文学、教育理论研究中的新成果，时代变化对学生提出的新要求，（如网络语言、网络文学），选文也必须更新，使其具备时代气息。三是独立设置与课程交叉相结合，如国际贸易专业，强调英语和国际通行的经济应用文的运用，进出口业务函电，经济类应用文体写作等类似课程开始直接引用英语原版教材，采用双语教学，要求高职语文教材的编排灵活，可根据需要随时抽取。

这样高职大学语文教材可以作如下设想：

把高职大学语文教材编为两本：一本为文学欣赏课本；一本为演讲与口才和应用文书写作课本。具体请看如下目录：

文学欣赏课本

上编　中国文学

第一章　中国古代文学

第一单　元先秦文学

　　一、先秦文学概述

　　二、先秦文学作品选读

　　　　采薇《诗经》

　　　　燕昭王求士《战国策》

第二单元　两汉魏晋南北朝文学

　　一、两汉魏晋南北朝文学概述

　　二、两汉魏晋南北朝作品选读

第三单元　唐宋文学

　　一、唐宋文学概述

　　二、唐宋文学作品选读

　　　　春江花月夜——张若虚

　　　　长恨歌——白居易

　　　　望洞庭湖赠张垂相——孟浩然

走马川行奉送封大夫西征——高适
宣州谢眺楼赠别校书叔云——李白
哀江头——杜甫
定风波——苏轼
醉花阴——李清照
摸鱼儿——辛弃疾

第四单元　元明清文学

一、元明清文学概述

二、元明清文学作品选读

【双调·夜行船】秋思——马致远
单刀会——关汉卿
席方平——蒲松龄

第二章　中国现代文学

一、中国现代文学概述

二、中国现代文学作品选读

威权胡适
雨巷——戴望舒
死水——闻一多
故乡的野菜——周作人
箱子岩——沈从文
奋英雄怒——金庸
围城（节选）——钱钟书
风波——鲁迅
北京人（节选）（第三幕）——曹禺

第三章　中国当代文学

一、中国当代文学概述

二、中国当代文学作品选读

乡愁——余光中
致橡树——舒婷
陈奂生上城——高晓声
春之声——王蒙
都江堰——余秋雨
读书示小妹十八生日书——贾平凹
高山下的花环（节选）——李存葆
宝莲灯（节选）
安妮哭了——寂寞飘龙

下编　外国文学

一、外国文学概述

二、外国文学作品选读

老人与海（节选）【美国】海明威

等待戈多（节选）【爱尔兰】贝克特

哈姆雷特（节选）【英国】莎士比亚

苦恼【俄国】契诃夫

神颂【印度】泰戈尔

驹子的身世【日本】川端康成

伏盖公寓【法国】巴尔扎克

文学欣赏课本分为中国文学和外国文学两个部分。中国文学部分以文学史为纲，按照简明文学史的要求，对在中国文学史上占有重要地位的诗人、词人、散文家、戏曲大师的优秀代表作品，考虑到不宜过深过长，过通俗以及不与中小学重复，尽量选入以诗歌、散文、小说，剧本和影视文学，动漫文学、网络文学为内容，使高职学生学完本教材，能大致勾画出从古到今中国文学发展的主要轨迹。外国文学部分按分洲（亚洲、美洲、欧洲及其他各洲）选文的办法，选入日本、印度、美国、法国、英国、俄国等具有代表性的作家作品，使学生通过对教材的学习了解外国文学的概况。文学欣赏课本的目的在于提高高职学生的文学素养，提高高职学生的文学鉴赏水平和审美情趣。

演讲与口才和应用文书写作合编为一本，听说读写并重。演讲与口才编入演讲与口才的知识，精选听说示例，练习部分创设情境进行听说训练。如节目主持，基础知识部分编入主持人概述；主持人的常用语（开场语、串连语、推进语、结束语）；主持人现成言语生成能力的养成等内容。“示例”部分选编学生熟悉的我国著名主持人如沈力、赵忠祥、徐曼、宋世雄、敬一丹、倪萍、杨澜、水均益、白岩松、陈鲁豫、崔永元、王小丫等主持的节目的脚本，如实话实说、鲁豫有约等。“练习”部分创设情境，进行训练。如让学生围绕话题主持一个座谈会，要求由一人主持，两至三人参加座谈，主持人必须有开场语、引导语、结束语。

应用文书写作编成八章，第一章公文的写作，第二章社交书信的写作，第三章计划和总结的写作，第四章调查报告的写作，第五章解说词的写作，第六章规章制度的写作，第七章诉讼文书的写作，第八章毕业论文的写作。每一章又分为基础知识、例文评析和练习三个部分。以应用文写作基础知识为线，附以相应例文，构成应用文讲练序列，进行应用文读写训练。如公文的写作编入公文拟写的基本知识，选取使用频率高、使用范围广的文种，如通知、通报、报告、指示、批复、函、会议纪要等，对近年来产生与发展起来的公示、申论、述职报告这些目前不是法定行政公文但实际上有的已在履行现行行政公文的职能，如“公示”，有的已成为现行行政人事管理的重要工具，如“述职报告”，有的则成了跨入公务员行列和从事行政管理工作所必不可少的入门券，如“申论”，也可以考虑编入。介绍这些文种的特点、写法、写作的注意事项等知识，联系学生生活设计写作练习。如要学生代拟一份举行校运会的通知等。这样的公文高职学生接触过，但因一般事务告知性通知对他们来说有一定的难度，往往告而不清，但通过例文讲析，教师指导，学生反复修改后，可以把要告知的事项告知清楚，基本上达到通知写作的要求。教材编写时尽量选取最近的例文，练习设计针对学生的实际，联系学生的生活，把握好难易程度。教材侧重培养高职学生的说和写的语文能力。

第五节　高职语文教材的文化价值

文化是一种社会现象，是人们长期创造形成的产物。同时又是一种历史现象，是社会历史的积淀物。确切地说，文化是指一个国家或民族的历史、地理、风土人情、传统习俗、生活方式、文学艺术、行为规范、思维方式、价值观念等。任何文化都是靠语言传播、凭文字流传下来的，语言文字是记录、传播各种文化的工具。中国现代百余年的语文教育史，基本上走的是文选制，就是通过一篇篇文章教给学生必要的语文知识，使他们具有一定程度的语文能力，同时借助这些文章（主要是文学作品）让学生在思想品德、情感态度、审美关照、吸收进步文化并生成自身文化底蕴等方面得到进步和发展。

作为文化的传播者，语文教师如何培养学生的人文精神，关键还是要从教材入手。在《江苏省五年制高等职业教育语文课程标准》中这样建议：“教材要富有人文内涵。要重视继承和弘扬中华民族优秀文化，注重吸收人类文化精华；要充分体现时代特点，理解和尊重多元文化；要有助于学生树立正确的世界观、人生观和价值观，有助于学生形成良好的个性和健全的人格。

在笔者看来，语文教材中的文化必须具备两个方面的内容，一是语文课程本身固有的文化，那就是语言知识和文字知识，文章阅读和写作知识，文学欣赏和文学史知识，听、说、读、写的语文能力等等；二是教材中所选择的文章或文学作品所承载的文化，这个可能是语文文字记载的其他学科的原文化知识，也可能是古今中外各种各样的文化现象或文化成果。

以往教材大多比较重视思想教育、爱国教育、优秀传统文化教育，现用的苏大版五年制高职语文教材除了继承这一点外，也容纳了中华民族以外其他各民族的优秀文化传统，这充分体现出教材编者对多元文化的尊重。在这个教材中，我们读到了很多具有文化内涵、能够反映人类普遍的文化心理、对了解社会和认识社会有价值的文章。这些文章不仅成为语言运用的最佳范例，更成为高职学生与古今中外思想家、文学家、科学家对话的桥梁。

现教材中，选用了方苞的《左忠毅公逸事》一文，写的是左光斗的两件事：第一，左光斗慧眼选贤；第二，左光斗身陷囹圄，训勉报国。而他发现的贤才史可法则不负师教，忠于职守，勤于军务。左光斗被政敌陷害，身陷牢狱，遭受酷刑，“面额焦烂不可辨，右膝以下筋骨尽脱。”可他却对冒着生命危险前来探望他的史可法说出：“国家之事糜烂至此……天下事谁可支柱者。”这样的话。文章所表现出来的是一切以国事为重，将国家、民族利益置于个人生死、荣辱之上以及始终不忘师恩和遵循老师教诲的尊师重道的传统美德。

《邹忌讽齐王纳谏》宣扬的是纳谏、用贤以及取信于民的为君之道。《过秦论》《六国论》等总结前朝灭亡的原因，提出了要以史为鉴。《归去来兮辞》《饮酒》等诗突出反映了中国古代的隐士文化，体现了旧时代正直知识分子厌恶官场、鄙弃功名、诊视自我人格，向往自由的传统。

《林黛玉进贾府》中，林黛玉因从前在家时常听得母亲说外祖母家与别家不同，“因此步步留心，时时在意，不肯轻易多说一句话，多行一步路，唯恐被人耻笑了他去。”贾府礼节的严谨由此不难看出。因此林黛玉严守礼节，处处按照贾府的规矩行事，甚至为此完全改变了从前的生活习惯，比如饭后喝茶等。这些都显示着封建贵族家庭的严谨礼制，封建家礼是封建礼教的附属物，其核心是要遵守封建道德的规范要求。

高职语文教材为传统文化教育提供了一个非常广阔的天地，其中几乎涉及了中国传统文化的各个方面，以上只是略举几例说明。作为一名语文教师，应当最大限度地利用好手中的课本，做一名优秀的文化传播者。如说，在文言文中出现“万乘之国”时，我们可以顺便为学生介绍一下中国古代的战车文化；在学习《林黛玉进贾府》时，教师也可以讲讲传统服饰文化和传统建筑文化；当讲到《鸿门宴》中的座位安排时，还可以说说传统礼仪文化。或者还可以专门安排一课，专门介绍某些传统文化的内容。这样不仅可以丰富课堂内容，更重要的是提高了学生的学习兴趣。

作为一名语文教育工作者有些话不吐不快：任何一个民族的现代化都必须建立在本民族的传统文化之上，我们必须重视我们的传统文化，从传统文化中挖掘精华，传统文化与现代化建设结合起来。现在的孩子热衷于西方“情人节”却不知道“七夕节”，埋头学英语却害怕背古文，不知孔子名丘，不知《史记》是何物。想来真的很可悲，堂堂炎黄子孙却失了根本。因此，作为人文学科的语文在构筑学生的精神世界，提升学生的人文素质方面，起着非常重要的作用。传统习俗教育是传统文化教育中的重要组成部分，只有让学生真正的了解，才能期望他们去延续这些传统。试着在各节假日前后利用课堂来为学生介绍这些节假日的相关传说与习俗。比学生回到老家考察家乡习俗，并写出考察报告等等。通过老师的介绍，学生们会开始发现这些很有趣，也增强了他们的民族自豪感。

中国科学院院士杨叔子先生说过：“一个国家，一个民族，如果没有现代科学，没有现代技术，一打就垮；而如果没有优秀的历史传统，没有民族人文精神，不打自垮。”可见人文精神对国家、民族是至关重要的。作为人文学科的语文，对传承优秀文化，构筑学生的精神世界，铸造学生的灵魂，有着非凡的意义。传统文化教育的任务任重而道远，语文教师肩上的担子确实很重，但是传播文化的任务又是光荣而神圣的！相信在我们的帮助和引导下，我们的后代依然能看到和领略我国传统文化的博大精深。

第七章　改革高职语文教学评价体系

教学评价作为课程结构的重要组成部分，在教学活动中的地位不亚于教学过程本身。高职语文课程作为职业院校的一门公共基础课，其“工具性”与“人文性”的双重职能越发得以凸显。探索适合高职语文课程教学特点的评价方式方法，对于深化高职语文课程的改革与发展，提高学生的语文综合素养，增强学生的职业竞争力，促进学生的全面发展，都具有重要的现实意义和深远的历史意义。

第一节　高职语文教学评价的现状及成因

一、高职语文教学评价的现状

高职语文现行考核评价，通常采用标准化、规范化试卷形式进行，以学业成绩的高低来衡量其对教学内容的掌握程度。这种考核形式，在激励学生不断进取、督促学生对知识的系统掌握等方面起着不可忽视的作用，但其与当今社会对高职学生较高综合素质的要求相比，还存在着一些不足。

（一）评价内容片面

目前，高职语文教学的考试内容仍局限于学生所学的教材内容，偏重于语文基础知识层面的考查，重知识学习，轻能力培养，职业特色不够鲜明。对于学生从业所必需的些语文素养，如语言表达、实用写作、社交礼仪等缺少有效考核。对于学生学习语文的态度、方法、兴趣等方面更加无从考核。而恰恰是这些缺失的内容，构成高职学生语文学习素养的关键。

（二）评价方式简单

现在，很多学校的语文考试还是习惯于标准化命题的闭卷笔试，而对于面试、开卷考试、综合性考试等考核形式，因在实际操作中费时费力而很少采用。这种闭卷考核形式导致学生只注重期末不注重平时，只注重结果不注重过程，只注重分数的高低不注重能力的养成。而且，标准化命题考试由于教师命题时并不能完全做到题目设置的高度科学性，使得命题只限于知识的考核，忽视了学生分析问题、解决问题的能力。同时，考核过于追求评价的标准化，禁锢了学生的求异思维，不利于学生发散性思维、创造性思维的培养。

（三）评价主体单一

当前，高职语文课程教学评价主要来自于任课教师，评价主体一元化，缺少师生共同参与。在这种评价机制下，学生处于被评价的地位，是评价的客体，缺乏参与评价的积极性与主动性，无法通过评价反省自身，找出问题，克服不足，改进方法，提高效率。而且，由于评价主体是教师，必然受教师个人因素影响较大，随意性太强，很难做到公平公正。

二、高职语文教学评价现状的原因分析

仔细分析高职语文教学评价的这些不足，究其原因主要是评价观念的陈旧。评价观念未能紧跟职业教育快速发展的步伐，很多教师未能真正领会“以服务为宗旨，以就业为导向，以能力为本位”的职业教育精髓，仍盲目照搬基础教育和普通高校对语文课程的评价方式，导致在评价的过程中，出现一些不尽如人意的地方，如评价时重结果轻过程，重知识轻能力，重成绩轻情感、态度、价值观及探究、合作、创新精神和实践能力等综合素质。评价观念的陈旧严重影响了高职语文教学评价工作的有效运转。与专业结合，为提高学生的专业素养服务，为学生就业服务，这是新一轮职业教育语文课程改革的基本理念。在教学中，要弱化传统语文教学的学科性、系统性、理论性，注重学生职业能力的养成。高职语文应具有鲜明的职业特色，这必然要求我们改变以往的评价方式，探索符合高职教育特色的评价方式。此外，在职业类院校当中，重专业课轻文化课的现象比较普遍，导致高职语文课程的边缘化，对课程的重视程度都不够，更遑论科学合理的语文课程评价体系的构建。

（一）评价观念较为落后

高职语文教学评价观念仍然陈旧。语文课堂教学评价主要关注的是教师

的行为，较少关注学生的学习状况；主要关注知识的传授，较少关注学生的素质发展。受应试教育评价观影响的痕迹依然很明显，往往把考试分数看得很重，忽视对学生语文综合能力的全面估量。可以说，高职语文评价的指导思想仍未从“升学选拔的尺度”上完全转变过来，“为促进学生的发展而评价”“为促进教育质量的全面提高而评价”，还没有真正成为大多数高职语文教师的实践活动。评价重心仍过于关注结果，忽视被评价者的进步状况和努力程度，没有形成真正意义上的形成性评价，更多的是终结性评价，不能很好地发挥评价促进发展的功能。

（二）评价的侧重有偏差

高职语文教学评价内容仍然过多倚重学科知识，特别是课本的知识，而忽略了实践能力、创新精神、心理素质以及情绪、态度和综合素质的考察。语文实用技能对学生就业和未来发展的重要性不言而喻，但由于技能培养的长期性和潜在难度，现在语文教学效果评价仍以书面考核为主，缺少诸如口才关、交际关、写作关等实践性环节的考核。即使有语文实践技能考试，也往往流于形式，未把它作为评价学生语文素养的重要因素来对待。

（三）非智力因素没有纳入评估范围

语文学习的兴趣、习惯、方法这些非智力因素，虽不是语文学习本身的内容，却与语文学习活动及其效果有十分密切的关系。如果重视对学生这方面的评价，更能发挥对学生学习过程的指导作用，提高学生自我教育的能力，激发学生的学习热情，进而促进学生的创造性学习。而目前这方面因素不仅很难进入中学语文教学评价领域，而且连非升学压力型教学形态的高职语文也没有此类成效评估。

（四）评价信度和效度低

高职语文教学评价的基础理论研究还比较薄弱，对高职学生语文素质的测评仍是一个难题，尤其是对学生在非认知因素、思想道德素质、心理健康水平等方面的测评，缺乏科学、有效的技术和手段；高职教育起步较晚，许多人对它理解不深，高职语文学习评价的许多项目及其权重的确定具有较大的随意性，既不具备职业教育所应有的特点，又缺乏一定的教育教学理论依据，而且有些体系、标准制定得过于庞杂，操作起来困难，影响了评价的信度和效度。

第二节　改革高职语文教学评价体系的思路

一、高职语文教学评价改革的原则

改革高职语文课程教学的评价，要遵循以下四个原则。

（一）要体现客观性的原则

客观性原则是教学评价的基本原则，由于高职语文课程在育人方面的特殊功能，它更要求教学评价的客观、公正。在评价过程中，标准要客观、统一，“不以己喜，不以己悲”，不以教师个人的主观情绪来评价学生的学业成绩。

（二）要体现发展性的原则

发展性原则要求高职语文教学评价要关注学生的未来发展，要有利于学生个性的发展和专业的学习。这项原则要求我们语文教师要以发展的观点和眼光来看待学生，在对学生的学业评价中要给学生多次、多样选择考试的机会，特别是对高职语文中的一些技能性的知识板块，可以允许学生多次考核，如实景写作、演讲辩论、口语朗读等，以学生最后一次的考核为基准。只有这样，学生才会以更积极的学习态度来学习，不断提高语言综合能力。

（三）要体现职业发展需要原则

高职语文课程担负着提升学生综合素质、服务于专业学习、满足职业发展需要的职责。因此，高职语文教学评价必须针对学生的专业情况，结合专业学习需要，调整考试结构，改革考试内容，结合专业需要来确定考试的内容方式。也就是说，高职语文课程的考试必须以就业为导向，体现一定的专业特点，真正为专业学习服务。比如，对旅游专业除了要考查学生的基本语文基础知识，还应考查他们的口才和阅读鉴赏能力；园林专业、艺术类专业等应重在文学鉴赏能力、审美能力等的考查。

（四）要体现评价主体的多元性原则

当前，很多教师评价学生学习成绩时基本上都是采用平时成绩和期末考试成绩的二者合成，即总评 = 平时成绩的 40%+ 期末考试成绩的 60%。这种评价手段和评定成绩的主体单一，即教师。在这种评定方式中，学生参与少，透明度不高，很难全面衡量学生的综合素质。作为高职教学，我们认为教学评价的主体可以更加多元化，可以既有教师对学生的评价，又有学生的互评，

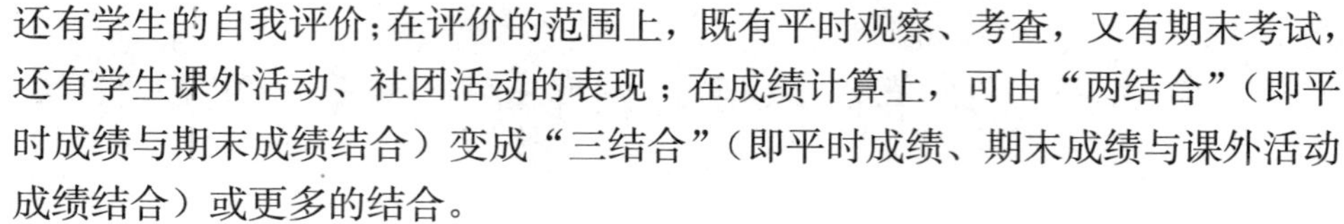
还有学生的自我评价；在评价的范围上，既有平时观察、考查，又有期末考试，还有学生课外活动、社团活动的表现；在成绩计算上，可由“两结合”（即平时成绩与期末成绩结合）变成“三结合”（即平时成绩、期末成绩与课外活动成绩结合）或更多的结合。

二、高职语文教学评价改革的思路

针对目前高职语文教学评价中存在的不足，笔者认为可以从以下三个方面进行改革。

（一）评价内容的改革——综合化

高职语文的考试内容可以由基本的语文能力要求加上适应不同专业岗位要求的多个专项语言能力要求组成，即可采用“1+N”的考试内容组成。“1”指的是语文基础知识，一般包括语音、文字、词汇、语法、修辞、文学知识。这部分是所有专业学生参加语文考试的必考内容。总的来说，高职学生的语文基础一般不是很好，考查基础知识主要是引导学生不要丢弃语文学习的根本，但在考核内容中所占的比例不宜太高。语文基础知识的考核旨在帮助学生巩固已有的知识，积累新的知识，并能熟练运用。“N”指的是多个不同模块的语言运用能力。如应用文写作、演讲、普通话、文学鉴赏、书法等，“N”具体选取哪些模块，可根据不同的专业需要来确定。如园林专业可选取“语文基础 + 应用写作 + 文学鉴赏”的模块形式，旅游专业可选取“语文基础 + 文学鉴赏 + 演讲”的模块形式。其实，高职语文评价对学生的评价内容远不止这些，与他人合作交流、理解和借鉴他人说话的涵义等都可以作为评价的内容。

高职语文教学评价要减少对单纯机械识记内容的测试，突出评价内容的综合性。既要重视语文基础知识的评价，又要重视语文能力即人们所说的也是学生必备的听说读写能力的评价，尤其重视满足未来岗位需求的语文应用能力和人文素养的评价。这里所说的人文素养主要是指语文人格要素，也就是情感、意志、习惯、性格、态度、价值观等非智力因素方面的内容。其实，语文考核的内容远不止这些，生活处处有语文，教师应树立大语文观。同时需要强调的是应根据不同专业的需求对评价内容有所侧重，不能无视专业差异搞一刀切。总而言之，高职语文课程在评价内容上要实现两个转变：由以知识为主转变为以能力为主；由识记型为主转变为应用型为主。

（二）评价方式的改革——多样化

高职语文考试方式的改革，主要取决于考试内容和考试目的。在当前教育改革的大潮下，高职语文课程的考试完全可以改变以往期末以一张试卷评定学生成绩的单一考试方式，采用开卷与闭卷相结合、笔试与口试相结合、平时考查与形成性考查相结合的考试方法。唯有如此，才能更加全面真实地反映学生的学业水平，也才能符合高职教学改革的要求。

在笔者所设定的高职语文“1+N”的考试内容模式中，“1”的内容（即语文基础知识部分）可采用闭卷、笔试的形式。“N”的部分可根据不同专业特点选择不同的考核方法，如笔试、口试、问卷调查、演讲活动、辨论比赛、速记等方式，以促进学生职业能力的提升和自我发展为着眼点，提高高职语文考试的实效性。“1”的内容一个学期只考一次，“N”的内容一个学期可以多次考查，并允许考得不好的学生自愿多次考核，一直考到本人满意为止。

高职语文课程的考试可以摒弃单一的闭卷考试方式，采用开卷与闭卷相结合，笔试与口试相结合，口试、笔试与技能操作相结合，或采取论文、设计、制作，撰写调研报告与答辩相结合，也可以采用无标准答案试题，考核学生发散性思维以及求异思维的能力。考试方式的选取应针对课程考核的内容而定。对于基础知识、基本概念，最好采用闭卷考试的方法；对于那些需要学生理解、能考核他们灵活运用知识能力的内容，则采用开卷考试的形式：对于操作性强的应采用技能操作的方式进行：语言表达、沟通能力的考核应采用口试的方式进行。多样考核形式将能比较全面的考核学生的语文能力，也较为充分地体现了职教特色。

（三）评价制度的改革——健全化

目前高职语文教学考试主观性强，各学校各自为政，缺乏统一的考核机制和考核标准，不利于反映学生真实的语言文字运用能力。随着高职语文教学评价的深化，高职语文也可以像英语、计算机一样，实行等级考试的制度。目前我国已经建立了“国家职业汉语能力测试（ZHC）”机制。因此，对高职学生的语文考核，既可采用学校各自按照专业要求来考核的方式，也可以让学生或直接让学生参加 ZHC 测试。ZHC 考试采用的是国家标准化测试，既能检验学生语文的学习效果，又能够使学生获得劳动市场认可的职业能力证书，方便学生的就业需求。

建立健全的评价监管制度，对考核内容、方式等进行监管，制定科学的、符合学校实际的、符合专业特点的考核评比制度，发挥考核评价的反馈调节功能，实现以评促学，以评促教。总之，高职语文教学评价必须以提高学生语言综合运用能力为出发点，按照职业教育人才实践能力培养目标，建立服务于学生全面发展为核心的教学评价模式。

（四）评价主体多元化

高职语文教学评价要彻底改变教师作为唯评价主体的现状，建立教师、学生、家长、社会多元化的评价主体。必须让学生成为自身学业评价主体的一员，让他们更多地参与评价内容和评价标准的制定，与教师共同参与评价活动。不仅加强了师生间的互动，还使评价成为了学生自我反思、自我教育、自我发展的契机，真正体现了评价的意义。社会评价是高职语文考核评价不可或缺的组成部分，要吸收用人单位参与教学质量评价。同时，还要吸收家长、班内同学作为考核评价的主体，共同构成多元化评价主体。

（五）评价过程动态化

打破以往一考定"乾坤"的终结性评价，建立日常过程考核，这是一种全程式的考核，评价过程贯穿学生整个学习过程，强调学生平时的主动参与和自我展示，在动态中判定学生的成绩，将形成性评价和终结性评价结合起来，甚至更侧重于形成性评价。这样就可以激发学生平时学习的积极性与主动性，培养学生的创新性思维。

（六）评价注重专业化

高职语文教学评价的内容与标准，应根据不同专业的特点有所区别，以提高学生的岗位胜任程度为出发点，切实保证教学活动始紧贴职业岗位的需求。

高职语文考核评价的改革是一项长期而艰巨的任务，以上探索只是抛砖引玉，希望引起更多有志于研究高职基础课程考核评价的人士进行更广泛、更深入的实践探索。

第三节　高职语文有效教学评价机制的改革思路

本节以高职语文有效教学评价机制为研究对象，针对相关问题展开了讨论。文章提出了全面认识教学评价功能，理顺教学与评价的关系、调整评价的出发点，以学生个体为主要评价参照标准、扩大评价范围，多方面衡定语文素养、在评价过程中要重视学生情感、态度、价值观的评价等改革思路。对于相关领域的研究也能起到抛砖引玉的作用。

一、全面认识教学评价功能，理顺教学与评价的关系

评价具有测量、诊断、回馈和筛选等功能，传统的语文评价模式以其客观化、标准化、数量化、以目标为中心的特点，在各种测评与选拔的过程中被广泛的应用。在这一过程中可以充分的体现公平、公正的特色。然而，教学是一个过程，若把这种静态的、终结性的评价办法用于常规的语文教学管理过程中，其缺点也是显而易见的。很多情况下这种评价对学生过于单一，如果过于沉浸在这种失败之中，使得自卑情绪油然而生。因为学不好所以不要学，因为不要学所以不可能学好，恶性循环自然而生。高职语文作为特殊性质的语文，对于我们每一个语文教师来说，必须要强调评价过程中的反馈作用。因此，我们教师要重视每次教学评估的反馈结果，改善课堂教学行为，从而有效促进学习，提高教学效果。让学生了解自己的语文学习表现，认识自己在学习上的优、缺点。学生自己要充分认识现有的学习方法，改善现在有的问题；让教师了解学生的学习进展，透过评估活动了解学生的学习进展和语文技能，从而调整教学内容及策略，因材施教；让教师自我反思以提升专业能力，根据学生在评估活动中的表现评价施教成就；让家长了解子女的学习表现，根据教学评价的相关资料和反馈信息全面掌握孩子们的表现，从而有效的针对孩子们的问题展开指导和帮助；让学生明白自己努力的方向，使自己今后能适应社会需要。

二、调整评价的出发点，以学生个体为主要评价参照标准

从学生的经验、实际出发，为学生的进步做评价，引导学生发现自己通过努力取得了多大的进步。对我们每一位语文教师来说，要善于积极引导学生的心理，要善于鼓励学生、表扬学生，帮助其增强自信心，逐步走出心理误区，培养学生争取进步的动机和信念。如可以结合语文课程改革，针对学生个体特点，从学生本身出发，设计相应的一整套学生语文学习情况记录表，在全校所有班级使用。通过这些表来记录学生语文学习的全过程，这样可以有效的对学生进行全面的评价，多层次多角度地反映学生真实的语文水平，使学生体会到成长的快乐，感受到进步的喜悦，学习积极性高涨，坚定了学好语文的信心。这样的方式可以有效的转变学生的地位，激发学生的热情，改变传统的学习习惯，加强学生的自我管理，提高学生的自我评价意识，增强学生的主动性。

三、扩大评价范围，多方面衡定语文素养

对学生语文成绩的评定，除了期末的综合书面考试以外，还应包含学生平时成绩的考核，只有这样才能更加真实、更加全面的反应学生的语文素养。在对学生平时考察的内容可以包括日常的听、说、读、写等。形式可以有写作、读书摘记、课内答题、课后研讨等。这里我们要强调的一个重点是，考试应该是一个教学过程中的一个重要环节。学习到了一定阶段，进行一次考试，促使学生对教学内容进行一次全面复习，融会贯通，有利于今后的进一步学习，但是如果单凭考试结果来对学生的语文素养进行评价也是不适宜的，因此我们要采用多样式的评价。语文评价常采用的方式多是以笔试为主，这种方式的局限性是显而易见的，它不利于学生全面能力的考查，在这样的考试过程中，我国忽略的是听说的能力，以及运用语文技能解决某些问题的能力等。从提高学生素质的角度来看，高职语文需实行多样化的考核形式：我们采取口试与笔试相结合的方式，针对开放性的题目也可以采取开卷和闭卷相结合的方式。此外，还可以选择合作研讨、外出实践、社会交际的形式等等。

四、在评价过程中要重视学生情感、态度、价值观的评价

高职语文教学评价的最终目的是促进学生语文素养的提高，促进学生全面发展。我们所强调的“全面发展”，实际上就是要我们教师促进学生的科学文化素质、身体素质、心理素质、思想道德素质、职业素养的全面发展，同时还应该注重评价学生的情意领域的发展。高职语文作为高职院校人文教育的主要课程，在培养学生情意领域发展方面具有其他学科无法比拟的优势，可以利用课堂听说练习、作文、小组讨论等形式要求学生说出他们的兴趣、想法、感受。在大多数的情况下，学生内心的潜意识会反应学生的某些品质，因此我们教师要善于分辨和发现学生的这些品质，通过一定的科学方法来评价。如通过长期对某一学生的观察，日常的访谈等获得的信息，对其情意发展做出比较合理的推论。

五、制定科学的、多元化的教学评价标准

传统教学观认为知识是客观的，因此学生对于知识的学习是被动的。在传统的教学理念中，学生的学习成绩好坏与其对于所学知识的复述和背诵的精确程度直接相关，复述和背诵的精确程度越高，则说明学生对于知识的掌握程度越好，而这种单一的教学评价标准已经不能适应现代教育发展的要求。

同时，这种评价方式存在的问题是显而易见的：在这种评价的过程中，学生注重的是掌握知识的再现程度，过分的重视这些只能使得广大学生偏离了教学目的的初衷，禁锢的学生发展的思维，严重挫伤了学生学习新知识的积极性和主动性，只是对教师安排的知识进行“背诵”，只是为了“分数”而不断努力。针对高职语文教学的特点，对于高职语文教学的要求相对灵活和自由，要求以“学生”为中心，全面发挥学生提出问题、分析问题、解决问题的能力。在对学生教学评价的过程中，不能简单的把评价的重点放在教学内容上，要不断拓宽考核评价的深度和广度。比如，要在考核评价的过程中引入对于学生语文思维和语文表达能力的考核，引入运用语文知识解决实际问题的能力考核，引入通过老知识创新新知识的能力。通过多种手段，全方位的激发学生的语文潜力，激发学生学习语文的兴趣，真正实现自我学习和自我发展。在不断的摸索中实现提高和飞跃，同时体会自我学习的乐趣。而不是像过去那样，以外在知识堆积程度作为评价的唯一标准，严重束缚了学生的创造性、批判性和想象性。

第四节　建立健全语文教学监控体系和教学评价体系

当前高职语文评价体系存在着一些问题：一是教学评价功能不够完善，比较重视对学生的学习评价，不太重视对教师教学的评价；二是教学评价体系不够完善合理，过多依赖终结性评价，难免以偏概全；三是教学评价主体一元化，缺少师生共同参与；四是比较重视对语文知识的评价，不够重视对学生学习态度和语文能力的评价；五是未按不同专业对语文能力的不同要求进行语文教学评价，采用一刀切式的统考，不利调动学生学习的积极性；六是过于追求评价的标准化，禁锢了学生的求异思维。

高职语文教学评价是高职语文课程结构的重要组成部分，是高职语文教育的重要环节，应予以足够重视。教学评价是指基于所获得的信息对教学过程及其效果的价值作出客观、科学的判定。合理的高职语文教学评价体系可以改进教师的教学方法，能够更好地引导学生学习，发挥教学评价“指挥棒”的作用，促进学生全面发展，帮助学生形成终身学习能力。因此，探索适合高职语文教学特点的评价方式方法具有重要意义。

一、建立健全教学质量监控体系，以便提高教学质量

教学评价终究是一种对教育价值的评价过程，不同的教育价值将对教学评价方法产生直接的影响。因此，教学评价不是一个单纯的技术问题，而是一个与教育理念有密切联系的问题。依据语文课程的特点，高职语文课程应建立健全教学质量监控体系，以便提高语文教学质量。根据教学实践，教学质量监控体系改革应从以下几方面入手。

（一）制定高职语文课程教学质量评估标准，定期监控教学过程

教师是做好教育的重要力量，其教学水平、教学态度直接影响着教学质量。因此，首先，应加大对教师教学水平和教学态度的监控，制定适合高职语文教师教学质量评估的细则。其次，对教师教学水平进行定期的量化评价监控，评估时要精心组织，明确评估目的，做到评估客观公正，力求帮助教师找到语文教学过程中各个环节存在的问题。

（二）确保教学过程中教学大纲、教学计划、教案的统一性和教学工作的严肃性

严格执行教学大纲和教学计划是顺利实施教学的保障。教案是充分依据教学大纲和教学计划而制定的教学方案实施细则，三者互相依存，互相支撑。确保教学过程中教学大纲、教学计划和教案的统一性是支撑高职语文教学质量监控和评价的基础。在教学管理和教学环节中应适时监控教师教案的实施和落实情况。通过教学大纲、教学计划和教案这三个环节的有机衔接，最大限度地避免教师在教学中的随意性和不规范性，使教学更加系统、规范、合理，从而保证教学质量稳步提升。

（三）充分发挥语文学科教研室在高职语文教学质量监控中的作用

教研室是监控组织教学环节和教学质量的基层单位，充分发挥教研室在教学质量监控中的作用至关重要。教研室在落实教学质量监控工作中，应注重课堂教学各个环节，把好课堂教学中的质量关。一方面应对教师有严格的教学要求；另一方面又应给予充分的信任，给予他们灵活、科学地组织教学的权利，在教学大纲的指导下，发挥教师在教学中的积极性和创造性。与此同时，应建立教师相互听课制度，要求教师人人参与教学质量监控，人人重视教学质量监控，使教研室真正成为落实教学质量监控各项措施的最基层的教学组织和监控机构。

二、建立完善、科学、规范、合理的教学评价体系

完善、科学、规范、合理的教学评价体系，应该是“过程与结果考核相结合，定性与定量考核相结合，学生与老师相结合，课内与课外相结合”，必须改变传统的以期考为主的考核评价方法，按照高职教育以能力培养为本位、以技能培养为重点、以提高素质为核心的价值标准，建立高职语文教学评价体系。

（一）建立与高职教育培养目标和教学方式方法相适应的评价模式

高等职业教育的培养目标是为生产管理服务一线培养实用型、应用型的高技能人才。高等职业教育培养目标突出职业性、技能性、应用性，所以高职语文教学应重视实践性教学环节，注重对学生语文职业能力和综合运用能力的培养。在教学方式方法上，不应再是过去那种“黑板加粉笔”单一的语文教学方式，而应是采用多媒体现代化教学手段。现代的教学是教学生去学，教师不再是对学生满堂灌输知识，而是指导学生自主学习。高职语文教学是教师指导学生去发现问题，思考问题，寻找解决问答案的实践活动。

因此，高职语文教学评价应着重考评学生实践活动能力，考评学生语文专业能力和综合运用能力，重视对学生平时学习的考察，重视形成性的评价。传统的教学评价普遍采用期末考试的终结性评价手段，评价的内容仅限于认知领域中易于通过纸笔进行测验的简单知识技能，测试往往以选择题为主，对认知领域中的高级心智技能，如口语、写作、辩论、表演、交际技能等没有足够的重视。而人文性、工具性、艺术性高度统一的语文学科，其学习本身又不是一个可以标准化的活动，如果忽视了评价的形成性，教学评价中缺少对学生学习过程的评价，就会导致学生只看重结果而忽视过程，平时不努力，考前才突击的学习现象的出现。所以，单一性的终结性评价不利于专业人才培养，它无法促使学生注重学科探究的过程，不利于养成探究学习的习惯和培养严谨的科学态度与精神。

要建立与高职教育培养目标和教学方式方法相适应的评价模式，就必须建立形成性评价和终结性评价相结合的评价体系。所谓形成性评价，是指为改进课程教学及其他方面活动而在活动过程中进行的评价。它是根据目标、注重过程、及时反馈、促进发展的过程性、发展性评价，是对教学环节中人与过程的发展状态的评价。它具体的实施方法包括教师观察、上课考勤、课堂讨论、自评互评、读书笔记、课堂练习、平时测验、多媒体项目展示、课外语文实践等。采用形成性评价能够使师生从重视教学结果变为重视教学过程，严谨认真的过程促成完美的结果。

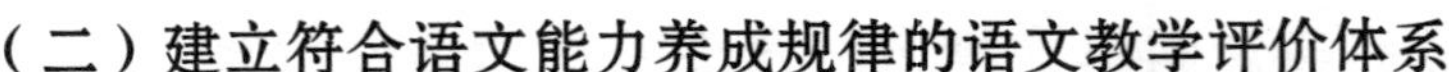

（二）建立符合语文能力养成规律的语文教学评价体系

语文能力的养成具有一定的规律性。首先，要养成良好的语文学习习惯。语文的学习资源无处不在，生活中处处都有语文学习的内容，只要养成良好的语文学习习惯，就能学到语文的知识。其次，要具有热爱语文的情感，对学习语文充满兴趣，只有热爱语文，才能学好语文。最后，要学会读书，掌握学习的方法。读书方法，因人而异，有的人读书时要作大量的批注，从密密麻麻的批注里体现了他口、脑、心、手并用的读书习惯，有些人读书从来不动笔、动脑，虽然读书无数，但留下的印记很少。

合理的语文教学评价体系，应该包含对学生的学习习惯、学习态度、学习热情、学习积极性以及学习方法的全面评价。学生的语文综合素质的养成，并非几节语文课就能够达到的，它需要长期的观察思考和领悟，以致“人情练达”，才能写好文章。因此，高职语文教学评价要能够反映教学的过程：考勤分占10%，课堂表现分占10%，课后作业分占10%，平时测验分占10%，段考分占20%，期考分占40%；要能够反映语文成绩养成的基本规律：从量变到质变；要反映出评价的基本过程：从定量评价到定性评价。总之，合理科学的高职语文教学评价体系必须能够充分反映学生主动参与教学的活动，能够反映教师导学的形式和方法，能够反映学生自主性学习的实践活动情况，能够反映出教学的过程和规律。

（三）建立多元化的教学评价主体体系

传统的语文教学评价多数由教师一元化完成，学生只能被动接受评价结果。随着教育观念的改变，学生成了课堂教学的主体，如果教学评价由教师一元化定音，成绩不佳的学生对教师的评价会有抵触情绪，会阻碍学生身心健康发展．也会磨灭学生学习语文的积极性，从而失去学习的兴趣。在新课程背景下，学生成为教学的主体，当学生成为评价主体的一员与教师一同参与评价活动，则可以加强师生间的互动，将评价变成学生主动参与、自我反思、自我教育、自我发展的过程，真正体现出评价的意义。

（四）建立形式多样的高职语文教学评价体系

高职语文的内容十分丰富，外延十分广泛，然而语文教学课时有限，不同的专业需要选择不同的语文教学内容，以避免高职语文教学内容单一、形式古板的弊端。因此，需要建立形式多样的高职语文教学评价体系。

广西现代职业技术学院为了更好地实现以就业能力为导向，编写了以语文综合能力为本位的高职语文教材（大学实用语文教材），其特点是打破单一模式，构建多元模块，方便不同专业根据培养目标对语文能力的要求来选用最贴近专业特点的教学内容。在教学实践过程中，根据专业类型的不同来选择不同的教学模块，比如：计算机类专业的学生选择普通话训练和应用文写作模块；经管类专业的学生选择普通话训练、演讲与口才、文学创作、应用文写作等模块;文秘类的专业选择现代汉语、文学欣赏、文学创作、应用写作、书法欣赏等模块。与教学内容相适应，高职语文教学的评价不执行学院统一考试，而是根据不同教学内容或教学内容侧重点的不同采用不同的试题和考评方式,使教学内容更加贴近专业特点,容易激发学生的学习兴趣。总而言之,高职语文评价不能搞千篇一律，而应区别对待，形式多样。

（五）建立有利于激励学生创新思维和创新能力的评价体系

高职语文作为一门文化基础课程，它具有工具性、人文性、艺术性的特点。高职语文教学既应注重培养学生正确使用祖国文字语言的能力，又应注重培养学生的人文素养、艺术修养。在人文素养、艺术修养的培养方面，应注重培养学生独立思考、创新思维的能力。大学生思想最活跃，对各种事物有他们自己的看法，教师对他们在学习中表现出来的创新思维与能力应给予表扬和鼓励，对他们合理的求异思维能力应给予保护。对学生的思维评价，应着重考察其思维过程和思维方法，而不必过分强调结论的一律，只要能够自圆其说，合乎情理，其思维都应该得到肯定。所以，除了注音、写字和背诵默写以及涉及作家作品的一些常识以外，其他问题的答案都可以有不同。

（六）建立语文课内学习评价和语文课外实践评价相结合的教学评价体系

高职语文的课外实践活动频繁，形式多样，内容丰富。配合节庆活动的专题板报、主题演讲、征文比赛、知识竞赛、诗文朗诵以及各种活动的主持，都是语文课外的实践活动。通过这些语文实践活动，学生的思维辨别能力、分析综合能力、语言表达能力、与人协作能力、创新能力等综合应用能力得到极大的锻炼和提高。因此，应将学生语文课外实践活动的表现纳入高职语文教学评价体系。建议课内教学成绩与课外实践成绩各占 50%，与高职教学大纲对理论课和实践课要求 1 ： 1 的比例相协调。

第五节 树立以能力为本位的高职语文教学评价观

一、高职语文能力本位教学模块的构建与实践探索

高职语文能力本位教学体现职业教育的特殊性，其教学指导是以“应用”为主旨和特征，我们根据高职语文能力要求构建了五年制高职语文教学的四大模块：阅读鉴赏、应用文写作、口语训练、进修拓展，并实施了教学模块课时设计方案。

（一）阅读鉴赏模块——在比较中提高阅读欣赏的能力

在教学过程中，可以根据语文教材进行整合，分类组合教学内容，这样有利于比较阅读，增强学生人文素质，培养学生的语文能力。如苏轼的《赤壁赋》，这是一篇文质兼备的经典美文，作者通过欣赏月夜美景、凭吊古人、采用主客对话形式探讨了人生哲理。选用本课文用于教学不仅能培养学生诵读文言文的能力，还能给学生以人生的启迪。同时把教材中朱自清的《荷塘月色》一文调整过来进行比较阅读。朱自清先生同样处于人生苦闷彷徨时期，因为心里颇不宁静，他来到了月下的荷塘，欣赏荷塘的月色美景。可他心头那份淡淡的哀愁，始终没让他走出苦闷。与朱自清相同，苏轼也因为心情苦闷，来到了赤壁之下，欣赏赤壁的月夜美景，但虽然他悲哀过，惆怅过，但最终他寄情于山水之间，走出了彷徨苦闷的境地。这一番比较，不存在优劣之分，却比出了心境、比出了环境和个人处世的不同。这一比较，可更见朱自清先生为人之耿介，更显其爱国之情怀。这一比较，可更见苏轼之豁达洒脱的人生态度。在比较中学生得到了强烈的情感体验，培养了学生比较阅读欣赏的能力。

（二）应用文写作模块——情景教学激发学生兴趣

所谓应用文即直接应用于生活和或生产的文体。根据高职教育的要求，应用文写作是学生必备的写作能力之一。根据“五年制高等职业教育文化基础课教学用书”相应的内容，在教学方式采用情景教育法，把虚拟和真实情景交叉使用来完成应用文教学和学习任务。例如“合同”这一文体教学，课文上的例文是学生感受文体和学习合同格式的蓝本，是在布置实际写作任务后学生自学的内容，学生接受写作任务后自学课文的积极性大大提高，这叫“任务驱动法”。而布置的写作任务是贴近学生生活的内容，如大学生创业园“场地租赁合同”，涉及各自家庭生活的“房屋买卖合同”等，当学生撰写完成后，分甲乙双方各自小组讨论是否完善，最后甲乙双方共同协商签订合同。把专业课中的项目教育法移植到语文的应用文教学中来其效果非常明显。

（三）口语训练模块——在常态下形成1∶1语训练的习惯

这一模块体现的是高职语文教学理念下必然实践的内容，交际能力是职业能力中的基础能力。在要求听、说能力协调发展的同时强调交际，注重人与人之间的交流和沟通，注重情意态度方面的要求，注重交际中的文明素养。在整个语文教学中，分布在每一堂课前3分钟，让它在常态下形成口语训练的习惯。训练形式多样，有学生自己选定，形式包括“演讲”“辩论”“模拟面试”“新闻点评”“成语故事”也可以演电影、小品、话剧等口语片段。上台可一人，也可多人，时间控制在3分钟，提前一星期抽签，口语表演后老师或学生做二句话点评，第一句优点，第二句不足。每学期每人有两次上台机会，一次是练习，一次是学期末集中利用两节课进行考试。另外，每学期从教材中选一篇课文进行以口语为主的多元多维的立体训练，从中提高学生的语文综合能力。例如，汪曾祺的《胡同文化》，把这节课设计成“北京胡同游旅方案设计”，学生在充分预习课文的基础上，从导游的角度，讲出北京胡同概况及主要胡同特点，分析出北京胡同文化特点等等，从中还锻炼了学生素材收集、语言组织、思辨等能力。在训练过程中，我们注重确立学生的主体地位，多给学生一些人文关怀，满足他们的实际需要，在教会学生如何沟通心灵，形成必要的人际交往能力的同时，更主要的是让他们学会充分展示自己，并从中获得自信和乐趣。

（四）选修拓展模块——学生后续发展教学创生定位

选修课是校本语文的又一阵地。选修课的开设切合了“大语文”的理念，并且能够切实提高学生的语文素养。以往的语文教学以课本为主，因此，本模块尝试着走出书本，向学生展示一片更加广阔和天空。五年制高职的语文课主要在一二年级开设，在课内教学的基础上，选择中外名著和名人传记作为学生课外阅读必读书本，并纳入语文学分。另外，选修课也纳入五年制高职人才培养方案，以提高学生的人文修养，例如开有“明清散文欣赏”“唐宋诗词欣赏”“《论语》选读”“电影艺术欣赏”等，还有语文综合学习与实践的特色选修课——学生记者站。这些是根据学生自己的兴趣爱好进行选修，进一步拓展语文知识，增强文学能力，为将来的终身发展打好基础。我们在后续调查中发现，学生非常喜欢此类选修课，尤其是选修学生记者站的学生，有不少成为新闻媒体的一员，从事着他们喜欢的职业。

二、树立以能力为本位的高职语文教学评价观

传统高职语文教学评价的弊端在很大程度上沿袭了普通学科教育的评价方式，已经难以适应高职院校人才培养和教学改革发展的需要。能力本位评价较之传统知识评价具有明显的优越性，因此，高职语文教学评价应在能力本位理念的指导下，从传统学科本位考试的等次评定功能脱离出来，依据职业教育的人才培养特点和要求，确立以培养学生语文综合应用能力为核心的评价目标，充分发挥考试评价的导向与激励功能，提高学生的职业技能与综合素质，重新建立以增强语文基本素养、培养学生语言应用能力为本位的评价体系。在评价学生语言文学基本知识的基础上，重视对学生人文精神、情感态度与价值观外化能力的评价。

职业院校的教师作为教学评价改革最直接的组织者和参与者，应从知识与技能、过程与方法、情感态度与价值观等方面重新建立科学的评价内容和标准，采用多样的评价方式，制定有利于学生职业能力培养的评价方案，发挥教学评价的导向作用，引导学生提高语文应用能力、语文实践能力和创新能力，促进学生语文综合能力的培养。语文教师在评价观念上应实现以下几个方面的转变。

（一）在评价功能上，从过分强调评价的区分功能转向激励、促进学生发展功能

职业院校培养的是面向生产、建设、管理、服务第一线需要的高技能应用型人才，因此高职语文考试应淡化对学生的理论性考试，将重点放在知识运用能力的考核上。从侧重区别功能转向发挥激励性功能，以学生可持续发展为目标，通过评价促进学生的潜能、个性、创造性地发展，使学生建立新的语文学习态度。

（二）在评价内容上，要从单纯重视一元化知识评价向多元化能力评价转变

高职语文的任务是全面提高学生的语文素养和运用能力，因此关注学生发展的过程性评价要注重学生的运用能力评价，不仅要关注语文知识素养，而且要关注学生运用语文知识的能力和获得这种能力的过程与方法。

（三）在评价方式上，要从侧重终结性评价转变为形成评价、过程性评价，从单一的笔试向综合运用多种评价方式转变

应倡导多视角，多种方法评价学生，实行分阶段、分层次、分类型、个别化评价。教师应根据不同的评价和对象，选择不同的评价方式：

（1）可建立学生语文学习档案，通过制作课程记录卡，详细地反映学生在课堂上的表现，帮助学生及时反思学习过程；通过建立个人作品档案袋，将学生学习心得、日记、文学习作、哲思短语、小论文、他人评价结论、自我评价结果等进行收集，由校外人士、教师、辅导员、家长共同参与对学生进行评价，写出评语，并提出建议。

（2）通过专题作业评价学生掌握语文知识的程度，评价学生解决实际问题的能力。通过校园新闻采访、信息报道、参与校园文学社活动、撰写小论文、辩论赛、演讲大赛、作文赛、诗歌朗诵比赛、现场设计等方式检验学生的创新精神和实践能力。对学生的作业评出奖励等级，建立激励机制，将优秀专题作业在板报、校报上发表。

（3）通过活动表现评价法，观察、记录和分析学生在课内外、校内外学习活动中的表现，对学生的参与意识、合作精神，认识应用能力、表达交流能力、创新能力进行多方位的评价。在分析的基础上对学生进行评价和激励，将有效促进学生在探究能力、合作能力、实践能力、情感态度与价值观方面的发展、进步。

（4）通过问卷法交接学生的各方面信息。教师可以将需要了解的信息编制成试卷，通过学生的书面回答，了解他们对语文学习的态度、观点与建议。通过问卷调查，了解学生对文学作家、作品、阅读视野、文学热点现象的关心程度、态度立场、价值取向等。

（5）丰富考试形式，根据教学具体内容特点与要求，选择适宜的考核方法，如笔试、口试、调研报告、论文、读书笔记等方式，以促进学生职业能力、促进学生自我发展为着眼点，以提高高职语文考试的实效性。

（四）在评价主体上，应努力实现单一评价主体向多元评价主体的转变

以能力为本位的高职语文教学评价要求实现评价主体多元化，重视学生在评价过程中的主体地位。由教师单向评价学生转变为学生自我评价和相互评价，促使学生对学习过程进行反思和改进，自觉地把握学习过程，这有助于学生变被动性学习为主动性学习，增强学习的自觉性和积极性。总之，高职语文教学评价必须以语文综合运用能力为核心，遵循职业教育人才实践能力培养目标，建立并实施以学生发展为中心的教学评价体系，从而实现高职语文教学运用能力培养优势的凸显。

第八章　高职语文教学的培养意义

第一节　高职语文教学培养学生的表达能力

在语文教学中，学生语言表达能力非常重要，不管在学生时代还是走入社会，每个人都需要与社会产生交流，协调，沟通和合作，为了适应社会，学生在语文教学中必须学好表达能力。学生要实现自我价值，得到老师和家长的认可，就需要更好的表达自已的思想和见解。在语文教学中，老师必须重视学生的表达能力，从教学内容到教学实践等多方面来提高学生的语言表达能力。

一、表达能力概述

表达能力指人们在生活和工作中用语言与他人交流的方式，用语言来表达自已的思想，观点、情感、意愿的能力。

随着国家教育体系的不断改革与进步，对教学的要求越来越高，特别在语文教学中对培养学生的表达能力特别重视。语文学科是一门传统的语言学科，需要学生在生活和学习中不断的积累，在运用过程中提高语言表达能力。

表达能力是人在生活中的一种外在表现，主要从口语表达和书面表达能力二个方面来体现。口语表达能力注重说，主要表现在能够恰当的表达自已的意愿，观点和想法，也能正确理解他人说话的意图，进行有效的沟通。书面表达能力注重应用文的写作能力和文字的综合能力，主要表现在相关文件的写作能力，用书面形式表达自已的意见和准确传递相关信息和处理日常工作生活一些事务的能力。

二、语文教学中对学生表达能力培养中存在的问题

1. 在传统的语文教学中，教师对表达能力培养不够重视

在传统的语文教学中，教师依旧以旧的思维方式，在教学中以应试教育为主，以考试成绩来认定教学的优良，以升学为目的的教学方式。只要学生在考试中语文成绩好，作文写的好，就是好学生。这种教学方式使学生把全身心的精力投入到基础知识的掌握，而忽略口语的表达能力。在学校里，这样的学生很常见，各科成绩很优异，但比较沉默不语，性格内向，不爱与同学交流，对于这样的学生教师更应该重视口语的表达能力，让学生在各方面更优异。

2. 在语文教学中，学生自我对表达能力不够重视

在语文教学过程中，学生在学习过程中和课外业余时间中主要以课本的基础知识来进行复习、预习和理解，对阅读表达能力方面的认知是模糊的，老师在教学过程中在课堂上的口语表达能力时间很少，课外业余时间学生也不会有意识去学习表达能力，口语表达能力必须有一定的基础和训练才能提高，长期下去，教师的不重视，学生也自我意识不到表达能力的重要性，就导致学生在口语和书面表达能力方面欠缺培养。

三、在语文教学过程中培养学生表达能力的方针

1. 首先从口语表达能力的重视

在新的教学方法中，学校教育要意识到培养学生综合能力的重要性，听、说、写、读是教育的重点。口语的基础知识要从语音、词汇、语法等方面去学习，在交流过程中就是运用这些知识的过程。口语的表达方式的基本训练从练习说话开始，老师要从最基本的阅读方面来强化学生的口语，强调学生使用普通话，掌握发音、吐字清楚、轻重适当，带着感情色彩去阅读。老师在培养学生口语能力的时候，可以通过一些竞争，比赛，奖品等多方面去激发学生意识到口语表达能力的重要性，让学生有意识。

2. 在课堂中设计情景，提高学生的表达能力

在语文课堂上，教师要努力创造给学生表达的内容，让学生自由表达，充分发挥训练学生的口语表达能力，肢体语言的表达能力和写作的能力。比如，教师可以让学生用 3 分钟以生活，学习选择有意义的题材来进行即兴演讲，

内容不限。然后再给予每个学生一些讲评，给予肯定和鼓励。这样，可以促使学生发挥想象力，让学生在轻松有趣的课堂中学到知识又提升了表达能力。

3. 在学校里给学生创造表达能力的平台

表达能力重要实践，要让学生真正能够意识到表达能力带来的乐趣和价值，需要老师和学校给学生提供一些去表达的平台。让学生在实践中意识到表达能力是我们交流的重要手段。小的平台可以以班级为主，老师在课堂上组织学生进行朗读比赛、辩论比赛、读书心得交流会等多方面让学生积极参与，提高学生对口语表达能力的自觉性。大的平台以学校和社会为主，比如让学生积极参加学校广播电台的播音员的选拔，小记者或学校报刊的设计，或者参与社会的一些公益活动，去敬老院表演、聊天等，多方面去培养学生的表达能力。让学生积极参与到活动中去，这些活动给学生提供了实践的机会和实践场地，让学生体验社会，感受社会的同时去实践语言运用的能力。

4. 在语文教学中，教师要提高自身的教学方法

在教学过程中，教师也要提高自身的能力，只有教师的能力更强，才能教出更好的学生。在语文课堂上，教师要积极向学生表达积极向上的，有助于学生提高表达能力的思想和行为，让学生在不知不觉中意识到表达能力的重要性。

四、学生自我意识提高表达能力的要求和方法

1. 提高学生表达能力的要求

表达能力以口语表达和书面表达为主，学生要想有较强的表达能力必须要具备丰富的知识、缜密的逻辑思维和成熟的思想意识三方面的要求。这三方面不是一朝一夕就能拥有，要求学生要不断地学习专业知识，包括社会、人文、科学等知识来丰富知识。来正确认识世界、树立正确的人生观、价值观和世界观。

2. 提高学生表达能力的方法

（1）通过阅读来提高表达能力，除了在语文课堂上我们要积极配合老师的阅读要求，课外学生也应积极去朗读，可以从课本或好的诗集中找一些文章带着感情去朗读，丰富知识。

（2）积极参与学校组织的活动，每年学校会组织学生表演，主持等节目，学生要积极参与，尽量融入组织去感受语言表达能力带来的切身体会，并通

过不断的学习和努力走向舞台。

（3）开放学校图书馆，学校在学生能力的培训上，硬件设施也需要硬化，给学生提供学习知识和丰富知识的保障机制。让学生在知识的海洋中翱翔，来积累表丰富知识，培养语言表达能力。

（4）学校板报的开放，不管是在各年级的学校中，都会有板报，学校应积极组织办析报的效率，给每个班级机会，让更多的学生参与进来，要求内容来自学生的原创，并评选板报评优活动。这样，为了集体的荣誉感和自身能力肯定，学会会积极去努力策划，对学生知识，技能、语言和写作方面能力的锻炼，加强学生思维能力和表达能力。

同样是说话，为什么有的人说出来的话让你感觉到诚恳得体、条理清晰、重点突出、层次分明，而有些却说的语无伦次呢？区别在于组织语言的能力和运用语言表情达意的能力。口语表达与交际能力是当代学生不可缺少的能力，没有良好的口语表达能力，就无法与他人进行正常沟通。在语文教学过程中，教师要努力培养学生运用所学知识进行表达交流的能力，培养学生的兴趣，提高口语教学的效率，最终达到高效培养学生表达能力的目的。

第二节　高职语文教学培养学生的职业能力

高职院校语文教学在培养学生职业能力尤其是核心能力方面具有重要作用。高职院校语文教学应顺应经济社会发展对高职教育的要求，整体规划设计语文课程的目标定位、结构体系和教学模式。建立以学生为中心、以实践为中心、以能力培养为中心的语文课程观，从课程设置、教学方法和手段、评价体系等方面深化语文教学改革，为提高学生的综合素质，培养学生的职业能力服务。

一、职业能力的内涵及高职院校学生职业能力的现状

（一）职业能力的内涵

职业能力是人们从事某种职业的多种能力的综合。原劳动和社会保障部课题组在《国家技能振兴战略》中把“职业能力”分为职业特定能力、行业通用能力和职业核心能力。职业特定能力是每一种职业自身特有的，它只适用于这个职业的工作岗位，适应面很窄，按《中华人民共和国职业分类大典》

划分共有 1 838 个职业，所以特定能力的总量是最大的。职业特定能力按现在普遍接受的提法，即专业能力。是指从事职业活动所需要运用的专业知识、技能，强调的是对职业活动技术领域的应用性和针对性。行业通用能力是以社会各大类行业为基础，从一般职业中提炼出来可通用的基本能力。它的适应面比较宽，可适用于这个行业内的多个工种，它对应的是一定的职业群。职业核心能力是通用性最强、范围最广的能力，它是从所有职业活动中抽取出来的一种最基本的能力，可适用于所有行业的所有职业。它是通用能力的支撑，通用能力又和核心能力一起，构成了对特定能力的支撑。构成职业能力的三个能力是一个立体动态发展系统，三者构成能力的统一体，它们之间可以相互迁移和转化、促进和发展。这其中的关键在于“综合”，而不是各项子能力的简单叠加。

职业核心能力是行业通用能力和专业特定能力形成和应用的条件和基础，所以它处在最底层，是支柱和依托。共分为 8 项，称为“8 项核心能力”，包括与人交流、数字应用、信息处理、与人合作、解决问题、自我学习、创新革新、外语应用等。从内涵和特点分类，又可以分为方法能力和社会能力两大类。方法能力是指主要基于个人的一般有具体和明确的方式、手段的能力，主要指独立学习、获取新知识技能、处理信息的能力。社会能力是指与他人交往、合作、共同生活和工作的能力。在三种能力构成中，语文学科与学生核心职业能力培养的关系最为密切。

与本、专科等普通高等教育培养学科型、理论型人才不同，高等职业教育是高等教育层次的职业教育，与普通高等教育的主要区别就在于突出学生的职业能力培养。要培养高层次的品学兼优的技艺型、智能型复合人才，必须从狭窄的职业技能教育转向综合素质教育，重新审视能力观；必须转变教育思想和更新观念，树立正确的人才观、教学观和办学观，按照社会经济发展需要使学生获得过硬的职业能力，包括实践能力、就业能力和创新能力等方面。近年来对于高职教育职业能力的内涵很多理论界专家和高职教育界同仁都在积极探索。

我国高等职业教育的发展先后经历了“社会本位”“知识本位”“能力本位”和“素质本位”的阶段，其职业能力培养目标也在不断发展变化，培养目标先后经历了“实用型、技能型人才”“高级技能型实用人才”和“高素质技能性人才”的转变，不断增强服务区域经济社会的能力。根据联合国教科文组织教育统计局编写的《国际教育标准分类》（ISCED），我国现阶段高等职业技术教育属于 5B 型。5B 意为“那些实用的、技术的、具体职业的课程”，主要培养目标为“让学生获得从事某个职业或某类专业所需的实际技能知识——

完成这一级学习的学生具备进入劳务市场所需的能力与资格”。在这一框架内，我国高等职业教育形成了以职业能力作为培养目标的办学理念。目标、内容、方法、条件、评价相互衔接，其内涵是校企融合，工学结合，人才培养规格与社会需求“零距离”对接。

（二）《国家中长期教育改革和发展规划纲要（2010—2020年）》对于高职院校学生职业能力的政策解读

教育部最新颁布的《国家中长期教育改革和发展规划纲要（2010—2020年）》（下简称《规划纲要》）为我国教育改革和发展指明了方向。《规划纲要》的出台，不同于以往任何一次关于教育政策、办法的制定。《规划纲要》先后多次在不同范围、不同行业征求意见。从2008年8月开始起草，历时两年时间。文字起草成员规格之高、文本修改次数之多、修改量之大都是空前的，温家宝总理先后多次直接参与指导文本修改工作。起草工作小组的组长是国务委员刘延东，副组长兼办公室主任是时任教育部部长周济。文本审核层次之高也都历史罕见。送审稿，国务院、中央政治局开了多次会议，公开征求意见两次。公开意见后送国务院审核。5月上旬国务院科教领导小组审议原则通过，5月中旬国务院常务会议原则通过，面向社会征集意见。接着是中央政治局常委会讨论原则通过《国家教育规划纲要重大问题》，最后是中央政治局全体会议正式通过。《规划纲要》从起草到最后出台的过程充分说明了教育关乎国计民生，党和政府高度重视。《规划纲要》强调，未来十年，教育改革将贯彻“优先发展、育人为本、改革创新、促进公平、提高质量”的20字方针。必须始终坚持把教育摆在优先发展的位置。按照面向现代化、面向世界、面向未来的要求，适应全面建设小康社会、建设创新型国家的需要，坚持以育人为根本，以改革创新为动力，以促进公平为重点，以提高质量为核心，全面实施素质教育，推动教育事业在新的历史起点上科学发展，加快从教育大国向教育强国、从人力资源大国向人力资源强国迈进。

育人为本是以人为本在教育系统内的根本要求，它强调的是学校要把人才培养放在首位，要为全面发展服务，通过为全面发展服务来激励为社会发展服务。

提高质量是教育改革发展的核心任务。树立科学的教育质量观，把促进人的全面发展、适应社会需要作为衡量教育质量的根本标准。树立以提高质量为核心的教育发展观，注重教育内涵发展，鼓励学校办出特色、办出水平，出名师，育英才。建立以提高教育质量为导向的管理制度和工作机制，把教育资源配置和学校工作重点集中到强化教学环节、提高教育质量上来。《规划纲要》对我国人才培养提出了新的要求，那就是以人为本，构建终身学习体系，实现人的全面发展。具体到高等职业教育，要求以内涵发展为主，以服务为宗旨，以就业为导向，以质量求生存，以特色谋发展，走产学研结合之路。办学定位应该是对学生进行思想政治教育和职业道德教育，传授职业知识和技能训练，进行职业指导，培养面向生产、建设、服务和管理第一线需要的高素质技能型人才。其人才培养模式确定为工学结合，校企合作和顶岗实习。其实质是校企合作的一种深层次展开。如校企共同确立人才培养目标、共同制订人才培养方案、共同实施教学基本建设、共同进行实践教学管理、共同完成岗位技能考核,从而实现校企合作中的人才培养“双元化”或叫“双主体”办学，工学结合中培养人才的“员工化”。要实现这一目标，高职院校学生的专业技能和综合素质有了更高的要求，学生职业能力必须要达到适应用人单位需求或实际岗位需要，下一步的校企深度合作，学生本人的可持续发展才能得以实现。

（三）当前高职院校学生职业能力的现状及产生的原因

高等职业教育，是以培养学生职业能力为本位的教育，其培养目标是“培养拥护党的基本路线，德、智、体、美等方面全面发展的高等技术应用性专门人才”。但是实际上高职院校学生职业能力距时代发展和社会需求还有一定距离，远未实现人才与企业实际需要的“零距离”对接。未来十年，我国高等教育将完成“精英教育—大众教育—普及教育”的转变，学生不是在争取上大学的机会，而是在品牌和特色学校之间进行选择。高职教育作为高等教育发展中的一个类型，承担提升整个国民素质的份量越来越重。通过对用人单位的调查，大多数职业院校学生在专业技能上往往不是用人单位不满意的最大理由，沟通协作能力、敬业精神及再学习能力欠缺是学生最大的问题。这造成高职毕业生极高的流动性，既不利于用人单位发展，也影响了高职毕业生本人的成长。

造成高职学生职业能力欠缺，高职教育与经济发展不相适应有诸多方面的原因。从高职教育本身的发展过程看，主要有以下几方面原因：

一是虽然从全国看，高职教育得到了极大发展，办学规模不断扩大，但是很多职业院校一味重视做“大”而忽视做“强”，注重了外延建设即规模扩大，招生人数一增再增，忽视了院校资源等条件具备与否，忽视了以提高质量为核心的内涵提高。大楼建起来了，但却没有实现规模、结构、质量和效益的协调发展。二是在办学理念上忽视了“职业教育就是就业教育”这一高职教育的本质特征。一味强调学科性和理论性，没有从根本上改变传统课程结构、课程观念，把职业教育办成了本科教育的压缩版。三是办学定位不够明确，办学思路不清晰，办学特色不够明显。背离了为区域经济社会建设相适应的定位，在如何对接行业、企业发展有服务地方经济建设的目标定位并不是很清晰。人才培养趋向于理论知识传授，与行业、企业互动不够，道德教育和技能培养不够。四是实践课程效益不高。实践课程应该是高职教育中非常重要的部分，但现在仅仅将实践课当作一个教学环节而没当作一门课程。这就影响到学生职业技能的训练和提高。

从学生的自身因素看，学生倦怠情绪影响了学生职业能力的提高。一方面，受社会环境影响，很多学生对高职教育并不认可，觉得没能升入本科院校而无奈选择接受高职教育，再努力学习也不会改变自己不是名牌大学生的现实。有一种失落感及挫败感，因消极悲观而缺乏自信，对学习没有热情。另一方面，由于填报志愿时盲目选择专业，或者有的学生是经录取调剂到的所学专业，对专业没有兴趣，从而产生厌学情绪。还有的是在激烈的就业竞争形势下，对未来和就业焦虑担忧，缺乏职业规划，思想压力过大、学业压力过重而导致学习倦怠。而工作负荷是中外学者公认的造成学习倦怠的主要原因。

通过上文对不同职业能力观的探讨得知，高职学生只掌握专业技能是远远不够的，还必须具备从事本职工作的一定的综合素质和职业能力。反思高职院校的语文教学，在学科的定位与功能的认识上，仍然停留在传统的学科背景下，不适应当前高职课程改革的发展趋势。与突出能力培养、工学结合的高职课程建设和改革的核心理念不相协调。进而影响了对学生职业能力的培养。一是课程结构设置不合理，教材内容严重滞后于知识的更新；二是教学方法陈旧，无法激发学生学习的兴趣；三是教学评价体系不完善，缺乏配套的检验标准。

二、高职院校语文教学与学生职业能力培养的关系

（一）在语文教学中培养学生职业能力，是实现语文教学培养目标的需要

教育部对高等教育语文教学的性质做了这样的描述："语文是最重要的交际工具，是人类文化的重要组成部分，工具性和人文性的统一是语文课程的基本特征"。列宁也说过："语言是人类最重要的交际工具"。这其中，"交际"是语文的核心内涵，"工具"是达到交际目的的事物。"交际性"是语言的功能属性，"工具性"可以统一于"交际性"之中。而人类的交际过程，就是文化的交流与传播的过程。具体到高等职业教育，语文教学一方面要立足于培

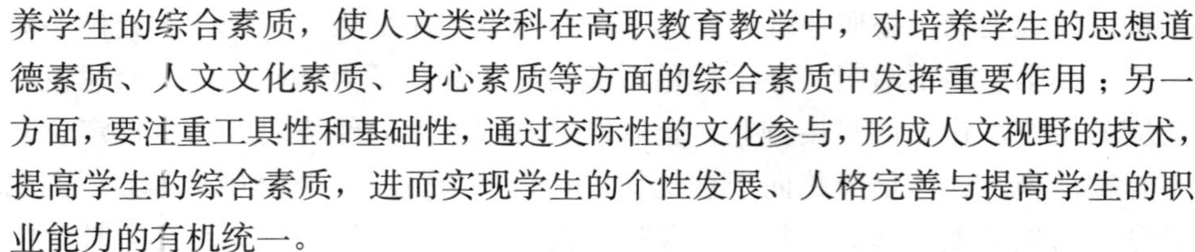

养学生的综合素质，使人文类学科在高职教育教学中，对培养学生的思想道德素质、人文文化素质、身心素质等方面的综合素质中发挥重要作用；另一方面，要注重工具性和基础性，通过交际性的文化参与，形成人文视野的技术，提高学生的综合素质，进而实现学生的个性发展、人格完善与提高学生的职业能力的有机统一。

教育部明确指出，在高等教育设置语文课程的根本目的就在于充分发挥语文学科的人文性和工具性特点，适应当代人文科学与自然科学交叉渗透的发展趋势，培养具有全能素质的高质量人才一。

可见，语文教育的目标应着眼于学生的全面发展和综合素质的提高。尤其在高等职业教育语文教学中，有针对性地培养学生的职业能力，才能使语文教学目标真正地得以实现。

（二）在语文教学中培养学生职业能力，是实现高等职业教育健康发展的需要

综合职业能力，全面发展是高等职业教育人才培养规格的要求。高职教育的可持续发展需要人文类课程的支撑，语文是其中的重要基础。如果高职学生只懂专业，缺失必要的人文教育，那就只能成为“匠”，而不能成为“师”，将会把高职教育这一本来充满理性思维而又富有人文关怀的教育行为蜕变为一种职业工具，这与高职教育健康发展背道而驰。高职教育虽是一种就业教育，但是教育本身就是系统工程，不可急功近利，重眼前而轻长远，要遵循事物发展的客观规律，既要考虑学生就业安置，也要注意学生的终生发展，从科教兴国战略、全民素质提高、民族强大的层面去认识对高职学生综合职业能力的培养，进而促进高等职业教育健康发展。

高等职业教育与普通本、专科注重学科性不同，培养的是面向生产、建设、服务和管理第一线需要的全面发展的高素质、技能型人才。在知识经济时代，较强的综合职业能力是高职学生提高就业竞争力的重要支撑。只掌握单一的专业技能，只会从事本专业的“工具人”是适应不了社会发展需要的，同时这样的学生也不具备本身岗位迁移能力，会极大地限制专业能力的提高。而通过语文教学对学生职业能力的培养，会有助于培养学生养成良好的职业道德，提高学生适应能力和就业竞争力，提升综合素质，促进学生全面发展，实现高等职业教育人才培养目标。

（三）在语文教学中培养学生职业能力，是学生改变学习方式的需要

知识经济时代的来临对于学习者来说，如何掌握知识比掌握多少知识更加重要。要学生学会学习，是世界各国教育改革的方向。美国教育技术 CEO

论坛第 4 年度（2001）报告明确提出了“21 世纪能力素质”概念，即 5 个方面：基本学习技能、信息素养、创新思维能力、人际交往与合作精神和实践能力。而基本学习技能，即如何学习成为最重要的技能之一。语文教学中通过各种有效途径培养学生的职业能力，把语文教学重点与学生从事专业工作所需的素质相结合，从授课之始就引导学生注重职业能力的培养，使语文教学与各专业的知识、技能教学相互衔接，相互融合，必然会激发学生的学习兴趣，变苦学为乐学，变学会为会学，变要我学为我要学，收到事半功倍的效果。

（四）在语文教学中培养学生职业能力，是教师改变教育观念的需要

美国哈佛大学前校长科南特曾经说过：“大学的荣誉不在于它的校舍和人数，而在它一代一代的教师质量，一个学校要站得住脚，教师一定要有特色。”作为一代教育大家的蔡元培先生也对大学有过极为精辟的论断：“大学之大，非大楼之大，乃大师之大。”时代在发展，对从事高等职业教育的教师，也包括语文教师，也应顺应时代发展的需求，做到与时俱进。高职语文教师要改变过去“一支粉笔，一本教案，一张嘴”的传统授课模式与角色定位，对高职教育人才培养规格要求和培养方法有较为准确的认识与把握。知识储备更应全面对高新技术发展变化的跟踪和研究应更敏锐，更迅捷。还要做好能力测试和培训，树立合新的高职教育人才观、质量观、课程观和教学观。教学观从知识本位向能力本位转变，传统的学科课程向行为活动导向的学习领域课程模式转变网。在语文教学中兼顾专业教育的要求，实现语文与各专业的深度融合。必须是理论和技能兼备的“双师型”教师，语文教师要通过自学或其他途径，对所教专业的语文能力要求度准确把握，具备一定的专业知识，并把这些知识丰富到语文教学中去，进行专业和基础文化课的融合。如承担财经类专业教学的语文教师要通晓一些商贸方面的知识，承担机械类专业教学的语文教师要知道一些关于机械设备方面的知识。

三、在语文教学中培养学生职业能力的有效途径

（一）语文课程设置符合高职教育自身特点

1. 树立培养学生职业能力的课程观

培养人才、发展科学和为社会服务是我国高等院校三大传统功能。随着我国经济社会不断发展，高等职业教育的功能也发生了变化。因此，必须站在全新的视角去研究、看待高职院校的语文教学改革，重新审视高职语文课

程改革的路径、渠道和方法。

高职教育语文教学大纲明确提出："高职语文要以语文实用能力的培养为主，让学生处于语文学习的主体地位，通过学生主动学、教师用心导来激发学生学习的兴趣，培养其发现问题、探究问题、解决问题的能力，养成自学和自觉运用语文的良好习惯，为提高全面素质和综合职业能力奠定基础"。这就对高职语文教学提出了要求，那就是必须以能力培养为中心，牢固树立起培养学生综合职业能力的课程观。突出职业性和实用性，做到语文知识传授和职业技能训练紧密结合。在这一理念指导下，高职院校语文教学改革，关键是要解决当前语文课程与社会需求不适应、与专业课程需求不适应、与学生个体发展需求不相适应之间的问题，整体规划设计语文课程的目标定位、结构体系、教学模式，进而按照实践导向，改革课程设置，教材及教学形式，建立以学生为中心、以实践为中心、以能力培养为中心的语文课程观。

2. 依据人才培养目标进行语文课程设置

科学、合理的课程设置是培养学生职业能力的基础，也是本专业学生培养的依据。要从职业分析为切入点，依据本学校、本专业最新的人才培养目标，确定语文教学计划，构建课程结构，形成适应本专业的课程体系。对语文教材做好选择，语文教材要充分体现科学性、先进性和实用性，更新教材观念，丰富教材内容，构建立体化教材平台。课本（即教科书）只是教材的一部分，在当前教科书编写和使用周期相对过长的情况下，要充分认识到报刊、杂志、图书、实物、参考读物、影音资料、网络资源、以至一些社会制度和风俗习惯等，都是教材的内容。突出理论和实践的紧密结合，以够用、实用为度，精心选择课文。教学内容应由以下几部分构成：一是能够全面培养学生的语文素养，能适应未来专业岗位工作和继续学习所需的课文；二是确认与专业相关的，与学生的职业能力、职业素养成有联系的课文；三是启发思维、感受创造、审美愉悦、拓展视野的，能够培养学生综合素质的课文。通过对语文教材的整合使语文课针对性更强，各层次学生都有收获，最终实现对学生进行综合职业能力的培养。

（二）注重学生职业道德的培养，在语文教学中融入职业理想教育

在目前信息畅通、交流便捷，各种文化思潮相继涌入大学校园的情况下，高职语文教学既要重视传统的、本民族的优秀文学作品的继承教育，更要注重吸收外来的先进文化和先进思想的教育。同时，要充分利用文学作品的生动性、语文教材的思想性、和语言文学的工具性，对学生进行训练和积极引导，使学生养成正确的思想和良好的职业道德。高职语文教材所列篇目很多是出

自名家之手，都是“美”的载体，在学习中往往能给学生以深刻启迪。教师通过对作品的分析，与作品中的人物同喜同悲，如见其人。

例如，在讲授文天祥的《过零丁洋》时，要向学生介绍这首为世所传颂的诗的创作背景，是诗人为元军所俘后，路过零丁洋，严正拒绝元军威逼利诱，写下此诗以死言志。诗中表现出诗人坚贞的民族气节和浩然正气。还要向学生介绍诗人生平，以及后来从容就义的过程。通过这首诗及诗作者生平的介绍，有意识的突出作者的优秀品德，激发学生对正义感、责任心的追求。

在讲授海伦·凯勒的《假如给我三天光明》时，要向学生介绍作者，一个独特的生命个体以其勇敢的方式震撼了世界，一个生活在黑暗中却又给人类带来光明的女性，她以一个身残志坚的柔弱女子的视角，告诫身体健全的人们应珍惜生命，珍惜造物主赐予的一切。造就这一奇迹全靠海伦那一颗不屈不挠的心。她接受了生命的挑战，用爱心去拥抱世界，以惊人的毅力面对困境，终于在黑暗中找到了人生光明的一面，最后又把慈爱的双手伸向全世界。通过对这篇课文的教学，培养学生顽强进取、努力拼搏精神和积极向上的生活态度。

在“口语训练”章节的教学中，以著名学者梁启超的演讲词《敬业与乐业》作为教学重点引导学生深入理解“百行业为先，万恶懒为首”“凡职业都是有趣的，只要你肯继续做下去，趣味自然会发生”等深刻道理。对学生进行职业素养教育，为他们今后走上工作岗位奠定良好的职业道德基础。

根据高职院校学生思想活跃、思维敏捷、好奇心强的特点，有些名家经典之作可能不能满足学生的需求。因此，教师在教学中要给作品适当补充一些相关知识点，对作品进行再延伸，引入新的内容。

除了以教材作品为中心以学生进行职业理想教育，教师还要根据教材中一些选文的积极意义，选择最新的一些时文佳作，作为课堂教学的一种延续和补充，或是聘请专家进行讲座，实现单篇教学与单元教学相结合，课堂教学与专家讲座相结合，对学生进行职业道德、职业理想方面的教育。

（三）注重学生创新能力的培养，在语文教学中融入学生的创新意识教育

学习兴趣一般都是在对疑惑问题的思索和顿悟所带来的快感中培养起来的。“疑”是思考的起点，探究的动力。俗话说：“学起于思，思源于疑”，心理学认为：一人们的创新活动一般经过“准备—酝酿—豁朗—验证”四个阶段。也就是说，人们总是在有了问题之后，才会积极的坚持不懈的思考和探索在语文教学过程中，教师要深刻理解和把握教材的内部联系，重视设疑提问，

熟悉每节课、每单元的重点、难点之所在；还在充分了解学生，摸透学生的知识基础和智力情况，在课堂教学中，培养学生问题意识，通过一些具有一定启发学生创新思维价值的问题对学生设置提问技巧，让学生在对自己的分析中寻求解决问题的办法和途径。

例如，讲授《西安事变》时，传统的教学模式是教师向学生讲授事件发生的时间、地点、人物三要素，加上时代背景和意义。把语文教学变成了简单的知识条文 + 政治教育。如果重新设计一下教学方法，通过学生回答教师提出几个问题来完成教学，如“西安事变发生时，如果蒋介石被杀了，现在的中国会怎样？”“如果周恩来不去斡旋，事情会怎样发展？”“如果不发生西安事变，当时中国政局可能会怎样发展？”“如果蒋介石事发时逃走了，事情会怎样发展？”通过多种假设提问，一定会激发学生的兴趣，提高学生的问题意识，在思索中得到锻炼，一定会收到很好的教学效果。

（四）改革语文传统教学的方法和手段，调动学生学习积极性

实践课不仅是高职学生提高专业技能的重要环节，也是语文综合能力提高的重要手段。语文教学必须走出传统意义的语文课堂，通过校园文化活动，如文学系列讲座、各类演讲比赛、知识竞赛、创办文学刊物、网站及大学生社会实践调查等。通过这些系列化、特色化、专业化、精品化的社会实践及学生社团活动，达到在教中学，在学中教，丰富学生阅历，开阔学生视野，提高学生的阅读和理解能力，增加他们对文学的兴趣，从而真正达到语文教学的目的。

（五）充分发挥语文学科特点，加强“听、说、读、写”的职业能力训练，提高学生综合素质

语文教学是融“听、说、读、写”于一体的综合性实践课程。高职语文教学更要遵循高素质技能型这一人才培养目标，适应区域经济发展，结合专业特点，以针对性、适应性相结合的原则，加强学生“听、说、读、写”的职业能力训练，来提高学生的综合素质。可以通过案例分析、仿真场景训练等多种形式的教学活动，进行听、说、写出能力训练。如竞聘、谈判、自我介绍、听辨、演讲等，将课上、课下结合起来，校内、校外结合起来，在传授基本的语言知识，表达技巧的同时，培养学生形成良好的语言习惯，增强学生的灵活应变能力。如在进行“应用文写作”单元教学中，介绍“求职信”“应聘书”的特点、写作技巧和写作格式。尤其要介绍在求职过程中自我介绍及参加面试中的语言技巧。在听的能力训练中，要设计听问、听测和听辩环节，还可组织学生参加院校或校外大型人才市场招聘活动。让学生在全真情境中

体验，学习，并与用人单位进行交流，回答对方提问。组织学生及时总结、对比，使学生认识到自己与用人单位需求之间的差异。进而提高听、说能力。在读的能力训练中，要训练学生把筛选信息、概括重点作为训练的目标，培养判断、选择和处理品语言信息的能力。还要帮助学生进行收集信息能力训练，学生将大量的信息与数据进行归纳、整理和总结，使之条理化，为己所用。在写的能力训练中，要结合课堂相关单位教学内容，以实际生活和社会需求为目标，写求职信、社会调查报告、合同书等应用文，培养学生具有处理实际应用问题的写作能力。

（六）改革语文课程评价体系，采取多元化的考核方式

高职院校学生语文课程评价是一个复杂的体系，是以语文教育目标为依据，通过一些量化的测评手段，测量学生个体的发展是否达到预定的教育目标程度的过程。教师通过课程评价，可以掌握学生对知识掌握的情况，学生可以通过课程评价检查自身在某一阶段的学习情况。语文课程评价在课程体系中不仅起着质量监控的作用，还具有激励导向功能。院校如何进行进行语文课程评价，不仅决定学生怎么学，也决定教师怎样教。

传统的以单一分数来衡量学生成绩和教师水平的评价模式因其忽视了学生综合素质的提高，不利于培养学生的探究、创新及实践能力而不再适应教育发展的需要。在新的教育形势下，语文课程评价必须提高定性评价与过程评价的比例子，形成一个开放式评价体系。除此之外，还要构建基于岗位专业能力和职业核心能力的双核心能力培养的课考考核模式。还可以采用多元化评价方式，如评价目标多元化，评价主体多元化和评价工具多元化。由教师对学生的单向评价向发挥学生的主动性转变，由过分强调评价功能向加强学生的激励导向转变，由过分关注评价结果向注重评价过程转变。由教师为单一评价主体向学生自身、企业和社会参与评价转化。从而构建新的语文课程评价体系，让评价为教育服务，让评价实现真正意义上的公正、合理、客观。

美国国家科学研究委员会提出，一个好的评价方式至少满足以下三个条件：一是评价能促进学习和支持教学，二是评价应该能力每一个学生提供平等的学习机会，三是评价应该能反映出对学生学习最为重要的内容。这三个条件理应成为语文课程评价体系改革遵循的原则。

1. 确立发展性评价机制，实现静态评价与动态评价相结合

现代教育理念提倡确立发展性评价机制，突出激励和改进的功能，在关注学生情感和智力发展的同时，不仅关注学生学习的既有成果，更关心学生在学习过程中体现出来的情感意志和行为表现，使用权教育评价最大程度的

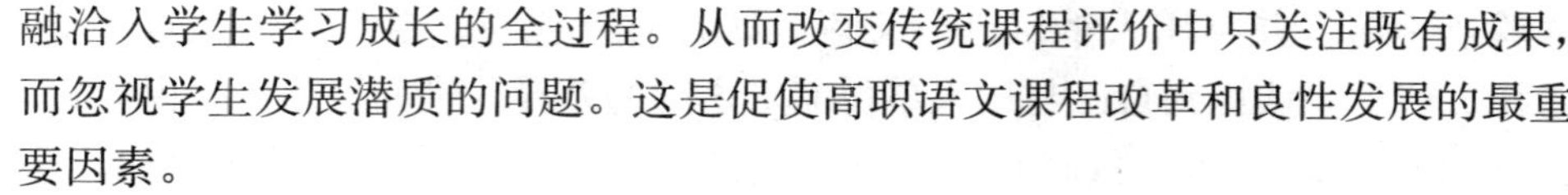

融洽入学生学习成长的全过程。从而改变传统课程评价中只关注既有成果，而忽视学生发展潜质的问题。这是促使高职语文课程改革和良性发展的最重要因素。

2. 以教学目标为核心，创新考核方式

（1）创新考试目的考核，变过去注重整体发展为重视学生个体发展，树立让每个学生，每个学生的每个阶段都有进步和提高的考试目标。让学生在每一次细小的提高中进行成功体验，从而树立信心。

（2）创新考试内容的考核，变过去注重知识点的考核为注重能力考核，建立过程评价和成果评价并重、理论评价与实践评价并重的考核机制。丰富考核内容，增加学生判断能力、心理承受能力和应变能力等人文素质考核项目，改变过去只重视学生听、读、说、写等语文能力水平考核的现象。

（3）创新考试形式，变过去期末终结性考核为注重学习全过程考核具体实施过程中可采取开闭卷相结合、口笔试相结合、理论与实践相结合、论文设计与答辩相结合的方式，及以着重考核学生的思维方式、见解主张为目的的无标准化答案考核。积极推进学分制考核机制，把学生平时的作业成绩、课堂讨论发言记录、学校社团各类语文相关比赛成绩等纳入学分制考核。教师在期末进行综合评定学生成绩。这样得出的成绩是学生语文知识和技能的综合反映，比较公正和客观，也会激发学生学习和参加各项社团活动的积极性，进而促进学生综合能力的提高。

第三节　高职语文教学培养学生的人文素质

一、高职院校人文素质教育的内涵与作用

（一）人文与人文素质教育

1. 人文概说

人文涵盖着科学，科学是人文的内容之一。但是就自然科学涉及的研究对象来看，自然科学更多地是一种“天理之学”，人文科学更多地是一种“人道之学”。科学着重研究物质世界，人文着重研究精神世界；科学研究的方法是实证、逻辑，注重简约性和准确性，人文研究的方法主要是思辨和体悟，

注重价值性和内心感受；科学研究的目的是为人类提供改造客观世界的工具，人文研究的目的是揭示人活着的目的与意义，促进人格的完善。由此可以看出，现今将人文与科学分开是基于对人类知识体系内容的划分。

2. 人文素质教育及其内涵

素质的本来涵义是指有机体与生俱来的生理解剖特点，相当于生理学上所说的“遗传素质”，是人的能力发展的自然前提和基础。据此，可以将素质理解为它是指一个人将所学的知识与书本忘掉之后所剩下来的那种东西。素质不是指具体的知识或技能，而是指所有外部事物、知识文化等内化于人的心灵之后所表现出来的东西。素质不是某种具体的工具，而是能握任何工具，并能游刃有余地运用的那一只手。

人文素质是指个体把人文知识与思想品格内化而形成的相对稳定的素养。它涉及到人如何处理人与自然、人与社会、人与他人、人与自我等关系的理性、情感、意志等社会属性。它是一个人的思想品位、道德水准、心理素质、思维方式、人际交往、情感、人生观、价值观等的总体表现。人文素质包括了人文知识修养和人文精神两大方面的内容。其中人文精神是指通过人文学科知识的吸收而形成的价值观、道德、气节和思维品质。

人文素质教育就是对学生进行人文素质的习得、养成的教育。它追求的目标是改进教学，使学生学得更多更好；更重要的是使全体学生增进生活智慧，加深对生活的理解及生活目的与意义的体悟，努力改善自己的生活世界和生存状态，获得自身生存的意义。人文素质教育是人才培养的一个重要方面，学生的人文素质是人才质量的基础因素。

人文素质教育的主要任务是提高受教育者的素质，其目标是提高学生的文化修养、理论修养、道德修养、生活技能修养，一言以蔽之，就是教学生做怎样的人以及如何做人。人文素质教育的要旨在于培养人文精神，人文素质教育的过程就是育人的过程，它致力于用人类在漫长的历史中所积累的智慧和精神去陶冶人、教育人，强调人的道德精神价值，注重对善与美的理解，引导学生去求真、从善、爱美，使学生能洞察人生的目的与意义，找到正确的生活方式。人文素质教育对于学生的社会化具有十分重要的意义，在某种意义上，人文素质教育是贯彻全面发展的教育方针的体现。

（二）我国高职院校人文素质教育内容

高职院校人文素质教育的内容应根据高职院校学生的思想素质状况和有利于学生的可持续发展为依托。具体而言，它应包括人文知识教育、人文思维教育、人文精神教育三个方面的内容。

1. 人文知识教育

高职院校的人文知识教育内容针对高职院校人才培养的实际和学生思想实际，选择社会科学中最重要最精彩的部分，一般包括这样几类知识：一是思想政治类和法律类知识，包括“两课”和法律基础等公共课程，主要培养学生正确的世界观、人生观、价值观，知法懂法遵纪守法的意识，进行政治社会化。二是伦理道德类知识，包括职业道德与成才、心理健康、大学生就业指导、公共关系学等课程，主要是对学生进行社会道德教育，尤其是职业道德教育，着重在于培养学生吃苦耐劳的敬业奉献精神，培养与市场经济和全球化经济相适应的规则意识、纪律意识、诚信意识、责任心。三是文学、历史、艺术、语一言类知识，包括大学语文、应用文写作、中国通史、音乐鉴赏、美术鉴赏等课程，对学生进行审美教育、创新思维培养和优秀传统文化熏陶。四是专业辅修类知识，包括专业文化、学科方法论、科技技术伦理、现代科技前沿的哲学反思等等，主要是开阔学生眼界，拓展学生思维，反思科学技术的两面性，开拓人文素质教育的新空间。人文知识教育，主要是为高职院校学生构建更为广博的背景知识，扩展过于狭窄的视野，使学生不仅了解工作中的各种技术问题，还善于把技术概念从技术本身扩展到管理、效益、政治、经济、法律、环境、社会责任等诸多领域，提高咨询和决策能力。

2. 人文思维教育

人文思维是开放的形象思维更是原创性思维的源泉，是直觉、是顿悟、是灵感，是人的灵性的重要体现。高职院校在进行人文知识传授时，还必须引导学生领悟人文知识中包含的人文思维，进而开启学生丰富的想象力、敏锐的领悟力和创造性思维。艺术教育就是训练人文思维的一条有效途径，它对大学生品性修养的提高具有不可忽视的作用。例如，文学作品中小说的荡气回肠、诗歌的跳跃律动、散文的宁静致远都会给高职院校学生以心灵的震撼，发展他们的形象思维能力，引导他们用“诗”的眼光去观察生活并体味生活的多姿多彩，培养以人为本的价值观。另外，高职院校学生也可以通过听觉、视觉，感受熔铸在音乐、美术中的艺术形象和情感，使自己的心灵受到陶冶，提高自己的精神生活品味。通过人文思维教育的训练，教会高职院校学生如何探索超越技术本身的问题，站得更高看得更远，可以使他们在设备使用、产品开发的过程中，融入更多的艺术灵感，使技术的东西更富有人性化的理念。而这些思维方法是高职学生在市场经济体制下，在激烈的竞争中取得优势的最基本要素。

3. 人文精神教育

人文精神教育是人文素质教育的核心和归宿。人文知识传授是人文教育的基本层面，人文精神的培养则是深层次的，是超越性的，目的是获得对“为什么”的价值体认。人文精神既是一种形而上的追求，也是形而下的思考，它不仅是道德价值本身，而且是人之所以为人的权利和责任。

高职院校人文精神教育，首先要培养学生实事求是的精神。实事求是是马克思列宁主义、毛泽东思想、邓小平理论的精髓，也应该成为高职院校人文素质教育的重点。弘扬实事求是的精神，就要树立和坚定建设有中国特色社会主义的共同理想，既胸怀远大又脚踏实地：不唯上、不唯书、不迷信权威，反对口是心非、文过饰非，敢于坚持真理等等。其次要培养人文关怀意识。所谓人文关怀，主要是指对人在自身的存在和发展中所遇到的各种问题的关注、探索和解答，它所体现的是一种知行统一的笃行精神，和谐处理个人和他人、集体、社会、自然的关系。人文精神教育要以人为中心，尊重和关怀个体生命，帮助个体树立健全的人格和健康的心理。第三是培养创新精神。高职院校虽然不以培养科学家和艺术家为基本任务，但创新精神仍是不可或缺的。只有具有创新精神和创新意识，他们才有可能在技术使用和产品设计的过程中不仅考虑实用功能，也考虑它的美学价值和社会功能，去挖掘技术背后所隐含的人文因素，而使枯燥乏味的技术操作充满丰富多彩的情感和关怀。

人文素质教育三方面的内容是一个有机的整体，缺一不可。人文知识必须经过人文思维的想象和提升才能内化为人文精神，最终形成相对稳定的品质结构。由人文知识教育到人文精神的内化是一个长期反复的过程。

（三）我国高职院校人文素质教育的目标与作用

1. 高职院校人文素质教育的目标

（1）人文素质教育的首要目标在于树立科学的世界观、人生观和价值观。

高职院校是为国家培养人才的，而人才的培养有一个定性问题、导向问题。坚持社会主义的政治方向并具有高尚的道德情操，是合格的专业人才必备的素质，也是高职院校学生能够有所作为、有益于社会的首要条件。高职院校人文素质教育首先要解决做人的方向性问题。科学的世界观、人生观、价值观（简称三观）使高职院校的学生对人生的价值有一个正确的定位，对真善美有一个正确的理解，对世界有一个宏观的把握，从而增强对国家、对民族的深厚情感，确立为建设有中国特色社会主义而奋斗的政治方向及全心全意为人民服务的人生追求。对于高职院校的学生来讲，三观教育既是高远的，又是具体的、形象的、生活化的，诸如幸福观、金钱观、劳动观、荣辱观、爱情观等都是三观教育的具体内容。这样，学生就可以通过日常的生活、学习、工作等方面努力实践，大目标确立，小目标明确，逐步实现。培育学生成为一个有益于国家、有益于社会、有益于他人的心智健全的人是高职院校人文素质教育的首要目标，也是社会主义学校办学方向的根本要求。

（2）人文素质教育的基础目标是培养良好的职业道德。

所谓职业道德，就是从事一定职业的人们所应遵循的行为规范及必备的道德品质。高职院校所培养的学生绝大部分将直接进入职业活动，而且是到生产一线进行技术操作、现场管理，良好的职业道德和职业素质就显得尤其重要。高职院校学生的职业道德教育主要应在培养学生爱岗敬业、踏实肯干、谦虚好学、乐于奉献、安心基层、吃苦耐劳和与人合作等方面下工夫。具体而言，高职院校职业道德教育应包含以下内容：第一，爱岗敬业。爱岗就是热爱本职工作岗位，安心本职工作，干一行爱一行。敬业就是对本职工作认真负责、一丝不苟。高职院校学生从业的基层性和一线性要求学生必须热爱自己的工作岗位，力争使自己成为本职岗位上的行家里手。第二，诚实守信。诚实守信是立人之道，修业之本，它要求从业者言必行，行必果。诚实守信除了行业行规的监督和约束外，更多的是靠个人自律，在无人监督、无人强制的情况下也能始终坚持诚实守信。第三，严守纪律。每一个行业都有本行业的规则意识和职业纪律，从业人员必须严格遵守。第四，服务至上。每一个行业都有自己的服务要求和服务群体，服务意识是从业者必备的职业道德，它要求从业者在工作中把方便让给别人，把困难留给自己，艰苦创业，勇于进取，以人为本，服务他人。培养学生良好的职业道德素质，是高职院校人文素质教育当下的现实需要，具有基础性的地位。

（3）人文素质教育的现实目标是磨砺良好的精神境界。

实事求是地说，高职院校学生多为升学考试中的失意者或落榜者，加之长期以来中国人骨子眼里的学而优则仕观念浓厚，认为是劳心者治人，劳力者治于人，许多学生选择读高职院校实属无奈或迫不得已。在这些因素的影响下，部分学生产生了焦虑、自卑、抑郁、敏感等心理障碍。教会学生如何保持自己良好的精神境界，成为心智健全、心理健康的技术人才就成为高职院校加强人文素质教育的现实需要。

（4）人文教育的核心目标是塑造完美的人格。

所谓人格，是指人与其他动物相区别的内在规定性，是个人在一定的社会环境和现实活动中形成，并在行为和各种社会关系中表现出来，反映一个人的内在特质的总和。塑造完善的人格是教育的永恒理念。完善的人格说到底是一个人内在世界诸因素协调平衡发展的问题，即逻辑与直觉、理智与情感相辅相成、协调互补的关系。高职院校学生在技术掌握和知识学习的过程中自觉地以理性导航，不仅关注理论知识的获取和积累，关注技术行为的效用和价值，更要关注精神家园的守望和滋养，在多元化的伦理道德中做出正确的选择，以使自己的行动具有科学性、目的性并富有成效。这种完善的人格是孟子所说的"富贵不能淫，贫贱不能移，威武不能屈"，不受客观环境的干扰，将独立的人格尊严看得比生命更重要；是《易经》中所讲的"天行健，君子以自强不息；地势坤，君子以厚德载物。"体现的是积极进取，心胸宽广的人格类型；是将集体、国家的利益铭记心中，为了集体、国家的兴旺发达，而自觉进行艰苦奋斗的人格。高职院校人文素质教育的核心目标就是要培养这种人格健全的职业技术人才。

（5）人文素质教育的终极目标是人文精神的形成。

各种人文知识、艺术素养通过知识传授、教化示范、环境熏陶，内化为人格、气质、修养，升华为人的一种相对稳定的内在品格，即表现为人文精神。这种内化只有通过学生主动的思索、发现和尝试，经过他们的感受、体验和欣赏才能实现。这就要求高职院校在人文素质教育的过程中必须坚持主体性教育原则。主体性教育充分尊重受教育者的能动性、自主性和自觉性，使教育过程成为学生自我认识、自我选择、自我发展、自我完善的过程。高职院校的人文教师要讲述各种人文知识，让学生具有起码的人文素养，但更重要的是学生自己的体验、欣赏、理解、内化为自我的品质，最后升华为人文精神的心理过程。这种对人的"终极关怀"的人文精神，不仅是对人的修养层面、情感层面的关注，更是人在追求真善美和自由而全面发展层面的关注，理应成为高职院校学生的终生追求和向往，成为高职院校人文素质教育的终极目标。

高职院校人文素质教育的这五个目标并不是孤立实现的，而是相互协调、相互促进、相互渗透的关系。这些目标的实现将是一个循序渐进的过程，也是一个学生心灵逐渐净化、升华的过程，同时也是一个终身教育的过程。

2. 高职院校人文素质教育的作用

高职教育是一种职业准备教育，是为学生就业做知识储备和技能强化的教育，培养数以亿计的高素质的劳动者和数以千万计的专门技术人才是高职院校的特色和使命。但我们不能就此走向另一个极端，拒绝或摒弃人文素质教育在高职教育中的应有地位和重要作用。因为高职教育作为高等教育的一部分，必须首先教会学生"如何做人""做什么样的人""怎样做一个技艺精湛品格高尚的技术人"。因此，高职院校必须坚持技术知识教育和人文素质教育并重的理念，坚持“两手抓，两手都要硬”的方针，否则我们培养出来的“只是服务于某些目的的专业工人，那他们并没有受到真正的教育。

基于这样的认识维度和发展理念，人文素质教育对高职教育的重要作用是显而易见的。

（1）人文素质教育对高职院校培养现代职业人具有导向作用。

激烈的市场竞争和快速的市场变化使各行各业对人才的要求越来越高，仅具有专业技术的人才已不能满足企业的需要，企业更需要具有良好的综合素质，能够迅速适应企业环境和与企业共同发展的现代职业人。培养适应社会发展的现代职业人是高职院校培养目标的具体体现。人文精神是现代职业人的精神核心，人文素质教育能够培养现代职业人所需要的人文精神，为现代职业人的形成提供精神品质和灵魂塑造的引导。

1）把高职生培养成符合社会需要、有敬业精神和社会责任感的合格技术人才。

根据对用人单位的调查反馈，从业人员最基本也是最重要的是要有敬业精神和责任感。责任在今天，常被用于指某种外加于人的职责，但责任的本真意义乃是自愿行为，是个体对他人或社会要求的积极“响应”；责任感就是能随时作出“响应”的一种稳定因素，即责任意识。“责任意识是主体在理解一定条件下自身角色和社会的基础上，把握自身行为及其结果，使之符合社会要求的观念、情感、意愿”。对高职生来说最重要的是敬业精神，即基于对事业的责任心、使命感，而在学习的全过程中则是为祖国、为事业也为自己的未来自觉地而不是被迫地全身心地投入到学习中去。

2）把高职生培养成在情感、意志等方面全面、和谐、健康地发展的人，使他们能够寻求个人在将来的发展。

在高职教育中加强人文素质教育，可以使学生受到各种正面的精神与价值的熏陶，因为“每一个人在接受教育中，并非仅仅把智力、技能投入进去，而是它的所有完整性，包括他的情感、态度、个性、性格、气质、意志等人之为人的一切，每一个人通过教育也不仅仅获得知识的增加和智力的发展，他获得的是整体的人生经历，是整体的精神”。人文素质教育能教育学生“如何做人”，促进学生在情感、意志等方面全面、和谐、健康地发展，用以弥补职业教育中对人精神层面的忽视，引导学生根据自己的实际情况选择个人喜欢的职业，学会在择业中协调好兴趣与能力的关系，为个人的将来发展进一步奠定基础。

3）提高高职生的综合品质，使他们在思想、心理方面有所准备，用以平衡和消解由于物质主义肆虐所带来的人的发展的缺失和遗憾。

在高职教育中加强人文素质教育，有利于培养学生健康的心态，使他们养成积极、健康、向上的精神和生活态度，使他们不断改变自己的生存境遇，尽可能避免因为工作和生活上的问题而产生的困惑和窘迫。现在的高职生所面临的社会是一个科学与经济快速发展的社会，现实对他们的要求与他们自身的状况还存在着很大的距离。大量调查研究显示，我国当代青少年在成长和发展中存在的突出问题是：理想信念淡漠，责任感、使命感下降，道德水平和伦理修养欠佳，社会化和个性化水平不高，合作意识和奉献精神缺乏。这些现象在高职生身上表现得更为突出一些。众所周知，教育一方面具有开发人力、增强产能、提高个体生计本领、服务社会经济发展的功能；另一方而更具有纯正人性、净化灵魂、提升个体精神境界、促进社会文明进步的功能。人文素质教育正好可以实现教育的后一功能。人作为社会化的动物，其发展的主要内容以及发展的复杂性、艰巨性主要表现在精神、心理方面。人文素质教育关心人的精神、心理发展，能够在很大程度上帮助学生理解专业知识，掌握专业技能，从深层次上推动专业教育，使学生明确专业学习目标，寻找学习成功的途径，从而产生持久的学习动力，自觉提高个人的综合品质，完善人格。

4）有利于提高学生与人合作的能力。

21 世纪是一个充满竞争的时代。竞争是科学技术发展和社会进步的动力之一，正确地面对并积极地参与竞争，可以说是现实生活对青年一代的要求。但是，从高职院校这些年来的情况看，学生往往害怕竞争，不敢参与竞争。在人文素质教育中可以利用历史上那些敢为人先的人物的事迹教育学生树立进取意识，主动积极地参与竞争，在竞争中努力处理好与他人的关系，既把对方当作对手，又当作朋友，从而建立起良好的人际关系，在竞争中合作，在合作中竞争。

（2）人文素质教育对完善高职院校的教学体系具有促进作用。

就高职院校的教学体系而一言，人文素质教育与技术知识教育犹如鸟之两翼、车之两轮，二者的融合对构建完善的教学体系有着重要意义。一是人文素质教育的渗入可以促进学科之间的文理渗透，扶持发展有前景的人文与自然科学交叉的边沿学科和新兴专业，改造提升传统的文理科专业。二是调整课程设置。在人文素质教育理念指导下，一方面对一公共课进行统筹规划，综合改造。另一方面，实行专业设置的综合化，使自然科学课程中包含人文知识和精神，人文社会课程中包含科学精神的基础和内涵。三是突破文理科严格分科的界限，改变狭窄单一的专业人才模式，拓展专业口径，打破学科壁垒，构建文理交叉、人文与科学结合的复合型人才培养模式。在质量和特

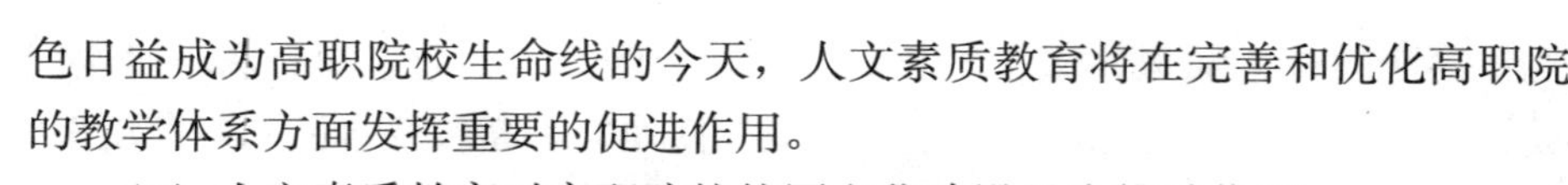

色日益成为高职院校生命线的今天，人文素质教育将在完善和优化高职院校的教学体系方面发挥重要的促进作用。

（3）人文素质教育对高职院校校园文化建设具有推动作用。

校园文化是广大师生在长期教育实践过程中共同创造的并被师生所认同的，反映师生在价值取向、思维方式和行为规范方面的一种团体意识和精神氛围。从文化形态上看，校园文化表现为物质文化和精神文化两个层面。物质文化是校园文化建设的前提和载体，精神文化则是校园文化建设的核心和灵魂。人文素质教育主要对校园文化中的精神文化层面具有主导和基础作用。高职院校校园文化既要重视物质文化即硬件建设，更要注重精神文化即软件建设，建立深厚的文化底蕴和文化氛围。高职院校的人文素质教育通过增设文、史、哲、艺术、音乐、美术、书法等人文素质课程和活动模块，可以主动培育校园文化的人文底蕴，实现人文精神向各学科的渗透，发挥人文素质教育对校园文化建设"随风潜入夜，润物细无声"的潜移默化作用，推动校园文化建设向高品位、整体性方向发展。

二、高职语文教学与人文精神的构建

（一）高职语文进行人文素质教育的优势

高职语文作为高职院校一门重要的文化课程，由于自身的工具性与人文性的特点，在进行人文素质教育、培育人文精神方面具有得天独厚的优势。俄罗斯著名的教育家乌申斯基说过："民族语言不仅反映着祖国的自然，而且反映着民族精神生活的全部历史。人们一代跟着一代传下去，但是每一代的生活成果都保留在语言里，成为传给后一代的遗产，一代跟着一代，把各种深刻而热烈的运动的结果，历史事件的结果，信仰、见解、生活中的忧患和欢乐的痕迹，全部积累在本族语言的宝库里。总之，一个民族把自己全部精神生活的痕迹都珍藏在民族的语言里。"透过语文中的语言文字，人们可以接通古今，与古人对话，同时人交流；通过语言文字，人们可以放眼中外，传承文化，获得教养。这就是说，高职语文不仅能使学生掌握语文这门工具，而且能涵养人的精神，陶冶人的灵魂，启迪人求真悟善审美。

教育部高教司《大学语文教学大纲》征求意见稿明确指出，大学语文设置的根本目的在于"充分发挥语文学科的人文性和基础性特点，适应当代人文科学与自然科学日益交叉渗透的发展趋势，为我国的社会主义现代化建设培养具有全面素质的高质量人才"。高职语文凭借其庞大的信息量，丰富的文化底蕴和人文内涵，具有得天独厚的人文素质教育优势。

1. 高职语文具有德育功能

高职语文教材中有大量的文学作品（小说、散文、诗歌和剧本节选），它们往往通过描写生动的人物形象和丰富的生活画面而传达作者某种思想感情。教学时，通过学生阅读或教师讲授、渲染，让课文中的人物、画面活生生地展现在学生眼前，把作者的思想感情传达给学生，引起共鸣，让学生爱作者之所爱，憎作者之所憎，使学生在感情上受到熏陶、感染。而在议论文的教学中，引导学生学习作者运用科学的材料、确凿的论据，通过严密的论证来证明自己的论点，表明自己的思想，因文释道，披文入理。总之，在语文教学中，通过教师“授业”“传道”和学生语文能力的培养，帮助学生认识自我，认识自然，认识社会，认识人生，认识一切人的规律，在“润物细无声”中让作家的情操和作品的精神以一种无法抗拒的力量渗入学生的灵魂深处，从而对学生进行爱国主义、集体主义教育，帮助学生树立远大的理想，培养学生良好的思想品德，树立起高尚的人格。

2. 高职语文具有审美功能

人格的完善，离不开情感的熏陶，审美的训练。个性、人格、情趣，这些人性的因素，与文学审美的关系甚为密切。高职语文包容了美的各个领域和各种形态，如人性美、自然美、社会美、艺术美、科学美等等。其审美的作用是通过生动的形象，情景交融的意境、健康向上的情趣、优美的形式来实现的。那众多经久不衰具有广泛意义的典型人物形象：屈原、苏武、项羽、林黛玉和贾宝玉、阿Q、罗密欧与朱丽叶、保尔·柯察金……无不以他们的鲜明性格格给人带来情感的震撼，使人得到美的愉悦。那些浸渍大师们或纤尘不染、或晶莹剔透、或悠闲自若的心灵感悟的文字给人们展现了一个个丰富多彩的意境，荡涤着读者的心灵，丰富着人们的情感。语文课文凝聚着各民族尤其是中华民族深厚的历史文化传统和民族情感，具有丰富的意境美，意象美，情感美和难以超越的语言美。当我们欣赏这些脍炙人口的作品时，必然会获得更高更强烈的美，得到更大的愉快和满足，使我们的心灵得以提升、塑造与净化。

3. 高职语文具有培养创新思维的功能

高职语文中的文学形象极有利于培养学生的创新精神。学生通过阅读文学作品，从感知形象入手，经过体验品味，达到对形象的深刻理解。在阅读过程中，学生的想象和联想活动极为活跃，心灵的空间特别开阔，可以达到“精骛八极，心游万仞”“观古今于须臾，抚四海于一瞬”“恢万里而无阂，通亿载而为津”“登山则情满于山，观海则意溢于海”的境界，形象思维能力得到训练，创造性思维也能得到激发。如《诗经·兼葭》的教学中，我们给诗配上乐曲，师生一起忘情地诵读，在诵读中去感受词中那荡气回肠的氛围，旷远的意境，深邃的思想，优美的文思，去培养学生的形象思维能力。当然，文学教育也能训练逻辑思维能力，在文学作品中，感性与理性、形象思维与逻辑思维是交互作用、密不可分的。

除阅读外，写作是一种高度的精神劳动和思维创造，写作不仅需要运用创新思维来探讨事物的本质规律及其内在联系，而且还要将其成果用语言表达出来，外化为文字。写作没有固定的模式与规则，一切均在创造之中。高职语文在创新思维的训练上具有独特的作用，作为高职院校学生正处于人的一生中最富于想象和幻想的时期，抓住这一时期进行文学教育，及时开发学生的形象思维和创造性思维，学生将终身受益。

总之，高职语文课程由于其自身的性质和特点决定了它担负着传承民族文化、弘扬人文精神、陶冶审美情操等多方面重任，它能从古今中外的典范作品出发对学生进行潜移默化的教育和熏陶，让学生从中汲取奋起自新、自强不息、兼容并蓄、改革创新的民族精魂。

（二）高职语文教材人文素材剖析

高职语文教学必须充分关注学生的成长需求，用语文特有的人文养料和人文手段去帮助学生健康成长。而语文学科恰恰以其全面的包容性涉及人类文化、文明的方方面面。高职语文教材多为名家之作，其中既有一定数量的传统美文，又有大量反映时代精神的新作。作品中一般都浸透着作者对社会、人生和生活的深刻感悟和体验，富于感染力，为语文学科进行人文素质教育提供了很好的素材。加强高职学生的人文素质教育首先要深刻挖掘语文教材中所包含的人文内蕴。一篇优秀的选文，必定是具有丰厚人文内蕴的文质具佳之作。人文内蕴的发掘，并不需要强行贴上思想教育的标签，而是抓住能体现作品不同凡响的闪光人文理念，使之成为当代学生构建精神家园的砖石。根据现行的教材，可从以下几方面来挖掘蕴含其中的人文精神，引导学生学会如何正确处理个人与自然、与社会、与他人的关系以及如何正确对待个人自身方面的理性、情感、意志方面的矛盾、冲突。

1. 对祖国的忠诚、对民族的热爱、对人民的责任、对社会的关注

高职学生的人生观、价值观处于正在逐步成型的阶段，此时的思想教育就显得尤其重要。如果能够有效利用语文教材的特点与优势，有针对性地进行教育，对于学生的成长将起到很好的诱导作用。在语文课文教学的过程中。

我们不仅要在有效的时间内使学生扎实地掌握课文的字词句意基本内容，更要使学生深入理解作品中深层的人文内蕴，引导学生在作品的启发下去思考人生的目的、意义、价值，懂得应该怎样做人，从而树立理想的人格目标，明确人生的责任，追求人生的完美，激发创新的动力。

高职语文课本中涉及了众多的历史人物，如周游列国的孔孟、咏叹行路难的李白、哭诸葛亮"出师未捷身先死，长使英雄泪满襟"的杜甫、一生渴盼恢复中原的陆游、三起三落的苏轼、少时参加农民起义终身抑郁的辛弃疾……这些历史名人或叹自己多劫多难的不幸遭遇，或借咏史以抒怀，或为他人鸣不平。他们那和着自己血与泪的不朽之作及其伟大不屈的人格力量构成了悲壮的旋律，具有震撼人心的力量。这些历史人物都具有高尚的人格，他们爱国爱民、忧时济世、不趋炎附势、傲岸不屈。在他们悲壮的人生经历中，贯穿始终的是其报国之才未能施展报国之愿不能实现，而为民报国之心矢志不渝的悲剧。教学时可引导学生借助文言文作品的学习来了解这些历史人物的不平凡的经历，领悟他们怀才不遇的痛苦，从而唤起学生对人民的责任、对祖国的忠诚、对社会的关注、对民族的热爱。例如，学习苏轼的《念奴娇·赤壁怀古》就可结合作者经历，抓住其感情的脉络体会他的壮志难酬、报国无门的悲壮情怀。

2. 对他人的热情、对集体的关心、对人类的博爱

高职语文教材中包含了大量的思想深刻、情感丰富的作品，其中大多是能体现群体价值的。这种重他人、重群体、重社会的人文倾向，有利于提高学生的道德情操和精神境界，有利于激发学生的强烈社会责任感，也有利于学生改善人际关系，提高与人合作的能力。

课文《古人敦睦的故事两则》表现的是个人先国家后私仇、宽宏大度、以德报怨等思想品德。蔺相如在个人恩怨上可以一让再让，而在关系到国家利益和尊严的问题上则寸步不让；蔺相如有着不计个人恩怨的宽广胸怀，廉颇则有着勇于改过的可贵品质。再如《孔雀东南飞》，过去一直认为焦母是封建家长制的代表。但从人性的弱点这一角度去看，就可发现焦母身上有一个永远解不开的死结——恋子情结。焦母年轻守寡，长期以来与儿子相依为命，因此，对儿子的爱是自私、偏狭的，于是处处发难、虐待儿媳，最后酿成悲剧。这种人性的异化告诉我们，焦母又何尝不是封建制度的牺牲品呢？从这样的挖掘中可以得到人文素质的熏陶，有利于学生良好个性和道德情操、意志品质的养成，从而健全学生的人格。

从《红楼梦》中节选的《林黛玉进贾府》一文的学习提示中是这样介绍

《红楼梦》的："小说通过宝黛爱情悲剧表现反封建的主题"。作为古代文学的经典名著的《红楼梦》是"人学"的典范，它的艺术魅力具有人类的永恒性和普泛意义。教师应该引导学生站在更高的角度来读《红楼梦》，让了解作品所反映的更重要的是小说借"四大家族"由盛而衰的过程，表现人类的困惑，人类对自身命运的不可知性。当然它还包含有更丰富的信息，作为教师可引导学生通过学习《林黛玉进贾府》为例，让学生自己课外阅读小说全文，进一步体会其丰富的内涵。

3. 对生活、生命意义的体悟

生活是五颜六色的，有时是很艰辛、很痛苦的，但只要我们善于挖掘生活的意义，我们就有了生活的勇气和克服困难的信心。人的一生就是不断体验生命意义的过程，也只有通过体验，才能将自身生命意义揭示穷尽。高职语文教材中所反映的人类在处理人的理性、情感、意志方面的矛盾、冲突和对理想的追求，都能够给学生提供体验、领会的素材。学生可以从课文所描述的内容中看到自己，或用自己的体验经历来进一步理解和升华课文的内容，或通过课文的学习，对自己有更深的了解，并自觉地去挖掘生活和生命的意义，从而养成健康的心理状态。

例如《克三劫攀高峰》是华罗庚的演讲稿。少年贫穷导致失学，大病导致残疾，但仍立下壮志，坚持学习钻研；抗日战争时条件艰苦，吃不饱住不好，遭受封锁和轰炸，仍坚持不懈进行研究；文化大革命期间被监视攻击，被打棍子和扣帽子，以及被打倒抄家，但始终不放弃研究；1979 年出国讲学也要"弄斧到班门，下棋找高手"，始终以"防空防松"来自我警示。这种努力学习，奋发向上的精神有助于学生把主人公的环境同自己现在生活的环境作比较，从而让学生知道一方面要珍惜现在的环境，另一方面要加强信心，立下远大志向，追求生命价值的实现。

4. 对祖国壮丽山河的热情赞美

文学作品是作家惊叹自然美、经历社会美、感悟人生美的真实反映，凝聚着他们热爱自然、关爱人类、热爱生活、赞颂真善美的强烈感情，显示着作者良好的审美心态和崇高的精神追求。高职语文教材中的文学作品有着众多的人物形象和丰富的生活画卷，为学生提供了审美可能，他们可以从中获得完善人格和美化心灵的精神食粮。如《桂平西山美如画》讴歌了祖国河山的壮丽美，学生可以从领略桂平西山的美丽景致中激发起热爱祖国河山的感情。李健吾的《雨中登泰山》是写登泰山的，泰山为五岳之首，雄伟壮观，山上有许多文物古迹，又是历代帝王祭天的圣地，文人墨客题咏很多，所有这些都是十分吸引人的。学生通过这篇课文可追随作者行踪与作者共同欣赏雨中泰山的壮丽景象，分享雨中登泰山的独特之乐，领会作者冒雨登泰山知难而进的精神。《天山景物记》是描写天山壮丽景色的作品，它既描绘了天山的自然风光，展现出一幅境界开阔艳丽迷人的风景画，又描写了千里牧场的迷人景色和哈萨克牧民的愉快生活，同时还重点地描写了天山的奇珍异品，展现了天然湖泊壮美的景色和果子沟的丰饶。所有这些都美不胜收。借助优美的文字来欣赏美丽的风景，让作者的热情赞美来唤起学生内心深处的审美共鸣，以提高学生的审美情趣。

综上所述，语文教科书比起其他教科书更具有人文素质教育的因素，它所表现的人类文明、文化的魅力，是其他学科所无法北拟的。

（三）高职语文教学实施人文素质教育的举措

1. 在课堂教学中挖掘课文绝含的人文精神

高职语文教材中所蕴涵的人文素材已如上述，在具体的语文教学中实施人文素质教育首先就要注意挖掘课文中的人文素材。例如讲古文《师说》，可以拿廖沫沙的杂文《〈师说〉解》启发学生：在新时代要建立新型师生关系；大家对《汉堡港的变奏》中的人物贝汉廷不熟悉，可以叙述中央电视台《东方时空》栏口播放的贝汉廷船长的感人故事，把课文中人物的故事尽可能深入地开掘出来。

又如《林黛玉进贾府》这篇课文中，林黛玉的出场，如果只按大纲的说法来教学，就会给学生心中留下一块空白。林黛玉的永恒魅力正体现在她是悲剧美的集大成者。作家在塑造这一悲剧性格时，使神话学、民俗学、病理学、心理学、文化学等多学科相互交叉、相互渗透。从而使这一悲剧性格的每一个侧面、每一层面都洋溢出无穷无尽的苦涩。林黛玉的伤感气质与悲剧命运几乎是与生俱来的；她的悲剧因病弱之躯与不治之症而强化；又因孤高自诩多愁善感而增重；又因客居荣府而更加突显；又因那一份特深层扭曲的爱情而尤其凝重；又因她的少年夭亡而实现了无以复加的永恒。这样放在全篇的框架中考察林黛玉的出场，就会更深地体会她的悲剧命运，使学生产生巨大的震撼。

《阿房宫》《再别康桥》余音缭绕、韵味无穷，让人齿颊留香；《项脊轩志》《清塘荷韵》让人明白意境清新宁静，是一种美；《永遇乐·京口北固亭怀古》《沁园春·长沙》让人清楚气势磅礴、雄壮开阔也是一种美……秦牧在《优美》一文中道："形象的描绘，美妙的譬喻，和谐的节奏，铿锵的声调，以及简洁、清新、凝练、活泼等等因素，都是可以增强文字给人的优美之感。"巴金说："我们有一个丰富的文学宝库，那是多少代作家留下的杰作，它们教育我们，鼓励我们，要我们变得更美好，更纯洁，更善良，对别人更有用。文学的目的就是要人变得更好。”

另外，还要利用现代教育技术手段展示美。传统的课堂教学，多是一根粉笔一本书，老师讲，学生听，很难产生审美效果，学生很少有如临其境的审美愉悦。现代教育技术手段应用于课堂教学，为学生提供了全新的捕捉美，认识美和接受美的视野，使他们在视觉快感和听觉快感的基础上，对美由感性认识上升到理性认识。这样得到的美，不再是零散的，而是完整的。在讲《林黛玉进贾府》《群英会蒋干中计》《林教头风雪山神庙》等小说时，可将电视连续剧《红楼梦》《三国演义》《水浒传》的有关片断引入课堂，使学生获得了具体的、感性的艺术美，取得了良好的教学效果。除此而外，还可以给学生播放“电视诗歌散文”“中国文艺”等节目，引导学生制作幻灯片，鼓励设计电教环节，用美陶冶学生情趣，激发他们在学习中的研究精神和创新精神。

2. 借助阅读，使学生获得人文精神的熏陶

在一般情况下，学生的求知欲都很强，喜欢阅读课外读物，据此可以为学生开列一些课外阅读书目，供学生课外阅读参考。教师所开的书目不要局限于单纯的文学作品，可以根据学生的年龄、专业特征，适当放宽范围。大致说来，自然科学知识、文史哲知识等可以无所不包，这样既可充分照顾到学生多样的兴趣，又可以使他们得到全面的知识，从而提高他们对人生、社会的认识能力，健全学生的人格。

（1）读人物传记，寻找其中的人文精神。

此类作品多记述人物成长、成名、成功的经历，传主往往经历了各种各样的困难，克服了常人难以想象的挫折，学生通过对这些人物传记的阅读，可以明了主人公克服困难所依仗的正是人文精神。

“生命属于人们只有一次。人的一生应当这样度过：当他回首往事时，他不致因虚度年华而悔恨，也不因碌碌无为而羞耻。这样，在临死时，他就能够说：‘我已把自己的整个生命和全部精力都献给了世界上最壮丽的事业。’”这段《钢铁是怎样炼成的》一书中的主人公保尔所说的话，直至今天对学生仍然有很大的感染力，能帮助他们形成科学的人生观。

（2）优秀文学作品，领悟其中的人文精神。

优秀的文学作品文质兼美，值得欣赏的除语言文字之美之外，更主要的是作品中所体现的人情美、人性美，学生多读一点文学作品可培养学生健康的审美情趣。

值得注意的是，我国从古到今文学作品浩如烟海，佳作如林。在这座珍贵的宝藏中，蕴藏着我们优秀的民族文化传统。中国文学史上，不仅诞生了屈原、司马迁、陶渊明、李白、杜甫、苏轼、曹雪芹、鲁迅、郭沫若等文学大师，而且出现了《离骚》《史记》《唐诗三百首》《水游传》《三国演义》《西游记》《红楼梦》《牡丹亭》《西厢记》《聊斋志异》《阿Q正传》《雷雨》等艺术精品。这既是我们民族的瑰宝，值得每一位炎黄子孙自豪，同时也是全人类文化宝库中的灿烂明珠，是我们中华民族对人类文明做出的巨大贡献。通过阅读这些艺术珍品，不仅可以使学生掌握祖国无比丰富的语言文字知识，而且可以从不同时代、不同体裁的珍品中感受到我国悠久的历史文化脉搏，受到祖国博大精深的文化氛围熏陶。这对于提高学生的人文素质水平，弘扬中华文化的优良传统，有极大的帮助。

（3）举办读书报告会，交流从读书中所获得的人文精神。

无论语文课中解读文学作品也好，还是课外阅文学作品，都不应该是由教师一人的“独语”，而应该由老师和学生共同形成对话。教师满堂灌、填鸭式地“独语”，或者是作报告式地向学生陈述己见，这些不但无助于学生独立思考，而且将导致学生“失语”——在不给学生自主的时间和空间的课堂里，学生无法生发出真性情来。这样，高职语文的教学势必显得索然寡味、毫无生趣。惟有提倡群体性的讨论和对话一让教师和学生、学生与学生共同围绕着同一作品发表各自的意见，在理解的基础上进行自由平等的对话、讨论，才能在“和而不同”的交流中感受到作品的真谛。学生自有自己理解世界的方式和能力，在讨论中要尽可能地鼓励学生发表不同的见解。老师和学生、学生和学生在彼此交流的过程中引起碰撞，激发起共鸣，从而深化他们对人文精神的领悟，况且交流过程本身就是一种很好的验证人文精神内化效果的方式。

每个人把带有明显个性化色彩的感受、理解以及生成的问题带到集体中交流，各自发表自己的见解，互相尊重，互相启发，互相补充，使个人的感受和理解得到丰富和完善，使个人在自山阅读中生成的疑问得到解决。最后教师补充发言。教师是教学的组织促进者，是平等参与的一员。教师对那些关键、重要之处，学生言有未及之处进行补充，正是教师发挥作用的空间。但发言要简要、恰当、深刻，富有启发性。

3. 借助写作，促进学生人文精神的提升

潘新和在《语文：表现与存在》一书中这样写道：“文艺写作和文艺阅读一样，不在于是否要成为作家，而是人的精神成长必要的营养，是人对自身言语生命的发现和认同，是为人生寻求归属感和家园感。……人是在读、写中认识世界和自我的，是在读、写中成长的，人类是在读、写中进化的。文艺的读、写，是开启人的精神世界的钥匙，而是具有培养人、发展人的重要价值。”

读言语作品，是与古今中外言语大师对话，吸收他们的睿智；听口头言语，是与形形色色的大众对话，体味百相人生；于是读者听者心灵与一言语大师的睿智和百相人生会时不时地产生“激情撞击”，当读者听者选择纸笔与外界对话，与自己对话，伴随人对自身每一次发现，每一次升华，每一次顿悟，从而做出有别于以往的这一个或这一次的倾吐，因此从心动到笔动到完成是写作者心灵的独白与个性的追求。在反复写作中，主体会不断地与自然、社会、古今启语大师发生对话，会不断地吸取言语营养，会不断地激起提升自己的欲望，会不断地发现自己的丑陋并进而迸发出塑造新我的审美激情，逐渐地建筑出一个全新的自我精神世界，一个丰美的心灵世界，从而达到认识自我、实现自我价值的目的。

因而，写作教学不但要重视对学生的语文能力的综合训练，而且要实现人文精神的培养。

（1）要求学生写真情实感。

过去的应试教育使学生在作文中写一些空话、套话、大话、假话，或者写一些从广播、报纸上听来或看来的话，少有自己的看法，自己的见解，真实的“我”往往不知所踪，要么就是举笔无一言，表现得苦不堪言。直接的后果是学生写作兴趣的销蚀，更严重的是养成“务虚”的风气和以假、丑为美的观念。究其原因主要是作文远离了学生的实际和需要。人都有表现自我的欲望，给予学生表现的机会，学生定能表现出色。关于写作，叶圣陶认为首先应有充实的生活，要使生活向着求充实的路，有两个致力的目标，就是训练思想和培养情感，因为作文是生活的一部分，所以它们也正是作文的源头。文章应该是思想感情的自然流露，写文章应该是心灵泉水的自然流淌。让学生在文中做到心口如一。写作过程中，只要说的是真话，抒的是真情，又是健康的，应该想写什么就写什么，想怎么写就怎么写——刊以写真诚的崇高情怀，也可以写有趣的平凡生活；可以写现实的眼前景物，也可以写幻想的未来世界。总之，只要是求真、求善、求美，学生的文字就可以呈现出各自的个性，从而让学生在作文中不断提升自己的人文精神涵养。

（2）以自己的内心世界为逻辑起点。

法国著名的文艺批评家、思想家罗兰•巴尔特说:“写作本身乃是一种悟（禅宗中蓦然出现的现象）是一种强烈的（尽管是无形的）地震，使知识或主体产生摇摆，它创造出一种无言之境。”写作是一种悟的过程，它的实质是思维和情感的活动。悟的对象虽然包罗万象，但其基本方向却只有两个：自己的内心和外部世界。而自己则是悟的起点。学生的言语内涵、言语意识和一言说技能，从某种意义上说不是老师教出来的，而是学生自己悟出来的。而在这种对主客观世界的观悟中，学生的人文素养也在不知不觉中逐渐丰润。在教学中，老师要善于为学生创设领悟言语表现规律的条件和环境，创设有利于学生发挥自身一言语主体性的条件和环境，引导启发学生在写中悟、议中悟、评中悟、和改中悟从而打开他们思想的窗户，打开他们抒发感受的阀门。

（3）以培养明辨是非精神为杠杆。

学生的思维一旦被激活，视野开阔了，求知欲和表达愿望也随之越来越强烈。他们绝不满足于已有的成绩，探寻的欲望随着视野开阔认识水平提高而越加高涨。但由于他们对事物的认识能力、对是非的分辨能力还不完全具备，在文章中常常会表现出是非混淆，或以偏概全的倾向。针对这一阶段学生的思想实际，利用学生对事物的广泛兴趣，在写作活动中引导学生独立思考，明辨是非，认清真善美与假恶丑的不同，肃清错误的认识，抵制封建意识，剥削意识，增强人文主义精神的正面影响。

（4）以提高创新能力为突破口。

写作是一种高度个性化和极具创造性的精神生产活动。写作中有一个追求，这就是创新，写作的目标应该和培养锻炼具有创造力的人格统一起来。在具体操作层面，要做到以下几点：

一是文体的开放性。在作文命题上，决不能搞各种文体之间的单轨独行，而应该让各种文体立体交叉，给学生创造一个更为广阔的四通八达的思维空间。

二是立意的多元性。在确定作文材料时，选择那些立意指向多元的有利于调动学生创新意识的材料。

三是观点的新颖性。鼓励学生尽量发表不同的意见，新颖的意见，不要照本宣科，不要人云亦云。

（5）肯定学生的成绩，让他们品尝人文素质教育的甜美果实。

1）搜集学生的名言，让学生在自我肯定的过程中实现自我教育。

语文教学应该鼓励学生独立思考，注重发展学生的健康的个性，把培养学生正确的人生观、世界观，贯穿语文教学的始终，在作文教学中也不例外。为此，老师在评改学生的作文时，将那些有鲜明独到见解的精彩片断摘录下来，编成《学生名启录》，在课堂教学和课外活动中注意向学生展示。让他们在不断的被肯定中增强写作的信心，通过写作来体现自我的价值，实现对人生的美好追求。

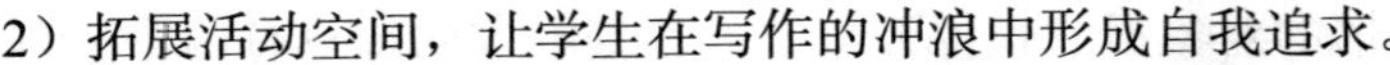

2）拓展活动空间，让学生在写作的冲浪中形成自我追求。

在作文教学中老师还要鼓励学生积极投稿，积极参赛，帮助学生组织文学社团，并指导他们在文学社团的活动；另外还可以组织学生朗诵自己的作品，这一切都是为了让学生能够体验到成功，从而增加自己写作的信心，实现自我的价值。

3）建立现代人文背景下的教学评价。

影响人文价值发挥的因素很多，除了教学目标、教学过程外，教学评价也是一个重要因素。传统的教学评价以应试为中心，仅用考试成绩作为衡量的标准，同时还把教师作为衡量的主宰。在现代人文背景下的语文教学评价，不再是简单地区分优劣，也不是对学生作一般的分类划等，而是要以现代人文精神为核心，以把学生真正培养成合乎时代需要的人才为目标，真正发挥出评价的导向功能，既坚持开放的、多元的评价，又使整个评价建立在学生自我评价的基础上。

4）采用纵横比较评分标准。

要针对不同类型的学生提出不同的写作要求，对于程度较好的学生，可以适当提高写作标准，要求他们不但要写出真情实感，而且要求文笔优美；对于程度差一些的学生，写作要求可以适当降低，只要求文理通顺，情感真实即可。

评分时还要采用纵横比较的评分标准，不光是同学之间的横向比较，还要考虑到每个学生自身的纵向比较。有些学生可能写作基础差些，但进步很快，这样在评分时要适当加分给予鼓励。

（6）结合作文讲评，因势利导地进行人文素质教育。

学生的作文既是他们情感、意志、道德的反映，也是他们自己的生活或周围生活的写照。言为心声，教师可通过作文了解学生的生活和思想，甚至了解那些处在萌动状态中的思想，从而可以因势利导地进行人文素质教育，只要老师对此能够保持敏感，适当引导，就会收到很好的效果。因势利导式的人文素质教育是最受学生欢迎的，也是最卓有成效的。

参考文献

[1] 杨柳 . 高职院校语文课程定位的研究 [D]. 成都：西南大学，2009.

[2] 陈嫣嫣 . 高职院校大学语文课程的定位及改革取向研究 [D]. 华东师范大学，2011.

[3] 杨定明 . 高职院校大学语文课程定位问题研究 [D]. 长沙：湖南师范大学，2006.

[4] 吴鹏 . 浅论高职院校大学语文课程定位 [J]. 科技资讯，2008（6）：139-141.

[5] 程路 . 论高职院校大学语文课程的定位及改革 [J]. 湖州职业技术学院学报，2008（3）：32-34.

[6] 蔡虹 . 高职院校语文课程的定位浅析 [J]. 巴音郭楞职业技术学院学报，2011（1）：29-30.

[7] 刘玉 . 高职院校大学语文课程定位与改革初探 [J]. 文教资料，2009（3）：61-63.

[8] 蔡虹，伍海霞 . 对高职语文课程定位的新思考 [J]. 语文学刊，2011（3）：144-145.

[9] 董玲 . 高职院校大学语文课程定位思考 [J]. 课程教育研究，2013（25）：49-50.

[10] 黎修良 . 高职院校大学语文的课程定位研究 [J]. 文教资料，2008（3）：212-213.

[11] 代利利 . 高职语文课程目标研究 [D]. 长沙：湖南师范大学，2005.

[12] 黄献红 . 高等职业教育语文课程整合探究 [J]. 语文学刊，2007（21）：168-170.

[12] 章年卿 . 高职语文新课程体系构建探讨 [J]. 南昌教育学院学报，2007（1）：19-21.

[14] 齐军 . 语文课程资源的整合研究 [D]. 曲阜：曲阜师范大学，2009.

[15] 齐军 . 语文课程资源整合的意蕴及实施 [J]. 教育理论与实践，2012（5）：39-40.

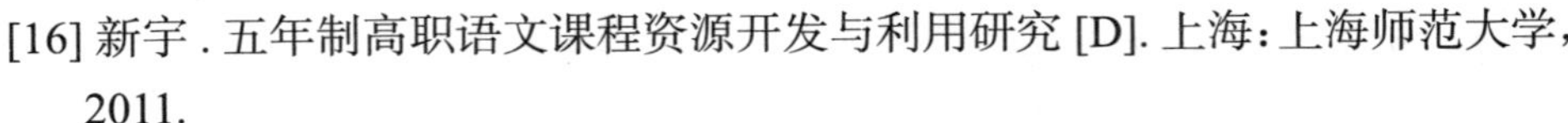

[16] 新宇 . 五年制高职语文课程资源开发与利用研究 [D]. 上海：上海师范大学，2011.

[17] 刘松林 . 高职课程有效性研究 [D]. 上海 ：上海师范大学，2010.

[18] 王凯 . 高职院校语文教学的问题、归因及对策 [D]. 呼和浩特 ：内蒙古师范大学，2010.

[19] 郭海凤 . 探究高职院校语文教学的问题、归因及对策 [J]. 亚太教育，2015（22）：174.

[20] 王伏仙 . 刍议高职院校语文教学的创新 [J]. 时代文学（下半月），2012（11）：202-203.

[21] 于晓楠 . 高职院校大学语文课程教学改革的必要性 [J]. 职教论坛，2013（32）：82-84.

[22] 王楠楠 . 高职院校大学语文教学改革研究 [J]. 船舶职业教育，2013（2）：37-39.

[23] 王洪涛 . 论高职语文教育教学改革 [J]. 语文学刊，2014（15）：119-121.

[24] 张楠 . 关于高职语文教学改革的思考 [J]. 鸭绿江（下半月版），2015（5）：1715.

[25] 朴燕淑 . 高职院校语文教育教学改革对策探索 [J]. 智富时代，2015（9）：228-229.

[26] 丁小波 . 关于高职语文教学现状及改革的几点思考 [J]. 考试周刊，2012（37）：13-14.

[27] 卢广平 . 高职语文教学改革的思考与实践 [J]. 中国科教创新导刊，2010（13）：50.

[28] 王宝岩 . 高职院校大学语文教学的改革与实践 [J]. 现代教育科学，2012（1）：92-95.

[29] 韦星 . 高职大学语文课程教学改革与实践 [J]. 继续教育研究，2012（12）：128-130，

[30] 冉进 . 浅谈高职语文教学方式的改革与创新 [J]. 科技创新与应用，2012（13）：277.

[31] 朱晓荣 . 浅谈高职语文教学的现状与改革 [J]. 科教文汇（中旬刊），2013（5）：148-149.

[32] 许辉 . 高职大学语文课程教学改革与实践 [J]. 语文建设，2013（24）：13-14.

[33] 陈小琼 . 高职大学语文课程改革探索 [J]. 广东教育（教研版），2008（1）：18-20.

[34] 李琦 . 浅谈高职院校语文教学现状及改革创新的途径 [J]. 中国科教创新导刊，2012（4）：27-28.

[35] 罗燕 . 高职大学语文教学改革的思考与构想 [G]. 江西省语言学会 . 江西省语言学会 2007 年年会论文集 .2007（4）.

[36] 许家琴 . 对高职院校语文教学改革的思考 [J]. 科教文汇（上旬刊），2008（4）：59-60.

[37] 宁群华 . 对高职语文教学改革的思考与建议 [J]. 现代语文（教学研究版），2009（5）：16-17.

[38] 杨玲 . 浅谈高职语文教学的改革 [J]. 现代语文（教学研究版），2010（2）：17-18.

[39] 孙艳 . 浅谈高职语文教学改革 [J]. 交通职业教育，2010（2）：19-20.

[40] 金荣 . 浅谈高职语文教学改革 [J]. 巴音郭楞职业技术学院学报，2013（4）：37-39.

[41] 孙祖勇 . 浅谈高职语文教学改革 [J]. 教师，2014（20）：67.

[42] 李奇年 . 浅谈高职大学语文教学改革 [N]. 山西青年报，2014（10）.

[43] 曹晶 . 浅谈高职语文教学创新 [J]. 中国科教创新导刊，2011（19）：11.

[44] 余晓栋 . 试论五年制高职语文教学的创新 [J]. 科技信息（学术研究），2008（2）：185.

[45] 陈建文 . 浅谈高职语文教学中的创新理念 [J]. 湖南大众传媒职业技术学院学报，2008（4）：102-104.

[46] 冉进 . 浅谈高职语文教学方式的改革与创新 [J]. 科技创新与应用，2012（31）：277.

[47] 花妮娜 . 五年制高职语文教学创新 [J]. 陕西教育（高教版），2010（21）：212.

[48] 徐永生 . 浅论五年制高职语文教学创新 [J]. 无锡商业职业技术学院学报，2006（2）：69-71.

[49] 杨雪 . 高职院校语文教学改革与创新策略探究 [J]. 亚太教育，2015（34）：170-171.

[50] 黄慧 . 探讨高职语文教学方法的改革和创新策略 [J]. 华章，2013（32）：231.

[51] 陈锦霞 . 网络时代下高职语文案例教学法创新及其运用 [J]. 新教育时代电子杂志（教师版），2014（19）.

[52] 蒋黎欣 . 从语文教学对教师的要求看开放大学“双师型”教师队伍的建设 [J]. 广西教育，2012（3）：56-57.

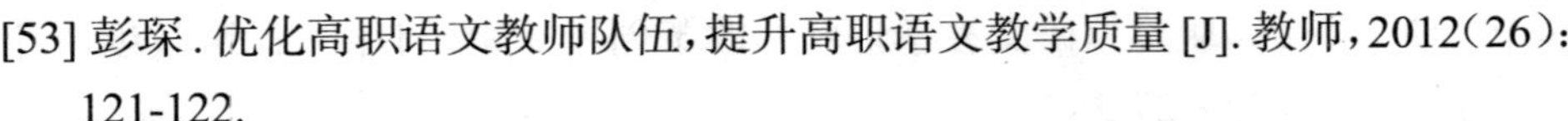

[53] 彭琛 . 优化高职语文教师队伍，提升高职语文教学质量 [J]. 教师，2012（26）：121-122.

[54] 李瑛 . 高等职业院校“双师型”语文师资队伍建设 [J]. 黑龙江省政法管理干部学院学报，2013（5）：153-155.

[55] 何惠 . 高职语文教师队伍建设的问题、原因和对策探析 [J]. 语文建设，2014（3）：12-13.

[56] 牟燕萌 . 高职院校“双师型”教师队伍现状及建设研究 [D]. 济南：山东师范大学，2006.

[57] 王新星 . 高职院校中“双师型”教师队伍建设的现状及对策 [J]. 大家健康（学术版），2013（2）：185-186.

[58] 麦齐好 . 试论高职院校语文教师知识能力体系的构建 [J]. 高教论坛，2007（5）：139-141.

[59] 刘翠萍 . 职业院校语文教师队伍建设的现状及对策 [J]. 现代语文，2014（11）：34-36.

[60] 崔孝丽 . 高职院校当前形势下师资队伍建设的几点建议 [J]. 语文学刊，2011（7）：145-146.

[61] 李君 . 大学语文教材研究（1978—2008）[D]. 天津：南开大学，2010.

[62] 周文 . 对高职语文教材编写的反思 [D]. 长沙：湖南师范大学，2006.

[63] 陈婵 . 对高职语文教材编写的思考 [J]. 当代教育论坛，2004（9）：126-127.

[64] 张秋勤 . 对五年制高职语文教材建设的几点思考 [J]. 考试周刊，2007（53）：19-20.

[65] 刘晓琴 . 五年制高职语文教材研究 [D]. 南京：南京师范大学，2004.

[66] 张泽建 . 高职语文教材建设新探 [J]. 漯河职业技术学院学报，2009（3）：12-13.

[67] 赵欣 . 高职语文教材专业化建设 [J]. 科教导刊（上旬刊），2014（3）：159.

[68] 葛昌璘 . 整合多元目标的高职语文教材建设研究 [J]. 南昌教育学院学报，2014（4）：81-83.

[69] 谷荣 . 高职院校语文教材建设研究 [J]. 淮北职业技术学院学报，2014（5）：57-58.

[70] 刘秀峰 . 关于高职语文教材建设的几点思考 [J]. 内蒙古师范大学学报（教育科学版），2007（3）：110-113.

[71] 刘晓琴 . 论五年制高职语文教材编写的指导思想 [J]. 卫生职业教育，2006（5）：136-138.

[72] 刘晓琴 . 论五年制高职语文教材编写的原则 [J]. 卫生职业教育，2008（18）：143-144.

[73] 雷顺福 . 浅谈高职语文教材建设存在的问题及策略 [J]. 新课程研究，2010（2）：14-15.

[74] 何惠 . 例谈高职语文教材的文化价值 [J]. 语文学刊，2013（9）：134-139.

[75] 李宇明 . 语言能力需要终身培育——序李君《大学语文教材研究（1978—2008）》[J]. 北华大学学报（社会科学版），2013（1）：161.

[76] 付玉东 . 树立以能力为本位的高职语文教学评价观 [J]. 成才之路，2011（16）：36-37.

[77] 李珺 . 浅谈高职语文有效教学评价机制的改革思路 [J]. 中国科教创新导刊，2011（23）：56.

[78] 杨光琼 . 关于高职语文教学评价改革的相关探讨 [J]. 广东科技，2012（7）：29-30.

[79] 张和新 . 五年制高职语文情意教学评价体系研究 [J]. 长江工程职业技术学院学报，2012（2）：56-58.

[80] 郁桂珍 . 高职语文教学模块构建及评价体系的探索与实践 [J]. 黄冈师范学院学报，2012（5）：131-132.

[81] 廖望 . 高职语文有效教学的评价机制研究 [J]. 科协论坛（下半月），2010（7）：170-171.

[82] 万虎 . 高职语文教学评价需注意的几个问题 [J]. 太原城市职业技术学院学报，2014（9）：130-131.

[83] 万虎 . 论高职语文考核评价与新课程改革之间的联系 [J]. 吉林省教育学院学报（下旬），2015（2）：100-101.

[84] 孟琳 . 高职语文教学评价改革思路探析 [J]. 新西部（理论版），2015（5）：149-152.

[85] 朱凤华 . 关于高职语文课程教学评价改革的思考 [J]. 教育观察，2013（4）：37-39.

[86] 黄秀德 . 高职语文教学评价体系改革刍议 [J]. 广西教育，2012（3）：88-89.

[87] 王畅 . 高职语文教学中人文素质培养的作用及措施 [J]. 科技经济市场，2014（12）：211-212.

[88] 熊炜炜 . 如何在语文教学中培养高职学生的人文素质 [J]. 才智，2015（12）：196.

[89] 叶剑威 . 高职院校语文教学中的人文素质教育 [D]. 福州：福建师范大学，2006.

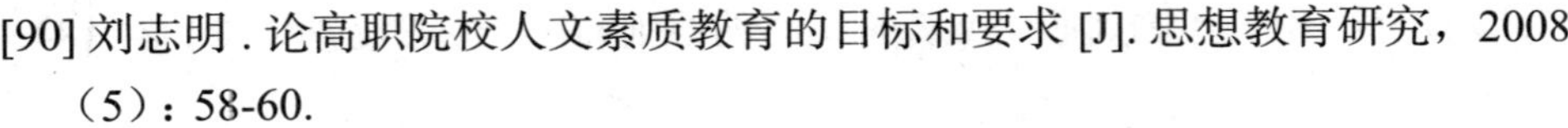

[90] 刘志明 . 论高职院校人文素质教育的目标和要求 [J]. 思想教育研究，2008（5）：58-60.

[91] 李迎春 . 凸显人文素质教育，创新高职语文教学 [J]. 价值工程，2014（12）：272-273.

[92] 王桂英 . 高职语文教学培养学生职业能力分析 [J]. 课外语文，2014（24）：43.

[93] 高学渊 . 高职语文教学培养学生职业能力的探究 [J]. 科学中国人，2015（26）：164-165.

[94] 李自庆 . 高职语文教学应强化职业能力的培养 [J]. 教育与职业，2006（29）：101-102.

[95] 李玥琼 . 高职语文教学如何强化职业能力的培养 [J]. 文化学刊，2015（10）：116-118.

[96] 李琦 . 谈在语文教学中培养学生的表达能力 [J]. 金田，2013（5）：175.

[97] 高虹 . 谈在高职语文教学中培养学生的表达能力 [J]. 教育探索，2010（7）：63-64.